KB046521

거대한 사기극

자기계발서 권하는 사회의 허와 실

거대한 사기극

이원석 지음

북바이북

일러두기

1. 본문에 언급된 도서의 서지사항은 책명 찾아보기에 명시했습니다.
2. 본문에 사용한 부호와 기호의 뜻은 다음과 같습니다.

— 단행본 : 『 』

— 논문, 기사 : 「 」

— 신문 : 〈 〉

— 시리즈물 : ‘ ’

— 강조와 인용 : ‘ ’, “ ”

서문

미네르바의 올빼미Die Eule der Minerva는 황혼녘에 난다고 하던가요. 헤겔이 『법철학(강요)』을 통해 했던 말로 잘 알려져 있는 경구입니다. 하나의 현상에 대한 제대로 된 이해는 그것이 종결된 후에나 가능하다는 뜻으로 이해되고 있습니다. 지금 자기계발self-help 현상이야말로 그러한 상황에 접어들고 있는 것으로 보입니다.

한동안 자기계발은 우리의 시대정신으로 작동해왔다고 해도 과언이 아닙니다. 거시적으로 교육이나 복지 정책 등 국가 영역에서부터 미시적으로 학습이나 시간 관리 등 개인 영역에 이르기까지 모든 장場을 아우르고 있습니다. 자기계발이라는 용어를 알든 모르든 상관없이 모두의 삶을 규정하기에 이른 것이지요. 하지만 이제 그러한 팽창의 끝에 이르러 그 거품이 꺼지기 시작하고 있습니다. 사실 그 열풍은 거대한 사기극이었습니다. 국가와 학교와 기업이 담당해야 할 몫을 개인에게 떠넘김으로써(민영화, 사교육, 비정규직 등), 사회 발전의 동력을 확보한 셈이니까요.

영화 〈메트릭스〉에서 주인공 네오Neo는 인큐베이터 속에 갇힌 인간을 배터리로 사용하는 그로테스크한 정경을 직면합니다. 그러나 정작 인큐베이터 속에서 살아가는 인간들은 가상현실을 경험하며 살아가고 있습니다. 이게 바로 우리의 현실일 것입니다. 자기계발의 구루들에 따른다면, 성실한 노력과 위대한 생각으로 현실을 창조할 수 있습니다. 하지만 자기계발은 뇌내 망상으로 현실 착취를 가리는 이데올로기에 다름 아닙니다. 결국 사회라는 이름의 매트릭스를 작동시키기 위한 배터리로 사용되고 있다는 것이 평범한 서민의 현실이라고 봐야 맞을 것입니다. 이게 바로 우리의 실존을 가리키는 불편한 진실입니다.

이제 자기계발을 통해 개천에서 용이 날 수가 없다고 하는 사실이 점차 분명하게 드러나고 있습니다. 우리에게 필요한 것은 어쩌면 드라마 〈시크릿 가든〉에서 길라임(하지원 분)이 말하던 '삼신할매 랜덤'이 아니었을까 싶네요. 드라마 〈청담동 앨리스〉에서 차승조(박시후 분)와 아버지인 차일남 회장(한진희 분)의 대화가 기억납니다.

차승조: 10년을 도망쳤어요! 로열그룹 후계자가 아니라 인간 차승조로 살고 싶어서! 아버지 없이 오로지 내 힘으로, 내 능력으로 살고 싶었다구요!

차일남: 이런 애비 타고난 게 니 능력이야! 다 타고난 니 능력

이라고. 남들은 못 가져서 난린데 넌 가졌다고 이 난리냐?

차승조: 타고난 행운. 하아. 결국 그거였네요. 난 아무리 날고 기어도 아버지 없이 아무 것도 못 하는 놈이었어요.

독자분들에게 운명에 대한 순응을 설교하려는 것은 아닙니다. 개인의 노력만으로는 삶의 무게를 감당하는 데에 무리가 있다는 것을 말하려는 것입니다. 나아가 제가 정말 이야기하고 싶은 핵심은 개인의 노력을 넘어서 사회적 차원에서의 변혁이 필요하다는 것입니다. 저는 스스로 돕는 자조自助 사회에서 이제 서로 돕는 공조共助 사회로 바뀌가야 옳다고 여깁니다. 다행히도 그러한 방향으로 가야 한다는 인식이 점증하고 있습니다.

이제 그동안 열광적으로 소비되어 왔던 자기계발 상품에 대한 본격적인 평가가 이루어질 것으로 보입니다. 조금씩 그러한 평가 작업들이 제출되고 있지만, 우리 사회가 새로운 방향으로 나아가는 데에 힘이 되도록 시야를 밝혀줄 본격적인 작업이 요청되기 때문입니다. 이 책은 그러한 노력에 기여하는 하나의 시도입니다. 이를 위해 자기계발의 역사와 체계, 그리고 유형에 대한 많은 논의들을 압축적으로 소개하고 분류하며 또한 평가하였습니다. 적어도 현재로선 가장 포괄적으로 다루었다고 자부합니다.

이 책이 탄생하게 된 과정에 대해 간단하게 밝혀두고자 합니다. 이 원고는 원래 〈기획회의〉에 2012년 한 해 동안 연재한 '자기계발 다시 읽기'를 바탕으로 합니다. 저에게 연재를 제안해주신 한국출판마케팅연구소 한기호 소장님과 오랫동안 게으른 저자로 인해 애태우며 원고가 들어오기까지 인내해주신 이은진 편집자님, 그리고 제 원고를 책으로 만들어주신 오효영 편집자님에게 감사드립니다. 이분들이 아니었다면, 이 책은 세상으로 나오지 못했을 것입니다.

더불어 두 분을 여기에 언급하지 않을 수 없습니다. 한 분은 끝없는 독서 생활의 모델이 되어주신 부친 이문효 님입니다. 석산고교 교장으로 교직 생활을 마칠 때까지 한시도 멈추지 않고 공부하셨을 뿐더러 교육계를 은퇴한 지금도 여전히 책을 붙잡고 계시는 아버지의 영향으로 인해 저는 독서의 세계에 발을 디디게 되었습니다. 이래라 저래라 별다른 말씀도 없이 그저 스스로 공부하고 독서하시는 모습을 보여주셨던 당신의 삶이 제게는 곧 교과서에 다름 아니었습니다. 하지만 서문이라는 협소한 공간에서 학인學人으로서의 아버지에 대해 소개하기에는 어려워 여기에서는 접어두려 합니다.

다른 한 분은 이 집필 과정에 지속적인 영감을 제공했던 서동진 교수님(계원예술대)입니다. 교수님의 글이 여기에 직접 인용되어 있지 않지만, 그분을 아는 이들은 이 책의 이곳저곳에서 흔적을 찾을 수 있으리라 생각합니다. 어느 모로 봐도 이 책은 선생님의 어깨 위에 올라선 제자의 작은 결실일 따름입니다. 연재를 시작하기 전에 선생님의 아이디어를 무단 도용하고 싶다는 발칙한 부탁을 드렸습니다. 흔쾌히 그러라던 선생님의 호방함에 제자는 사랑과 존경을 표합니다.

차례

프롤로그 | 하늘은 스스로 돕는 자를 돕는다? · 11

1장 | 자기계발의 역사

윤리적 자기계발의 기원 · 29

윤리적 자기계발의 부흥과 타락 · 35

윤리적 자기계발의 회복과 변형 · 43

신비적 자기계발의 배경과 등장 · 51

신비적 자기계발의 부흥과 타락 · 60

미국적 종교로서의 자기계발 · 67

미국적인, 동시에 한국적인 우리의 자기계발 · 73

2장 | 자기계발의 담론

자기계발과 심리학: 긍정 강박과 역할 모델 · 83

자기계발과 심리학: 힐링 강박과 자아의 재구성 · 91

자기계발과 경영학: 인적자원과 개인 경영 · 100

자기계발과 경영학: 1인 기업과 혁신 중독 · 109

자기계발과 신자유주의 · 117

3장 | 자기계발의 형식

자기계발의 매체론적 맥락 · 127

진리를 가르치는 자기계발서: 우화 · 135

모범을 보여주는 자기계발서: 자서전 · 144

동기를 부여하는 자기계발서: 성공기 · 153

4장 | 자기계발의 주체

자기계발의 소비자: 세일즈맨 · 165

자기계발의 소비자: 어린이 · 173

자기계발의 소비자: 여성 · 181

자기계발의 소비자: 직장인 · 189

자기계발과 대중 · 197

자기계발과 엘리트 · 205

에필로그 : 자기계발로부터의 자유 · 213

자기계발 비판서에 대한 간단한 안내 · 223

주석 · 225

책명 찾아보기 · 238

찾아보기 · 247

프롤로그

하늘은 스스로 돕는 자를 돕는다?

자기계발은 우리의 일상을 지배하는 기본 상식이자, 시대를 규정짓는 주류 문화가 되었다. 거대 자본이 오고가는 산업이며, 현대인의 자아를 형성하는 패러다임이기도 하다. 출판계 또한 자기계발 영역이 이미 커다란 시장으로 자리 잡았다는 것은 두말할 나위도 없다. 더욱이 그 영향력은 출판 시장 전역을 뒤덮고 있다. 사실 출판계야말로 자기계발의 패러다임을 가장 명확하게 언어적으로 구현하고 있는 대표적인 영역이다.

이제 우리는 서점 모든 곳에서 자기계발서를 만난다. 빽빽이 들어찬 자기계발서 코너뿐만 아니라 나머지 코너에 놓인 책들도 자기계발서의 연장선상에서 이해되어야 한다. 파울로 코엘료의 『연금술사』에서 『시크릿』의 문학 버전을 발견하며, 심리학에게 삶의 문제에 대해 묻는다. 자서전이나, 종교 서적 등도 사실상 자기계발 서적이 되고 말았다. 사실상 거의 모든 영역의 책들이 자기계발의 영역에 포섭되었다고 봐야 할 것이다. 심지어 동화조차 그러하다.

그러므로 자기계발이라는 주제를 통해 21세기 출판의 중심을 관통하고, 한국 문화의 현실을 해독할 수 있다고 말하는 것도 과장은 아니다. 그럼에도 불구하고 정작 자기계발의 본질에 대한 깊은 성찰은 찾아보기가 힘들다. 오히려 자기계발에 대한 열정의 강도에 반비례하는 것 같다. 당연한 일인지도 모르겠다. 특정한 문화나 사상은 그 담지자가 이에 대해 의식하지 못하는 만큼 더욱 힘을 발휘하게 마련이지 않은가.

위험사회가 증폭시키는 불안 앞에서 자기계발서는 사회의 유리벽을 뚫고 올라갈 동기부여를 제공하는 각성제일 뿐 아니라, 유리벽에 부딪힐 때 느낄 현실적 통증을 마비시켜주는 진통제이기도 하다. 이 책에서는 다양한 영역에 걸쳐 있는 자기계발서를 살펴봄으로써 자기계발의 역사와 영역, 대상을 점검하고, 그 언어와 윤리, 기술을 파악하려 한다. 그리고 넓은 시야를 확보하기 위해 가능한 한 여러 각도에서 접근해보려고 한다. 물론 이 책은 기본적으로 자기계발에 대한 비판을 목적으로 하고 있지만, 우선은 충실한 이해를 위해 노력할 것이다.

자기계발을 제대로 이해한다는 것도 결코 쉬운 일이 아니다. 예를 들면 스티븐 코비Stephen Covey의 『성공하는 사람들의 7가지 습관*The Seven Habits of Highly Effective People*』과 론다 번Rhonda Byrne의 『시크릿*The Secret*』은 둘 다 자기계발서로 여겨지지만 두 책의 연원은 전혀 다르고, 따라서 그 역사도 다르다. 그러니 본질이 같을 수가 없다. 따라서 양자가 전제하는 인간론도

상이하다. 자기계발서라고 다 같은 것이 아닌데, 단어 하나로 재단하고 마는 경향이 있다. 실상은 복잡하게 얽혀 있는 난맥상인데 말이다. 이 책의 의도는 바로 이렇게 얽힌 가닥을 풀어헤치는 것에 있다.

자기계발이란 무엇인가

먼저 자기계발이라는 용어에 대해 알아보자. 자기계발의 원류는 미국이다. 그렇다면 미국에서는 자기계발을 어떻게 표현하고 있는가. 'self-empowering(자기 역량강화)' 혹은 'self-improvement(자기 개선)' 등을 떠올리는데 실은 'self-help(자조自助)'가 주로 사용된다. 예를 들어 『자기계발의 덫』의 원제는 '자조 주식회사Selp-Help, Inc.'인데, 여기서의 자조가 바로 자기계발이다. 물론 여기에서 가장 중요한 측면은 공통으로 들어가 있는 단어, 'self'다. 바로 '자기'에 핵심이 있다. 가령 학생의 공부에 자기계발의 패러다임이 들어가면 '자기주도학습'으로 탈바꿈하게 된다.

여기에서 자기계발의 의미를 가장 명확하게 이해하려면 'self-empowering'보다 'self-help'가 더 유용하다. 'self-help'는 문자 그대로 스스로를 돕는 것을 말한다. "하늘은 스스로 돕는 자를 돕는다"고 말할 때의 바로 그 자조를 의미한다. 이 격언은, 매우 의미심장하게도, 새뮤얼 스마일즈Samuel Smiles의 『자조론*Selp-Help*』에서 본문의 첫 문장으로 등장한다.

이러한 영어 표현의 초기적 형태를 영국의 시인이자 목사인 조시 허버드George Herbert로부터 찾을 수 있다. "너 자신을 도와라,

그러면 하나님도 너를 도우시리라(Help thyself, and God will help thee)". 그는 세속적 야심과 종교적 소명 사이에서 고뇌하던 인물이다. 여기에서 우리는 동일한 표현을 둘러싼 맥락의 변화, 정확히 말하면 세속화의 진행 양상을 미루어 짐작할 수 있다.[1] 동일한 표현이라고 내용도 그대로 동일하게 유지되는 것은 아니다.

이 경구에 따르면, 하늘과 나 사이에는 다른 아무 것도 놓여 있지 않다. 나를 도울 이는 오직 나뿐이다. 내가 가만있으면, 하늘도 가만있다. 성실한 인격과 품행을 강조하고 있는, 이 무해하게 보이는 격언에는 미국의 초기 개척(을 빙자한 강탈) 정신을 반영하는 철학이 스며들어 있다. 국가의 보호를 넘어서 자신과 가족의 생존과 번영을 위해 온갖 역경을 무릅쓰고 토지를 개척하고 마을을 형성했던 초기 개척자들의 노력을 반영하고 있다. 그들은 안으로는 인디언이나 무법자의 위협에, 밖으로는 영국의 폭압에 시달리는 가운데 개척을 신의 소명으로 자처하며 나아갔다.

미국에 사회보장 시스템이 미비한 것은 우연이 아니다. 하늘과 나 사이에 아무 것도 없다. 이 얼마나 자립적인가! 심지어 사회보장의 인프라가 존재하지 않는다. 물론 초기에는 나라의 기틀을 세우는 것만으로도 벅찬 상황이니 그 나름으로 이해할 만하다. 하지만 미국은 지금도 여전히 사회 안전 체계의 구축에 그다지 열의를 보이지 않는다. 당연히 국가가 져야 할 몫을 개인에게 전가하고 있다. 이 불안사회 속에서 자조의 철학은 더욱 강력하게 힘을 발휘하고 있으며, 미국의 막강한 영향력을 통해 전 세계가 이 철학을 수용하고 있는 현실이다.

자조와 동기부여

'self-help' 혹은 'self-improvement'를 위해서는 동기부여가 필요하다. 스마일즈가 『자조론』을 저술한 이유도 여기에 있다. 이는 미국에서 응원cheerleading 문화가 발달한 것과 무관하지 않다. 선수에게 동기를 부여하고, 관중들로 하여금 힘을 모아 응원하게 하는 치어리더는 전형적인 미국적 산물이다. 동기부여에 대한 그들의 필요성이 낳은 산물인 셈이다. 동기부여는 현재의 수고와 미래의 결실 사이에 놓여 있다. 심지어 조지 부시도 치어리더 출신이었다. 지식이나 인격 같은 것은 눈 씻고 봐도 찾을 길 없는 그로서는 그저 미국의 치어리더가 되고 싶었을 게다. 미국이 자국민들에게 딱히 줄 게 없었으니 말이다.

자기계발은 자가 동기부여를 전제한다. 그 누구보다 내 자신부터 나를 위한 동기부여자가 되어야 한다. 기존의 직장에서는 상사의 명령을 따라 자신의 업무를 성실하게 이행하는 것으로 충분했다. 하지만 지금의 일터에서는 각각의 구성원에게 업무의 권한과 책임이 위임되어 있기에 스스로 목표를 설정하고, 업무를 추진해야 한다. 학생도 이전에는 선생의 수업에 의존해 공부하는 것으로 충분했지만, 이제는 자기주도형 학습자로 거듭나야 한다. 대학 입학 전까지만 한정되는 것이 아니라, 대학 졸업과 취업 후에도 지속된다.

이렇게 각자가 자가 동기부여, 즉 자기 지도자self leader가 되도록 독려한 대표적인 작가가 바로 스티븐 코비이다. 그가 『성공하는 사람들의 7가지 습관』을 통해 자기 논지의 근간으로 삼은 것이 바로 이것이다. 로고테라피(의미 치료)의 창시자 빅토르 프랑클Viktor Emil Frankl의 논의를 언급하면서 자극과 반응 사이에서 무엇을 선택할 것인지에 대해 말할 때, 그는 명확하게 자기 지도력self-leadership을 이야기하고 있는 것이다. 이처럼 자기계발은 자기 내면에서 동력을 끌어낼 것을 요청한다.

스티븐 코비는 『성공하는 사람들의 7가지 습관』에서 '영향력의 원circle of influence'에 대해 이야기한다. 그에 따르면, 우리는 자신이 영향을 미칠 수 있는 영역을 점차 넓혀가야 한다. 먼저 우리 자신의 삶을 온전히 통제할 수 있어야 한다. 다음으로 각자 자기 인생의 지도자가 되는 것에서 멈추지 않고, 나아가 남을 위해 영향력을 미쳐야 한다는 것이 그의 조언이다. 그게 바로 진정한 지도자이다. 근본적으로 지도자는 '영향력을 미치는 사람'이다. 지도자가 영향력을 미치는 과거의 주된 방식은 지식과 기술을 전수하거나, 인격을 통해 감화시키는 것이었다. 하지만 이제 그보다 더 중요한, 경우에 따라서는 유일하다고 말할 수 있는 지도자의 사명은 바로 동기부여이다.

21세기의 사전에는 지도자 항목에 새로운 의미로 동기부여자를 등록시켜야 한다. 그들이 영향력을 미치는 방식은 바로 가슴속에 뜨겁게 동기를 불 지르는 것이다. 비전을 제시하고, 개인의 능력을 확신하게 함으로써 새로운 열정을 끄집어내(거나 조작해내)어 척박한 대우에도 불구하고 높은 생산성을 끌어내야 한다. 이러한 지도력의 수행 방식은 척박한 땅덩어리에서 살아남기 위한 미국인들의 자기계발에의 노력에서 연원한다. 자기계발은 철저하게 미국적인 것이다.

자조의 철학과 희망의 신학

미국의 자조 철학을 가장 매력적으로 표현한 책을 단 한 권만 고르라고 한다면, 나는 조금도 주저하지 않고 『보보스*Bobos in paradise*』를 쓴 데이비드 브룩스David Brooks의 『보보스는 파라다이스에 산다*On Paradise Drive*』를 들겠다. 그의 명성은 무엇보다도 널리 알려진 신조어, '보보스BOBOS'를 제안한 데서 나오지만,[2] 이 책의 초점은 보보스로 대표되는 상류층이 아니라 중산층에 맞춰져 있다.[3] 다시 말해 중산층의 삶의 세계를 중심으로 미국의 정신과 문화를 조감하고 있다. 이 두 권의 저작의 원제에 등장하는 '낙원paradise'은 공통적으로 미국을 가리킨다. 하지만 『보보스』에서 말하는 '낙원'이 상류층이 경험하고 있는 현실이라면, 『보보스는 파라다이스에 산다』에서 말하는 '낙원'은 중산층이 미래에 실현되길 희망하는 것으로서 오직 긍정의 시선에만 포착된다.

그렇기 때문에 두 번째 저작은 기독교 종말론(終末論, eschatology)의 미래 지향적 전망을 전제하지 않을 수 없다. 브룩스가 결론부에서 끌어들이는 신학 저작은 독일 튀빙엔 대학 신학교수인 위르겐 몰트만Jürgen Moltmann의 『희망의 신학』이다. 이 책은 서구의 현대 신학계 안에 종말론을 새롭게 부각시킨 문제작이다. 여기에서 주목할 만한 흥미로운 사실은 몰트만이 좌파 신학자라는 점이다. 그에게 세계적 명성을 안겨준 『희망의 신학』은 마르크스주의자인 에른스트 블로흐Ernst Bloch의 『희망의 원리』를 신학적으로 번역한 것이다. 또한 남미의 해방신학과 한국의 민중신학은 이 저작의 영향을 받았다. 그런데 이런 좌파 신학서적을 공화당의

이데올로기 대변자(ideologue)가 차용하고 있는 것이다.

여기에 역설이 있다. 보수적인 자조의 철학이 진보적인 희망의 신학을 논의의 자원으로 끌어 쓰고 있지 않는가. 진보 특유의 유토피아를 향한 열정이 미국의 개척자적인 열정을 지탱시켜주는 희망과 만나기 때문이다. 요는 자조의 철학이 신학적 모티브를 가지고 있다는 것이다. 자기계발의 핵심적 근원에 해당하는 청교도의 윤리적 신학이 됐건, 신사고New Thought 운동의 신비적 신학이 됐건 마찬가지다. 이러한 희망찬 낙관의 근간에 깔려 있는 신학적 측면을 브룩스는 읽어내고 있는 것이다.

자기계발은 믿음을 강조하기에 신학적이고, 희망을 포착하기에 종말론적이다. 현재의 자기계발에서 미래의 많은 보상으로 넘어가는 데는 믿음의 도약이 필요하다. 솔직히 말해 제정신을 가지고 자기계발서의 복음들, 특히 신사고 운동에서 유래한 신비로운 약속들을 믿을 수 있겠는가. 많은 이들이 이게 현실적으로는 말이 되지 않는다는 것을 잘 알고 있다. 인디아나 존스가 절벽에 몸을 내던질 때 '믿음의 도약leap of faith'[4]이라는 신학적 개념을 되뇌면서, 두뇌를 잠깐 꺼두었던 것처럼 말이다.

자기계발 역사 서술의 필요성

자기계발을 이해하기 위해서는 미국에서부터 진행된 자기계발의 역사를 짚어봐야 한다. 현재로서는 자기계발의 역사적 개략을 재구성하는 데에 도움을 줄 만한 유용한 자료를 거의 찾아볼 수 없었다. 이는 결코 우연이라 할 수 없다. 자기계발서는 오랫동안 출

판 시장에서 존중받는 상품이 아니었기 때문이다. 자기계발서의 일차적 소비 시장이 세일즈맨이나 다단계 종사자들이라는 것을 염두에 두면, 이해가 될 것이다. 하지만 지금에 와서는 상황이 많이 달라졌다. 무엇보다 출판계를 자기계발서가 주도하고 있다. 이제는 자기계발의 역사를 되짚어보는 작업의 필요성이 역력해졌다. 역사 서술은 결코 가치중립적인 작업이 아닐뿐더러, 현실 비판의 가장 효과적인 수단 가운데 하나이다. 현재의 상황을 맹목적으로 받아들이지 않기 위해서는 현재를 형성한 과거의 역사를 조망해야 한다. 물론 '닥치고 자기계발'을 명령하는 우리 시대에 있어서 자기계발의 역사를 서술한다는 것은 불온한 작업일 게다.

그런 의미에서 반드시 언급되어야 할 저작인, 정해윤의 『성공학의 역사』는 국내 저자에 의해 출간된 유일한 자기계발 사상사이다. 사실 이 책의 저술 목적은 자기계발의 비판이 아니라 자기계발의 역사적 줄기를 세워 토대를 굳건하게 하려는 지지에 가깝다. 저자는 NLP(Neuro Linguistic Programming, 신경언어프로그래밍) 전문가이며 나폴레온 힐Napoleon Hill의 성공학을 공부한 자기계발 시장의 사업가이다(이는 장점이자 한계가 된다). 이 책에서는 성공학과 자기계발을 구별하고 있지만 현실적으로는 별반 차이가 없다. 따라서 굳이 양자를 구별하지는 않으려고 한다.

어쨌든 『성공학의 역사』는 읽어볼 가치가 있다. 무엇보다 얇은 분량 안에 많은 것을 담고자 노력한 점이 돋보인다. 하지만 자기계발의 근원을 명확하게 구별하지 못하고 뒤섞어놓아, 자기계발 사상의 진행 과정을 명확하게 설명해내지 못했다. 자기계발의 단순한 나열을 넘어서기 위해 일정한 범주 설정을 시도했지만, 근

본적으로 상충하는 흐름들을 한데 묶어버렸다. 사조의 인과관계를 적절하게 규명하는 데에 실패해 결과적으로 저자의 의도와 달리 단편적 나열의 양상이 되고 말았다.

또한 기독교 역사와 신학에 기초해 논의를 진행하는 부분에서 부적절한 설명이 종종 눈에 띈다. 무엇보다 청교도에 대한 이해가 어긋나 있는데, 이 책에 따르면, 자기계발의 고전 상당수가 미국의 청교도 목사에 의해 집필되었다. 이것은 청교도의 기본 개념에 대한 저자의 이해가 부족한 데에 따른 잘못이다. 이를 반드시 교정해야만 자기계발의 계보가 명료해질 수 있다.

더불어 신사고 운동과 초절주의超絶主義, Transcendentalism에 대한 설명이 누락되어 있다. 이로 인해 『시크릿』으로 이어지는 신비주의적 흐름의 사상적 계보에 있어서 미싱 링크missing link가 발생하게 되었다(물론 『성공학의 역사』(2004)가 『시크릿』(2007) 이전에 출간되었다는 것을 염두해야 한다). 사실 이로 인한 격차는 자기계발 사상사의 서술에 있어서 상당한 차이를 일으킨다. 그 결과 자기계발의 두 가지 흐름을 규명하지 못하고 뒤섞어버렸다. 하지만 현장(자기계발 시장)에서 활동하고 있는 저자에게 이에 대한 짐을 지우는 것은 부당한 작업일 수도 있다. 그저 다양한 흐름을 역사적으로 나열해놓은 것만으로도 높이 평가해야 온당하다. 이 책에서는 그러한 흐름을 염두에 두고 새롭게 자기계발의 역사를 정리하고자 한다. 이를 위해 자기계발의 유형에 주목하고자 한다.

자기계발의 두 패러다임

현재의 수많은 자기계발 교재와 상품들은 크게 두 가지 패러다임으로 정리된다. 미국의 역사 안에서 봐도 이는 마찬가지다. 하나는 신비적 패러다임이고, 다른 하나는 윤리적 패러다임이다. 이는 각각 두 가지 근원에 젖줄을 대고 있으며, 양자 모두 기독교의 특정 양태와 조우한다. 그러므로 그 두 가지 근원에 기초한 패러다임을 규명해야 전체를 조감하기 위한 밑그림을 수월하게 그릴 수 있을 것이다. 물론 이러한 유형론적 접근의 한계는 굳이 말할 필요조차 없다. 이분법이라는 체로 모든 것을 걸러낼 수는 없으리라. 하지만 가급적 세부를 존중하되, 전체 얼개를 우선하고자 한다. 큰 그림을 그릴 수 없다면, 이 기획은 실패한 것이니까 말이다. 그 점을 감안하고 봐주시길 바란다.

두 가지 자기계발의 패러다임은 공통적으로 바깥의 사회구조를 배제하고, 순수하게 자기 자신을 주목하도록 한다. 그러나 양자가 주목하는 방식은 다르다. 윤리적 패러다임은 근면의 힘을 신뢰하며, 원하는 바와 관련하여 외부의 환경을 탓하지 말고 스스로의 성실한 노력으로 돌파할 것을 촉구한다. 신비적 패러다임은 상상의 힘을 신봉하며, 원하는 것에 대한 자신의 노력을 내려놓고 간절히 바라기만 하면 이루어진다고 강변한다. 전자가 자신의 의지를 활용해 노력할 것을 강조한다면, 후자는 자기의 생각을 가지고 쟁취할 것을 촉구한다. 전자는 가장과 서부 개척자로 표상되는 남성적 패러다임이며, 후자는 여성과 성직자로 표상되는 여성적 패러다임이다.

현대에서 대표하는 작품을 든다면 전자는 『성공하는 사람들의

7가지 습관』이고, 후자는 『시크릿』이다. 차후에 밝히겠지만 『성공하는 사람들의 7가지 습관』을 제치고 『시크릿』이 뜨게 된 것은 신비적 패러다임이 윤리적 패러다임을 압도한 현실을 반영한다. 윤리(근면) 영역에서 생존과 신분 상승의 해법이 발견되지 않으니, 신비(믿음) 영역으로 비약할 수밖에 없는 것이 현대를 살아가는 대중에게 주어진 해법이다. 이는 한국과 세계의 사회변동을 보여주는 중요한 단서이다. 이 단서를 통해 드러나는바, 개인의 노력을 통한 현상 유지의 한계와 계급 상승의 불가능을 초래하는 양극화의 심화(20대 80에서 1대 99로 악화되고 있는)를 우리의 논의에 하나의 준거로 삼아야 한다.

또 한 가지 지적해두어야 할 사항은 윤리적 패러다임은 하나의 변종을 낳았다는 사실이다. 윤리적 패러다임의 상업화 과정에서 인격 대신에 기술을 강조하게 되었고, 이것은 심리적(정서적) 패러다임이라는 변형태를 산출했다. 이에 대해서는 자기계발과 심리학의 관계를 다룬 장에서 살펴보려고 한다.

이러한 세 가지 패러다임은 각기 다른 인간론을 전제로 한다. 이를 인간의 인격을 구성하는 '지정의知情意'에 견주어볼 수 있겠다. 간단하게 말하자면 윤리적 패러다임은 인간의 의지에 상응하며, 신비적 패러다임은 인간의 지성에 조응한다. 또한 심리적 패러다임은 인간의 정서에 대응한다. 이 논의는 인간의 중심에 대한 중세의 신학 논쟁에 닿아 있다.[5] 하지만 이것이 자기계발 논의와 무슨 상관이 있는 것인가?

기독교에 따르면, 인간은 신의 형상이다.[6] 그렇다면, 이러한 관념의 세속화된 양태가 바로 자기계발인 셈이다. NLP를 통한 자

기계발을 가르치는 앤서니 라빈스Anthony Robbins의 『네 안에 잠든 거인을 깨워라*Awaken the Giant Within*』나 『거인의 힘 무한능력*Unlimited Power*』과 같은 제목이 암시하듯이 신의 형상을 넘어서 인간이 바로 신 자체가 된 것이다. 그런 의미에서 본다면 신적 차원과 조응하고 있는 신학적 인간론은 자기계발 특유의 초超긍정적이고 무한낙관적인 인간론의 근원이라고 할 수 있다.

자기계발의 역사, 담론, 형식, 주체

이 책은 크게 네 부분으로 구성되어 있다. 우선 1장에서는 자기계발의 역사를 서술할 것이다. 앞서 제시한 자기계발의 두 가지 패러다임의 흐름을 구별하여 다루고자 한다. 그 기원에서부터 미루어 살펴보면 양자는 미국에 도입된 청교도 사상에 대한 상반된 반응이며, 큰 흐름 속에서 선후관계로 연결된다. 결국 자기계발은 미국적인 사조이다. 그럼에도 한국은 이를 나름의 방식으로 전유하고 있다. 이러한 논의들은 1장에서 통시적으로 다룰 것이다.

이어서 자기계발의 담론과 형식, 그리고 주체를 다룰 것이다. 자기계발은 우리의 삶을 형성하는 문화인 동시에 우리의 신념을 움직이는 담론이다. 2장에서는 자기계발의 담론을 특히 경영학과 심리학을 통해 살펴볼 것이다. 최근 자기계발의 경향을 보면, 긍정에 대한 강박과 힐링에 대한 집착이 엿보인다. 이에 대해서는 심리학적 담론을 가지고 살펴보게 될 것이다. 한편 인적 자원관리와 1인 기업 경영에 대한 논의는 경영학적 담론으로 설명될 수 있다. 더불어 신자유주의에 비추어 자기계발을 점검해볼 것이

다. 신자유주의는 단지 추상적 개념에 불과한 것이 아니다. 경영학과 심리학 등의 담론 체계와 더불어 우리의 현실에 구체적으로 개입하고 있다. 신자유주의가 제공하는 자유는 우리를 모든 사회 안전망으로부터 자유롭게 만들어버린다. 곧 사회로부터 돌봄을 받지 않을 자유를 우리에게 제공한다.

3장에서는 자기계발의 형식을 다룰 것이다. 형식은 결코 중립적이고 객관적인 장치가 아니다. 이에 대해 다루기 위해 우선 매체론적 접근을 통해 자기계발의 핵심 양식으로서의 인쇄 매체에 대해 다룰 것이다. 이후에 자기계발의 세 가지 형식, 즉 우화, 자서전, 성공기를 다룰 것이다. 이 각각의 형식들은 그 자체로 많은 것을 시사한다. 형식은 결코 중립적일 수가 없다. 맥루언이 말한 대로 미디어가 곧 메시지인 것이다. 특히 여기에서는 자기계발이 제안하는 자아의 형상이나, 자기계발이 제안하는 성공의 모델 등에 대해 생각해볼 필요가 있다.

4장에서는 자기계발의 주체, 즉 자기계발의 소비자들에 대해 다룬다. 어린이, 여성, 직장인 등에 따라 자기계발은 다소 상이하게 적용되게 마련이다. 각자의 포지션에 따라 자기계발 상품을 달리 소비하기 때문이다. 더불어 자기계발을 둘러싼 대중과 엘리트의 상이한 접근에 대해 다루고자 한다.

이 모든 논의를 통해 성취되길 바라는 필자의 목표는 간단하다. 사회 곳곳을 지배하고 있는 자기계발에 대한 포괄적인 이해를 가지게 되는 것이다. 이 책을 읽고 난 후에 여러분은 자기계발의 역사와 담론을 파악하고, 또한 자기계발서의 주요 형식과 더불어 그 소비의 맥락에 대해 이해할 수 있게 될 것이다. 제대로 알

아야 벗어날 수 있다. 그 시작은 역사에서부터이다. 그러므로 먼저 자기계발의 역사 속으로 들어가보자.

1장

자기계발의 역사

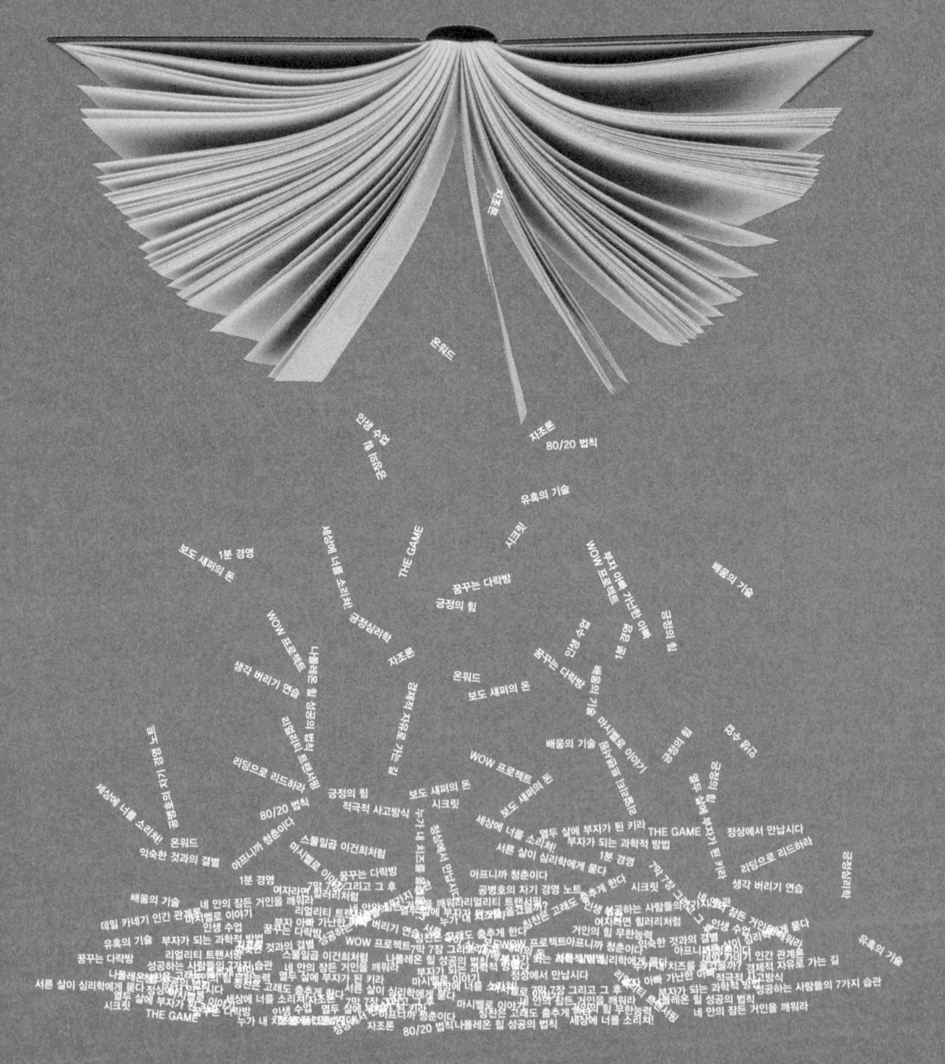

온워드
인생 수업
자조론
80/20 법칙
유혹의 기술
시크릿
1분 경영
보도 섀퍼의 돈
THE GAME
WOW 프로젝트
배움의 기술
꿈꾸는 다락방
긍정의 힘
긍정심리학
생각 버리기 연습
리딩으로 리드하라
마시멜로 이야기
세상에 너를 소리쳐!
적극적 사고방식
열두 살에 부자가 된 키라
부자가 되는 과학적 방법
정상에서 만납시다
서른 살이 심리학에게 묻다
익숙한 것과의 결별
아프니까 청춘이다
스물일곱 이건희처럼
공병호의 자기 경영 노트
네 안의 잠든 거인을 깨워라
데일 카네기 인간 관계론
거인의 힘 무한능력
여자라면 힐러리처럼
성공하는 사람들의 7가지 습관
나폴레온 힐 성공의 법칙
칭찬은 고래도 춤추게 한다
리얼리티 트랜서핑
경제적 자유로 가는 길

윤리적 자기계발의 기원

이처럼 내세를 지향하면서 세속적 생활양식을 합리화한 것이야말로
금욕주의적 프로테스탄티즘의 직업 개념이 낳은 결과였다.
막스 베버, 『프로테스탄티즘의 윤리와 자본주의 정신』(길, 2010)

지금의 자기계발 운동은 여러 지류에서 근원하고 있는, 매우 복잡한 구성체이다. 운동(합기도)이나 묘기(서커스), 예술(그림) 등의 각종 기예와 선불교, 힌두교, 노장사상, 뉴에이지New Age[1] 등의 각양 종교로부터 동력과 기법을 도입하고 있다. 미국이 인종의 용광로인 것처럼, 미국의 자기계발 시장도 각양 사조의 용광로가 되었다. 후자와 관련해서는 전 세계 구루들이 미국으로 몰려든 것을 기억해둘 필요가 있다. 이러한 종교적 골드러시는 미국을 공략하면 세계에 영향을 미칠 수 있다는 선교 전략에 따른 것이다. 또한 미국 자체가 젖과 꿀이 흐르는 풍요로운 시장이기 때문이기도 하다. 구루도 먹어야 살 수 있지 않겠나. 미국은 자기계발의 구루들에게도 역시 아메리칸 드림을 실현시켜줄 비옥한 토양이다. 자기계발에 대해 이해하기 위해서는 우선 미국 내에서의 자기계발의 역사를 알아야 한다.

청교도와 자기계발

앞에서 자기계발을 두 가지 패러다임으로 나누어볼 수 있다고 지적했다. 먼저 다룰 것은 윤리적 패러다임이다. 먼저 이의 배경이 되는 개신교 청교도의 윤리를 언급할 필요가 있다. 여기에 우리가 주목해야 하는 논문이 하나 있다. 다름 아닌 막스 베버Max Weber의 『프로테스탄티즘의 윤리와 자본주의 정신』이다. 여기에서 제시되는 핵심 테제는 자기계발의 윤리적 패러다임과 무관하지 않을뿐더러, 자기계발의 논리가 개신교 윤리의 세속화에 연원한다고 말할 수 있기 때문이다. 이 논문에 따르면, 개신교도(특히 청교도)에 있어서 근면과 금욕을 통한 현세에서의 성공은 내세에서의 구원의 증거(보장)로 추구된 것이다. 루터의 소명설과 칼빈의 예정론이 세속화된 양상이 자본주의 정신으로 구현되고 있는 셈이다.

그렇다면 대체 청교도란 누구를 말하는 것인가. 청교도는 원래 영국 국교회(성공회聖公會) 안에 있는 강경파 칼빈주의자이다. 처음부터 성공회 안에는 가톨릭적 측면과 개신교적 측면이 공존하고 있으며, 이는 지금도 고高교회와 저低교회의 공존으로 지속되고 있다. 청교도는 성공회 내의 가톨릭적 요소에 저항protest하여 순수pure&clean를 추구한 이들puritan이다. 이들은 예배에서 제의(미사적 요소)를 배척하고 설교를 강조했다. 하지만 그 이상으로 중요한 것은 교인들에게 춤, 연극, 카드놀이 등 오락을 금지하고 윤리(근면)와 성결(금욕)을 부각시켰다는 점이다. 성공회로서는 이 윤리적 사디스트들에게 박해를 가하고 싶은 충동을 자제하기가 어려웠을 게다.

이런 맥락에서 한국의 대표적인 청교도 전도사 김남준 목사의 『게으름』에 주목할 필요가 있다. 국내에서 최소 25만 부가 팔린 이 책은 청교도적 기반에서 저술된 경건서적이다. 게으름이 발전해 무려 정욕이 된다니(3장), 정말 청교도적이지 않나! 청교도에게 있어서는 게으름이야말로 죽음에 이르는 대표적인 죄악deadly sins 가운데 하나인 것이다[2]. 신학자들은 베버가 칼빈의 예정론을 오해하고 있다고 지적하기도 한다. 물론 사회학자인 그가 신학적 이론에 대한 이해가 틀렸을 수는 있지만, 사회적 현실의 재구성이라고 하는 면에서는 그가 옳았다고 본다. 일반적으로 사람은 모호하고 불확실한 것을 싫어한다. 각자의 구원 여부는 미리 정해놓은 신의 뜻(예정豫定)에 달린 것이라고 주장하는 예정론 특유의 모호성은 우리를 불편하게 만든다. 그러므로 자신의 현실적 노력과 가시적 성취에 기반하여 자신의 구원을 보장받고 싶은 열망을 가지고 있다. 교회 안에서 열심히 헌금하고 봉사하는 이들의 동기를 그런 맥락에서 짚어봐야 할 경우가 적지 않다. 동시에 『게으름』은 근면해야 할 동기를 무려 영원의 레벨에서 제공해주는 훌륭한 자기계발 서적이다. 현세의 성실과 내세의 영생 사이에 가교를 놓아주지 않는가. 물론 열심히 살면 천국에 간다고 말한 것은 아니지만, 나태하면 타락하게 된다고 주장하고 있다. 솔직히 통장에 찍힌 숫자를 통해 신의 뜻(축복과 저주)을 미루어 짐작하는 이들이 적지 않을 게다. 햄릿이 우리 시대에 왔다면, "게으름이냐, 자기계발이냐"를 가지고 고민했을 것이다. 게으르면 죽고, 자기계발하면 산다!

청교도가 일어난 나라는 영국이지만, 자기계발이 발원한 나라

는 미국이다(미국이 없다면, 자기계발도 없다). 영국의 박해를 피해 미국으로 건너온 이들이 개척 과정에서 진행된 세속화를 통해 자기계발의 경향을 성장시켜온 것이다. 여기에서 말하는 세속화는 청교도 특유의 금욕적 기독교에서 주창하는 욕망의 절제가 내세의 보상이 아니라 현세에서 일정하게 욕망의 해소를 추구하는 방향으로 변질된 상황을 가리킨다. 이러한 변모의 상황은 특정한 사상(예정론)보다는 미국이라는 특정한 환경에 따른 문제임을 기억해야 한다. 이는 비단 청교도만의 상황이 아니기 때문이다.

현세 지향성과 자기계발

기독교 신학의 변종인 이신론理神論조차도 미국에 건너와서는 자기계발의 에토스ethos[3]와 맞물리게 되었다. 미국의 기초를 놓았다고 하는 소위 건국 시조들의 신학 사상이 바로 이신론이다. 근본주의 기독교인들은 이들의 사상이 정통 기독교 사상이라고 주장하지만,[4] 미국의 건국 시조들은 역사를 주도적으로 운행하고, 각인의 삶을 심판하는 초월자로서의 신神 개념을 거부한다. 대신 그들은 우주를 창조할 때에 우주 작동의 원리를 설정하고 나서 곧장 이 사업장에서 은퇴하고 흔들의자에 앉아 남은 생을 보내는 영감탱이 하느님, 즉 이신론의 신 개념을 지지했다. 이신론에서의 신은 역사에 개입하는 심판자가 아니기에 더는 내세를 가지고 협박하지 않는다.[5]

신이 물러나고 남은 것은 이제 우주 작동의 원리이며, 따라서 이에 대한 성실한 순응이 요구된다. 프랭클린 다이어리는 이러한

맥락에서 등장하게 된다. 사막의 교부가 고행으로 몸을 단련하고, 중세의 사제가 명상으로 마음을 단련하며 시간을 잉여롭게 보내는 것은 시간 관리와 대척점에 서는 것이나. 그들의 고행과 명상은 단지 피학적 이상성욕의 표출에 불과한 것이 아니었다(그런 면이 없었다고 말하기도 어렵겠지만). 사실 그들이 품고 있던 진정한 갈망은 몸과 마음을 정화하여 현세의 중력을 극복하고, 신과 하나 되어 내세의 지복을 획득하는 것이었다. 하지만 역사의 주관자로서의 신이 물러나고, 현세를 작동하는 원리만 덩그러니 남은 상황에서 현세는 더 이상 부정과 초월의 대상으로 머무를 수가 없었다.

미국에 건너온 이신론은 원산지인 유럽에서와 달리 이렇게 현세에서의 영달에 기여하는 정신적 원동력의 일부로 기능하기 시작했다. 건국 시조의 이신론과 청교도의 칼빈주의가 미국을 둘러싼 복잡한 난국과 그들 앞에 펼쳐진 광활한 황야 속에서 타오르기 시작한 현세에서의 성공에 대한 열망에 연료로 소비된 것이다. 이제 내세의 보상이 철회 혹은 약화된 대신에, 현세의 보상을 죄책감 없이 향유하는 것이 허용되기 시작한다. 당당하게 자신의 소유를 향유하고, 타인에게 과시하는 것이 용납되고, 심지어 장려되었다. 이것이 미국이라는 곳이다. 앞에서 언급한 대로 "개신교도(특히 청교도)에 있어서 근면과 금욕을 통한 현세에서의 성공은 내세에서의 구원의 증거(보장)로 추구된 것이다."라고 하는 베버의 명제는 미국에 와서 현세가 가장 중요하다는 두드러지게 세속화된 방식으로 구현되었다. 베블런Thorstein Bunde Veblen이 『유한계급론』에서 제시한, 미국 유한계급의 과시적 소비는 이러

한 맥락 속에서 읽어야 한다.

원래 유럽 기독교에서는 현세에서의 소비를 공개적으로, 과시적으로 향유하는 것을 격려하지 않았다. 가톨릭의 사제가 존경받았던 이유도 모두가 갖고 싶어 하는 돈, 섹스, 권력을 거부하고 당위적으로나마 청빈, 순결, 복종을 선택했기 때문이다. 물론 당위는 언제나 현실과 구별되기 마련이다.[6] 하지만 언제나 한 줌뿐인 세력이 담지해온 이 당위가 역사를 이끌어오지 않았던가. 그런데 미국은 서구 세계가 고수해왔던 이러한 당위의 가면을 벗어버리고, 현세의 영달을 적극적으로 독려하기 시작하였다. 이 현세 지향성이야말로 자기계발의 비옥한 토양이다. 다음에는 여기에서 싹튼 윤리적 자기계발 사조의 역사를 구체적으로 살펴보겠다.

윤리적 자기계발의 부흥과 나락

『프랭클린 자서전』은 초테크의 시대를 살아가는 우리에게 어떻게 하면
성공할 수 있을지에 대한 대답을 제시해준다.
또 열악한 환경에 굴하지 않고 자신의 의지로 인생을 얼마든지 성공적으로 이끌 수 있음을 보여주고 있다.

한국리더십 대표 김경섭, 「역자 후기」, 『프랭클린 자서전』(김영사, 2001)

금융자본주의의 인격적 구현figure이 월가의 증권맨이듯이 윤리적 자기계발을 구현하는 인물은 바로 미국의 개척자이다. 전에 말했듯이 인디언을 추방하고 토지를 개간하며 사금을 채취하던 미국 개척의 역사가 바로 자기계발의 토양이다. 아무 것도 없는 데에서 맨주먹으로 일어서려면, 무언가 희망이 있어야 한다. 그런데 이러한 동력은 그들의 바깥에서 주어지는 것이 아니다. 사회적 기반이 조성되지 않았기에 아무런 보장이 없었다. 무에서 유를 만들어내는 열정의 근원이 외부에 없다면 내부에서 찾아야 한다. 그런데 없는 열정을 애써 자아내려 하다 보니 일정한 도움이 필요하지 않을 수 없다. 즉 자신을 스스로 돕도록自助 하기 위해 외부의 조력자(동기부여자)가 필요한 역설적인 상황이 되었다.

인격적 자기계발서의 원조, 『자조론』

새뮤얼 스마일즈가 영국에서 집필한 『자조론』이야말로 바로 '동기부여'라는 필요에 적극적으로 부응하는 저술이라고 하지 않을 수 없다. 그는 원래 사회 문제 해결을 위해 의회개혁을 추구하던 정치개혁가였으나 결국 이를 포기하고, 개인개혁(자조정신)을 주장하게 된다. 자조야말로 성공의 조건이라고 확신하게 된 스마일즈는 작은 야학에서 행한 강연을 바탕으로 1859년 9월에 『자조론』을 출간하기에 이른다. "하늘은 스스로 돕는 자를 돕는다"라는 경구로 본문을 여는 『자조론』은 이어서 발간된 『인격론 *Character*』 『검약론 *Thrift*』 『의무론 *Duty*』과 함께 소위 스마일즈의 4복음서로 불린다. 습관의 변화를 통해 인격의 변화를 도모하는 이들 저작들은 일종의 수신修身론이라고 봐야 한다. 그리고 윤리적 자기계발의 시원에서는 이렇듯 인격을 중시했다는 사실을 주목해야 한다.

자기계발계의 이 위대한 복음사가福音史家는 100여 명이 넘는 성공자들의 삶을 조명하는 가운데 자조의 복음을 설파한다. 『자조론』에는 역경을 딛고 성공한 인물들의 이야기가 수도 없이 등장한다. 말 그대로 이야기책인 셈인데, 야학에서 강연하던 내용을 묶어 책으로 펴낸 것이라는 점과 무관하지 않다. 성공을 꿈꾸며 도시에 와서 버거운 노동에 종사하던 무학자들에게 근면과 절약, 헌신과 끈기를 통해 성공할 것을 독려하려면, 이미 그러한 길을 걸어간 이들의 삶을 들려주는 것 이상으로 효과적인 전달 방식을 생각하기 어려웠을 것이다. 즉 역할 모델을 생생하게 보여주기 때문에 매우 평이하게 읽힌다는 점이 바로 『자조론』의 장점

이다. 근대적인 인간형의 양성과 훈육에 주리고 목말랐던 이들에게는 실로 축복이 아닐 수 없을 게다.

『자조론』의 영향력은 미국을 넘어 아시아를 강타하게 된다. 일본에서는 메이지 시대인 1871년에 『서국입지편西國立志編』이라는 제목을 달고 번역되어 나왔다. 일본 내에서 『자조론』은 100만 부가 넘게 팔렸을 뿐 아니라, 문부성에 의해 윤리 교과서로 지정되었다. 이제 막 자본주의를 추진하고, 농민반란 등의 소란 속에서 허우적대던 당시 일본으로서는 이같은 지침서가 절실했다. 이 책은 메이지유신의 정신적 기반을 제공한 것으로 평가될뿐더러 후쿠자와 유키치福澤諭吉의 『학문의 권유』와 함께 지금의 일본을 만든 책으로 꼽힌다. 한국에서도 개화기에 소개되기 시작했고, 최남선이 완역한 바 있다. 스마일즈의 논리에 따르자면, 조선이 일제에 흡수되든 말든 상관없다. 중요한 것은 내가 성실하게 살아 성공하는 것이다. 일제에 저항하기보다 자신의 영달에 집중하던 이들에게는 실로 가슴에 와 닿는 메시지였을 게다.

『자조론』의 국역본은 이미 여러 권 나온 바 있다. 하지만 지난 10여 년 동안에 특히 많이 번역되고, 자기계발 전문작가인 공병호의 역본이 출간되었다는 사실을 눈여겨볼 만하다. 이는 신자유주의가 초래한 국내 현실이 사회적 인프라가 부재한 미국의 현실과 유사하기 때문일 게다. 사회가 제공해야 할 안전망이 급속하게 해체되고 있는 현실에서 남에게 기대지 말고 스스로 일어서라고 외치는 『자조론』의 윤리적 패러다임은 여전히 작동하고 있다. 근래 주목받고 있는 자기계발 작가인 이지성은 『내 인생을 바꾼 한 권의 책 2』에서 다음과 같이 말한다. "나에게 꿈을 이루는 구

체적인 행동 방법을 가르쳐준 최고의 책은 새뮤얼 스마일즈의 『자조론』이다." 출판사에서 80번 퇴짜 맞은 이지성을 베스트셀러 작가로 키운 책이란다. 과연 자기계발의 고전답다.

미국적인 너무나 미국적인 거인, 프랭클린

스마일즈는 『자조론』에서 벤저민 프랭클린Benjamin Franklin을 자주 언급한다. 스티븐 코비 이후에 우리는 프랭클린이라는 이름에서 시간관리 도구인 다이어리를 떠올리게 된다. 하지만 프랭클린이야말로 자기계발, 특히 인격적 패러다임의 화신이라고 할 수 있다. 그는 17세에 집을 나와 42세에 경제적으로 은퇴하고, 남은 생애(42년) 동안 많은 일을 해냈다. 정규교육은 고작 2년 동안 받은 것이 전부이지만, 사후 출판된 자서전이 미국 산문문학 중 하나로 인정받을 정도로 꾸준히 독서하며 공부했다. 그야말로 자기주도형 평생학습자의 진정한 모범이라고 할 수 있겠다. 그의 업적에는 '최초'라는 형용이 숱하게 등장한다. 미국 최초의 우체국장이며, 의용소방대와 공공도서관의 최초 창설자이다. 번개가 전기를 방전한다는 사실을 발견하고 양전기와 음전기 개념을 최초로 제시한 과학자인 동시에 피뢰침이나 복초점 안경 등을 만든 발명가이다. 그야말로 미국이 낳은 대표적인 르네상스맨이다.

무엇보다 12세에 인쇄공으로 생의 경력을 시작한 그이지만, 건국 시조의 한 명으로 우뚝 서게 된다. 독립선언서 작성에 참가하기도 했지만, 무엇보다 큰 업적은 미불공수동맹을 성립시켜 독립전쟁을 위한 프랑스의 원조를 받아냈다는 것이다. 프랑스의 정치

가 튀르고Anne-Robert-Jacques Turgot는 그의 업적을 다음과 같이 축약한다. "그는 하늘에서 번개를 훔쳤고, 군주에게서 권위를 빼앗았다." 그의 업적들은 사회에 도움이 되고자 하는 그의 열정에 기인한다. 심지어 그는 자신이 만든 많은 발명품들에 대해 특허권을 출원하지 않았다. 프랭클린은 윤리적 자기계발의 원형이다. 그는 타인의 변화를 의도하지 않고, 자기 자신의 변화를 위한 꾸준한 노력을 추구했다. 언어 사용에서도 애써 겸손한 표현을 사용했다. 자신의 인격을 도모하기 위해 13개의 덕목을 실천하고[7], 작은 수첩을 가지고 시간을 관리했다.

이 지점에서 지적해야 할 사실은 미국적 자기계발은 반드시 경제적 성공으로 증명되어야 한다는 사실이다. 프랭클린은 무려 100달러 화폐 속 초상화에 등장하는 분이시다. 『가난한 리처드의 달력*Poor Richard's Almanac*』이라는 격언집의 발간으로 부를 획득한 이후에도 계속하여 여러 기업체를 성공적으로 운영했다. 저축통장의 수호신인 동시에 "돈은 돈을 낳고 그 자손들은 더 많은 돈을 낳는다"라며 복리의 마술에 대해 주의를 환기시킨 사람이기도 하다. 그는 초기 자본주의 질서에서 성공적으로 자신의 입지를 개척한 인물이다. 그러나 그에게서 인생과 인격에 대한 심오한 통찰은 찾아보기 어렵다. 그가 주목하고 실행한 것은 어디까지나 실용적인 업적과 이를 위한 구체적인 노력이다.

프랭클린이 살던 당시 미국은 거의 온전히 영국에 의존해 살아가고 있었다. 프랭클린은 이러한 문화적 황무지나 다름없던 미국의 거의 모든 영역에서 실용적이고 진취적인 태도로 개척자의 역할을 수행해냈다. 단지 한 명의 르네상스맨이라기보다 진정한 미

국적 인물이라고 평가해야 타당할 것이다. 그런 의미에서 프랭클린은 진정한 미국적 자기계발의 화신인 것이다. 100달러 지폐에 그의 초상화가 인쇄되는 것은 너무나 당연하다. 미국은 그를 사랑하지 않을 수 없다. 그리고 이러한 미국적 자기계발의 정신을 온전히 담아낸 저작이 그의 사후에 나온 자서전이다. 평이한 문체로 저술된 『프랭클린 자서전』은 타고난 조건과 무관하게 개인의 노력만으로 얼마든지 행복과 성공을 얻을 수 있다는 사실을 널리 알리고자 하는 실용적 목적에 따라 쓰인 것이다. 그의 생애는 단지 스마일즈의 예화 중 하나로 그칠 수 없다. 프랭클린은 미국적인, 너무나 미국적인 거인이다.

인격적 자기계발의 구루, 카네기

미국은 광활한 영토를 가지고 있지만, 오랫동안 통신이나 철도와 같은 사회의 기간망이 충분하게 갖추어지지 않았다. 또한 어느 정도 인프라가 구축되고 난 후에도 여전히 영세한 제조업자가 많았다. 그 결과 미국 전역을 돌아다니며 세일즈를 하는 판매원 집단이 생성되었다. 잠깐 만날 뿐인 사람에게서 호감을 얻어내고, 그의 지갑을 열기 위해서는 세련된 화술과 더불어 관계 형성에 대한 방법이 필요했다. 더욱이 이들은 실적에 따라 급여를 받았다. 1920년대 들어와 이 집단이 전문화되기 시작하면서 체계적인 교육이 절실해졌다. 이것이 바로 이후에 나온 여러 자기계발 서적들에서 세일즈맨의 사례가 많이 등장하게 된 연유이다. 이러한 소비시장은 이후에 다단계에서 이어받게 된다. 가령 로버

트 기요사키의 『부자 아빠 가난한 아빠』의 흥행은 바로 암웨이 Armway로부터 비롯된 것이다.

이러한 상황 속에서 몇몇 탁월한 강사들이 등장했지만, 단연 성공한 이는 나폴레온 힐과 데일 카네기Dale Carnegie이다. 나폴레온 힐은 신비적 자기계발 패러다임의 맥락에서 다루게 될 것이다. 지금의 맥락에서 다루어야 할 인물은 바로 데일 카네기이다. 카네기는 인격적 자기계발을 프로그램화한 인물이다. 카네기의 중요성은 인격적 패러다임을 계승한 동시에 타락시킨 장본인이라는 데에 있다. 물론 그가 펴낸 저작은 많지만, 대표작으로 꼽을 수 있는 단 한 권의 저작은 바로 『인간관계론*How to Win Friends&Influence People*』이다. 기독교에서 비기독인에게 복음을 전해 회심回心시켜 교인으로 만드는 것을 구령救靈, soul winning이라고 한다. 상대의 마음을 얻고, 그에게 영향을 미치는 면에서 복음 전도와 상품 판매는 비슷하다. 차이가 있다면, 후자의 목적과 효과가 단기적이라는 것이다. 나름 인스턴트 전도인 셈이다.

사실 낯선 이에게 다가가 말을 건네는 것도 쉽지 않은데, 여기서 더 나아가 물건을 판다는 것은 매우 어려운 일이다. 수많은 실패와 거절에 직면할 것이 자명하므로 고도의 동기부여와 자기세뇌가 필요하다. 여기에서 요구되는 것은 인격의 도야가 아니라 기술의 습득이다. 물론 기술을 습득하는 데에도 일정한 훈련이 필요하며, 이러한 기술의 발현에는 일종의 유사 인격이 요청된다. 적어도 타인에게는 내 인격이 발현되는 것으로 보여야 한다. 그런데 이러한 태도는 급격한 도시화로 인한 관계의 변모로 공적 영역 전반에서 요청되고 있다. 가령 사장은 사원을 인격적으로

존중하고, 그의 말을 경청해주어야 한다. 중요한 것은 실제로 그렇지 못하더라도 사원이 존중받는다고 느낄 수 있어야 한다는 것이다.

카네기는 단체 교육 프로그램을 조직적으로 기획했고, 지금도 여전히 직원 교육을 위해 사용되고 있다. 카네기의 저술과 교육 프로그램에 대해서는 여러 평가들이 있지만, 이 점은 분명히 해두어야 할 것이다. 그가 제시하는 기술은 주도자의 인격 변화에서 시작되지도 않을 뿐더러, 상대방의 인격 변화를 겨냥하지도 않는다. 어디까지나 표면적인 효과를 겨냥하는 기술이다. 그러나 그럼에도 그가 사용하는 언어들을 보면 인격적 측면을 강조한다. 이 부분에 대해서는 그의 주장을 세밀하게 살펴야 할 것이다. 가령 논쟁을 피하라는 그의 조언은 경청과 관심, 그리고 칭찬의 근본 의도를 잘 드러내고 있다. 사실 그가 말하는 경청, 관심, 칭찬은 1차원적으로만 수행되더라도 얼마든지 단기적 효과를 기대할 수 있다. 그리고 실제로 많은 경우 그렇게 사용되었다. 프랭클린으로 체화되고, 스마일즈가 제시했던 자기계발의 흐름은 20세기를 경유하면서 이제 기술만 남아버린 상황이다. 이와 관련하여 윤리적 패러다임의 복원에 주목한 스티븐 코비의 비판을 주목할 필요가 있다. 코비로 인해 기술 이전에 인격의 변화에 대한 관심이 일어났다.

윤리적 자기계발의 회복과 변형

우리가 가진 기본적인 본성은 자기 스스로 주체가 되어 행동하는 것이지,
남의 행동에 의해 이끌려 가는 것이 아니다.
스티븐 코비, 『성공하는 사람들의 7가지 습관』(김영사, 1994)

자기계발의 사조는 결코 정태적으로 진행되지 않았다. 비록 '닥치고 개척'을 추구하는 미국적 맥락으로 인해 이론적인 성찰의 깊이는 결여되어 있지만, 추구하는 이상의 높이는 아찔할 정도다. 이는 물론 미국 개척의 동력을 제공해준 개신교 사상과 무관하지 않다. 어쨌든 이러한 이상으로 인해 초기의 자기계발은 일정한 수준의 철학과 이에 기반하는 인격적 성실성을 담지한다. 특히 윤리적 자기계발의 생활 철학은 실용적이고 구체적이다.

그러나 자기계발 사조가 역사 속에서 진행되면서 그 철학은 증발하게 된다. 이제 내면의 인격에서 외적인 기술로 자기계발의 자리가 뒤바뀐다. 이러한 타락의 역사를 누군가가 주목했고, 결과적으로 그는 윤리적 자기계발교회의 마르틴 루터가 되었다. 자기계발의 수호성인의 이름이 앞에 자리하고 있는 프랭클린 코비사Franklin Covey Co.의 부사장인 '그분'을 자기계발서 신도는 『성

공하는 사람들의 7가지 습관』의 저자로 알고 있다.

윤리적 자기계발의 개혁자, 스티븐 코비

일반적으로 알고 있는 것과 달리 프랭클린다이어리의 개발자는 스티븐 코비가 아니라 시간 관리 전문가로 명성이 높은 하이럼 스미스Hyrum Smith다. 하이럼 스미스는 실은 코비의 유일한 상사, 즉 사장님이다. 하이럼 스미스의 프랭클린 퀘스트사가 코비의 코비리더십센터를 인수 합병했기 때문이다. 부사장의 이름이 회사 이름에 떡하니 박히게 된 것은 중요하지 않다. 시간 관리의 철학과 그 실행에 관한 한, 코비가 아니라 하이럼 스미스를 읽어야 한다.

스티븐 코비의 공헌은 시간 관리가 아니라 다른 데에 있다. 앞에서 말한 것처럼, 그는 윤리적 자기계발교의 마르틴 루터, 즉 개혁자이다. 그가 복원해낸 가르침은 결코 허접쓰레기가 아니다. 기본적으로 기술보다 인격을 강조하는 그의 접근 방식은 정당하다. 그는 윤리적 자기계발의 본래 의미를 제대로 짚어냈다.

단지 문제가 하나 있다. 그는 우리의 인격을 너무나 독립적인 주체로 다룬다는 것이다. 내면의 인격이 바깥의 결과로 구현되어야 한다는 그의 주장은 왜 문제가 될까? 결과적으로 다른 인격과 사회는 모두 나의 흔적을 새겨 넣을 배경이 되기 때문이다. 즉 서로가 서로를 배경이자 도구로 대하게 되는 셈이다. 이 지점에서 그는 로고테라피의 창시자인 빅토르 프랑클을 미국적으로 전용한다.

로고테라피는 인간의 의미지향성을 중심으로 형성된 심리치료 방법론이다. 가령 자살 충동으로 고통받는 한 내담자에게 프랑클은 이렇게 질문한다. "왜 자살하지 않았니요?" 그를 사살로부터 보호해주고 있는, 가슴속에 묻혀 있는 그만의 삶의 의미를 발견하도록 독려하기 위한 목적에서 그러한 충격 요법을 사용하는 것이다. 바로 이 의미를 중심으로 자극과 반응 사이에서의 선택의 자유가 가능해진다.

코비는 이러한 프랑클의 논의에서 자아의 절대적 자유를 읽어낸다. 소극적으로 보면 내가 허락하지 않는다면, 세상의 그 무엇도 나를 해칠 수 없다. 적극적으로 보면 그러한 자아의 능력은 밖으로 드러나야 한다. 프랑클과 달리 자기 주도성을 현세에서의 성취와 연결시켰다. 이러한 성취를 둘러싼 사회적 맥락은 코비의 고려 대상에서 배제된다.

코비식 자기계발의 가부장적 진실

그렇지만 스티븐 코비는 하고 싶은 꿈보다 해야 하는 사명을 강조하지 않는가? 맞다. 프랭클린으로부터 이어지는 윤리적 자기계발의 개혁자(회복자)답게 그는 세상을 향한 배려를 이야기한다. 그러나 탁월성을 강조한다는 점에서 빅토르 프랑클과는 결정적으로 구별된다. 코비는 경제적 풍요와 사회적 지위를 직접적으로 강조하지는 않지만 대신 원대한 목적과 비범한 성과를 강조한다. 따라서 자기계발서 특유의 성공 지향적 입장과 현실적으로 그다지 차이가 드러나지 않는다.

결과적으로 현세적 성취가 없으면 아무것도 아니다. 크고 뛰어난 가시적 결과물을 추구하는 이러한 접근은 사실 남성적(영웅적)인 것이다. '사명'이라는 개념이나, 이를 제공하는 '신의 표상' 또한 마찬가지다. 더욱이 자기 주도성을 가리키는 첫 번째 습관은 가부장제 질서를 명료하게 보여준다. 그런데 한 집안을 대표하는 가장의 주도적 삶은 배우자의 이른바 내조에 기대고 있다. 가장의 노동과 배우자의 내조가 한 짝을 이루는 것이다.

코비의 저작의 남성 중심적인 성격은 그의 후속작 『소중한 것을 먼저 하라*First Things First*』에서 명확하게 드러난다. 그는 육아와 경력 사이에서 고뇌에 빠진 자신의 딸에게 스케줄에 얽매이지 말고, 달력 따위는 잊어버리라고 조언한다. 분명 전작과는 다른 말을 하고 있다. 딸 대신에 아들로 바꿔서 이 부분을 다시 읽어보라는 미키 맥기Micki McGee(『자기계발의 덫』의 저자)의 흥미로운 제안을 떠올려보라. 조언의 대상이 상심한 딸이 아니라 아들이었다 하더라도 그의 조언은 유효할까?

즉 미국아버지모임이 주는 '좋은 아버지상'의 수상자인 코비의 조언에는 기본적으로 분열이 있는 것이다. 『소중한 것을 먼저 하라』는 전작의 보완이나 심화가 아니라, 전작의 모순이 표출된 것으로 이해해야 한다. 여기에서 그의 메타포는 시계에서 나침반으로, 즉 시간적 유비에서 공간적 유비로 전이된다. 시계란 『성공하는 사람들의 7가지 습관』을 구성하는 형식적 핵심인 시간 관리(프랭클린 다이어리)를 가리키며, 나침반은 『소중한 것을 먼저 하라』의 핵심에 해당하는 방향성에 대한 은유이다. 그는 이렇게 말한다. "시간 관리를 하지 마라. 달력도 잊어버려라. 죄책감만 생

길 테니까 아예 시간 관리 수첩 같은 건 사용하지 말도록 해라. 지금 네 인생에서 가장 소중한 것은 이 아기야. (중략) 네 내면의 나침반을 따르고, 벽에 걸린 시계에는 얽매이지 마라."(22쪽) 이제 저자와 독자(특히 여성)는 분열을 경험할 수밖에 없게 되었다. 저자가 한 입으로 두말하고 있는 셈이니 말이다. 여기에서 감동을 받는 독자분들에게는 다시 생각해보라고 권하고 싶다.

우선 코비는 현실에 대한 인식이 부족하다. 혹은 현실을 외면한다. 과거에는 가장의 봉급으로 가족 구성원 전체의 생활을 영위할 수 있었다. 가부장제가 나름 안정되게 작동하는 상황이었던 것이다. 한국도 20여 년 전까지는 그러했지만, 지금은 그저 흘러간 전설로 들린다. 이제 직업 없는 여성은 맞선에 나올 자격이 없다. '남자'보다 '적금통장'이 좋다는 시대 아닌가. 허나 평범한 남자조차 '4개의 통장'을 관리해야 하니까 우울한 성평등이 이루어진 셈이다.

코비식 자기계발의 본령에는 가부장적 멘탈리티가 자리하고 있다. 코비의 교시에 따르자면, 여성들의 몫은 아이를 돌보고 남편을 섬기는 것이다. 그런데 문제는 오늘날 이 사회가 제시하는 성공의 기준이 여성에게도 내재화되었다는 점이다. 따라서 이 가부장적 사회에서 성공하기 위해서는 여성도 남성화되어야 한다. 아니, 성공은 과한 표현이다. 기초적인 생활(생존)을 위해서라도 전통적인 여성성은 포기되어야 할 상황이다. 그리고 남자는 소중한 것을 먼저 하기보다 성공하는 사람이 되어야 한다. 성공은 자기주도성과 지도력에 달린 것이다. 미국에서 가장家長으로서 아버지의 영향력을 강조하는 프라미스 키퍼스Promise Keepers 운동

이 흥행하는 이유가 여기에 있다. 같은 이유로 한국에서도 '아버지 학교'가 히트 쳤다. 고로 코비의 말씀을 따르라. 성공은 소중한 것에 앞서는 법이다. 나와 우리 가족을 책임지는 가장으로서 살아가려면, 주도적 존재가 되어야 한다. 선한 마초가 되어야 하며, 독립적 주체로서 우뚝 서야 한다.

윤리적 패러다임과 심리적 패러다임의 관계

그나마 코비의 인기가 대기권을 뚫고 올라갈 정도였던 당시는 클린턴이 미국 대통령으로 봉직하던 때였다. 비록 허약한 토대라 할지라도 미국 경제가 활황일 때에는 자기 주도적 리더십에 대한 믿음이 뿌리내릴 수 있었을 것이다. 어쨌든 노력하면 살 수 있다는 것. 하지만 부시가 미국의 선장과 치어리더가 되고 나서 테러와의 전쟁과 이라크 전쟁으로 국가재정을 말아 드신 상황에서는 자기계발의 다른 패러다임이 우위를 점하게 될 수밖에 없다.

대공황과 같은 경제불황은 자기계발 사조, 특히 신비적 패러다임을 강화시킨다. 그리고 다른 한쪽은 악화시킨다. 가령 윤리적 패러다임의 경우에는 본질이 휘발되고 그 기교만 중시되기 마련이다. 이렇게 기교를 강조하는, 즉 인격에서 기술로의 전이는 정서적 접근이라는 변종을 산출한다. 심리적(정서적) 자기계발은 윤리적(의지적) 자기계발의 변종으로 이해되어야 한다. 이 변종은 그 자체로 하나의 흐름을 형성한다.

에바 일루즈Eva Illouz가 『감정 자본주의*Cold Intimacies*』에서 말한 바와 같이 경제와 감정은 분리될 수 있는 관계가 아니다. 하지

만 그 관계의 양태가 항상 동일한 것은 아니다. 적어도 경제학이 상정하는 인간형은 합리적 인간형으로서, 판단과 결정에 있어서 정념과 감정을 배제한다. 적어도 원칙상 자본주의는 감정을 배제하고 정념을 억압하지만, 공황과 같은 위기 상황은 자본의 감정화를 강화시킨다. 달리 말한다면, 감정 담론이 경제 담론을 구성하는 하위 범주로 기능하게 되는 것이다.

윤리적 패러다임과 마찬가지로 심리적 패러다임 또한 기본적으로 노력을 요구한다. 그러나 노력의 방식이 다르다. 성취를 위한 의지보다 관계를 위한 감성이 중시된다. 심리적 자기계발에서는 대인 관계가 경제 관계를 작동시킨다. 에바 일루즈는 이를 심리학적 소통 모델로 파악하고 있다. 실제로 미국 특유의 자아심리학이 여기에 영향을 미쳤다고 볼 수 있다. 여기에서는 감정을 사유와 표현, 논의와 정당화의 대상으로 취급하며, 무엇보다도 우선시한다.

신비적 패러다임은 이와 전혀 다른 흐름에 속한다. 여기에서는 의지적이거나, 정서적 노력이 아니라 우주와의 조화를 이루는 가운데 원하는 것을 형상화하는 것이 요구된다. 필요한 것은 생각의 방향을 전환하는 것뿐이다. 굳은 결의와 이를 증명하는 굵은 힘줄과 흥건한 땀방울은 외려 문제가 된다. 탐욕스럽게 한 움큼의 사탕을 쥔 손을 풀고 병에서 손을 빼낼 때에야 사탕을 꺼낼 수 있게 되는 것과 같은 이치다.

대공황과 같은 난국에는 성실한 노동 자체를 통한 성공의 가능성이 극단적으로 낮아지기 때문에, 관계나 상상을 통한 자기계발의 흐름이 표면으로 부상한다. 관계의 측면은 카네기를 통해, 상

상의 측면은 나폴레온 힐을 통해 주목되었다. 카네기의 『인간관계론』은 윤리적 패러다임의 왜곡인 동시에, 심리학적 패러다임의 시원이라고 할 수 있다. 여기에서는 후자에 대해 살펴보자.

인격에서 기술로의 전이라고 하는, 윤리적 패러다임의 타락은 심리적 패러다임이라는 변종을 낳았다고 앞서 지적했다. 카네기가 주목한 기술은 관계의 형성과 이를 통한 업적의 성취와 관계된 것이다. 기본적으로 상대의 정서를 파악하고, 조작하는 것에 성공의 단초가 있다고 보는 셈이다. 우리 시대에 가장 중요한 자본은 휴먼네트워킹이며, 이 세상을 성공적으로 살아가려면 감성지능(EQ)이 필요하다.

이러한 전환은 대상과의 관계뿐만 아니라 주체의 형성에도 영향을 준다. 외형적으로 업적을 지향하는 '노동자'에서 내면적으로 자아를 추구하는 '구도자'로의 전환이다. 각자가 구성하는 삶의 이야기도 가난에서 부유로의 '성공 서사'보다는 질병에서 치유로의 '구원 서사'로 전환된다. 심리학은 상대를 설득하기 위해서뿐만 아니라(『설득의 심리학』), 나를 알기 위해서도 필요하다. 20대는 아프니까 청춘이며, 서른 살은 치유받고자 심리학에 묻는다.

금욕과 성실을 강조하는 윤리적 패러다임과 치료와 회복을 추구하는 심리적 패러다임은 여전히 진행되고 있다. 삶의 서사를 성공적으로 구성하기 위해 일정한 노력을 요구하는 자기계발 유형으로서 존속하고 있는 것이다. 이를 직종으로 따져본다면, 윤리적 패러다임은 생산직 노동자에게, 심리적 패러다임은 세일즈맨에게 더 적절하다. 여기에서도 사회변동의 맥락이 그대로 반영되는 셈이다.

신비적 자기계발의 배경과 등장

성취하는 모든 것과 성취하지 못하는 모든 것은 자신이 품어온 생각의 직접적 결과다.

제임스 앨런, 『위대한 생각의 힘』(문예출판사, 2005)

『시크릿』이라는 단순한 제목을 달고 나온 분량 만큼이나 내용 또한 얄팍한 책은 최단 기간(8개월) 100만 부 판매와 2년 연속(2007~2008년) 종합 베스트셀러 1위 기록에 빛난다. 수많은 인용문과 간단한 설명들로 이루어진 부실한 구성에도 불구하고 『시크릿』 이후로 우리는 신비적 자기계발의 흐름을 주목하지 않을 수 없게 되었다. 이 책으로 말미암아 그 사조가 새로운 탄력을 받게 되었기 때문이다. 물론 이는 불황의 징조이다. 책 자체에 대한 이야기는 다음으로 미루기로 하자. 지금 여기에서 주목해야 하는 것은, 원하는 것을 간절히 바라면 현실로 이루어진다고 하는 '끌어당김의 법칙'이 이미 오랜 역사를 가지고 있다는 사실이다. 그렇다고 『시크릿』에서 주장하는 것처럼 고대까지 거슬러 올라가려는 것은 아니다. 19세기 미국의 정신세계를 겨냥하고 있는 것이다. 론다 번 여사의 주장과는 달리 이 시원은 진지한 철학적 맥

락을 가지고 있다. 추상적 사색보다 구체적 실천이 앞선다고 할 수 있는 미국의 정신적 특성을 고려할 때에 신비적 자기계발의 흐름이 심오하다는 형용은 결코 어울리지 않지만, 윤리적 자기계발 못지않게 진지하다는 것에는 의심의 여지가 없다.

청교도 대 유니테리언

이제 그 신비적 자기계발의 시원으로 가보기로 하자. 청교도의 토양 위에서 이신론의 줄기가 뻗어나고 이에서 자조사상이 피어난 것이 윤리적 자기계발이라면, 신비적 자기계발은 유니테리언unitarian과 초절주의를 경유해서 신사고 운동으로 그 모습이 드러난 것이다. 전자가 뇌조차 근육으로 이루어진 이들로 구성되어 있다면, 후자는 일상을 공상으로 대체하는 이들로 구성되어 있다고 말할 수 있겠다. 물론 이는 명료한 그림을 그리기 위한 목적으로 복잡한 맥락을 전제하는 사상적 흐름을 과도하게 단선적으로 정리한 것이다. 실제로는 좀더 세밀하게 살펴봐야 한다.

우선 청교도에 대해 다시 이야기해보자. 청교도에 대한 강한 반감 속에서 유니테리언과 초절주의, 나아가 신사고 운동이 탄생했기 때문이다. 전에 말했듯이 남다르게 순수를 추구하는 청교도의 윤리관은 이러하다. 소극적으로는 오락을 금지하고, 적극적으로는 근면을 강조했다. 즉 세속의 쾌락을 멀리하고, 천상의 지복至福을 추구하라는 것이다. 구원의 확신이 여기에 달려 있었다. 신으로부터 구원을 받은 자라면, 그 증거로 구원받은 자다운 삶을 살아야 하기 때문이다. 더욱이 그 가능성이 채 실현되지 않은

황무지(미국)를 마주하고 있는 청교도들로서는 이러한 부담이 더욱 컸으리라. 그러니 더욱 신에게 매달려야 하는 거다. 미국을 대표하는 청교도 조나단 에드워즈Jonathan Edwards가 '진노한 하나님의 손에 붙들린 죄인들'이라는 제목으로 설교할 때에 교인들이 지옥으로 떨어질까봐 두려워 예배당 기둥을 붙들며 죄에 대해 용서를 구했던 것처럼 말이다.

기본적으로 청교도의 내면에는 심각한 긴장이 존재했다. 신으로 말미암아 구원받은 자답게 근면하고 금욕적인 모습을 보여주기 위해 끝없이 노력을 해야 하지만, 노력만으로는 구원을 얻을 수가 없다. 즉, 그러한 삶을 살지 않는다면, 그는 결코 구원받은 자가 아니다. 이 엄청난 긴장의 중심에는 예수라는 이름의 구원자christ를 신으로 이해하는 관점high christology이 자리한다.

한편 18세기에 등장한 유니테리언은 오로지 성부의 신성만unity을 인정하며, 예수의 신성을 거부했다. 이제 예수는 신앙의 대상이 아니라 모방의 대상이 되었다. 즉 신적 경외 대신에 인간적 존경으로 대하게 된 것이다. 이렇게 기독론이 달라지면 구원론도 달라진다. 그들이 추구하는 것은 예수의 죽음(안에서의 죽음의 죽음)을 믿어 죄로부터 구원을 받는 것이 아니라 예수의 모범을 따라 죄를 떠난 삶을 살게 되는 것이다. 그에 따라 구원이 전제하고 있는 죄의 개념도 신학적 범주(신과의 관계 분리)가 아니라 윤리적 범주로 환원된다. 나아가 모든 인류를 단번에 구원의 대상자로 처리하는 인간의 원죄原罪 개념을 거부하고, 선악을 선택할 수 있는 인간의 능력을 긍정한다. 따라서 신이 구원받을 자를 미리 택정했다고 하는 예정이나 그러한 예정의 범주에서 배제되는

이들을 위한 영원한 심판 또한 배제한다. 신자들에게 과도하게 걸려 있는 신앙의 무게를 이성으로 경감시키게 된 것이다. 이들은 성서의 계시를 평가하는 시금석으로 인간의 이성을 설정한다. 예수를 신의 자리에서 인간의 자리로 끌어내렸기에 가능해진 것이다. 즉 유니테리언 신학은 예수를 낮춘 만큼 인간을 높인다. 결국 인간이 신의 자리로 올라갈 수 있게 된다. 이러한 신학적 낙관과 인간에 대한 확신은 청교도에 연원한 윤리적 자기계발과 구별되는, 신비적 자기계발의 원류로서 값을 하는 부분이다.

유니테리언에서 초절주의로

1830년대에 나타나서 이후에 실용주의Pragmatism가 등장하기 이전까지 19세기 미국의 정신세계를 지배했던 초절주의는 신비적 자기계발의 다른 근원으로서 유니테리언의 낙관적 정조를 비판적으로 계승한다. 초절주의를 창시한 랄프 왈도 에머슨Ralph Waldo Emerson이나 이를 널리 알린 헨리 데이비드 소로Henry David Thoreau가 모두 미국 유니테리언의 중심지인 하버드 대학교를 졸업했다는 것을 간과해서는 안 된다. 하지만 초절주의의 배경에는 이것 이상으로 다채로운 사상들이 자리한다. 특히 독일의 관념론과 인도의 힌두교(『바가바드 기타』, 『우파니샤드』), 그리고 스베덴보리E. Swedenborg의 신비주의 등이 중요하다. 『논어』와 플라톤, 퀘이커교 등도 빼놓을 수 없다. 이렇게 복잡한 사조를 뒤섞은, 인종의 용광로에 상응하는 사상의 용광로가 바로 초절주의인 것이다. 실로 미국적이지 않는가. 그렇다. 초절주의는 미국적

인 사상이자 운동이다. 특히 미국적 정신의 기틀을 이루는 개인주의의 모태라 해도 과언이 아니다.

프랑스 정치학자 토크빌Alexis de Tocqueville은 1830년대에 미국을 경험하고 개인에 대한 강한 신뢰에 근간을 둔 미국의 민주주의 사상이 세계를 지배하리라고 전망했다. 불행하게도 그의 전망은 현실이 되고 말았다. 그가 본 미국은 자신의 정신적 토대를 청교도에서 초절주의로 옮기고 있는 중이었다. 청교도가 내세우는 인간에 대한 불신과 신전神前, coram deo 의식(으로 말미암은 자기 검열) 대신에 등장한 개인의 자유에 대한 존중은 유니테리언으로부터 발아되어 초절주의에서 만개하기 시작했다.

미국이라는 이름의 대령大靈의 선택을 받은 초절주의의 영매는 바로 에머슨이다. 그의 『자연*Nature*』이야말로 에머슨의 초절주의를 접할 수 있는 핵심 문헌이다. 하지만 미국 정신의 정수이자, 자기계발의 선구로서의 개인주의를 음미하려면, 『자기 신뢰*Self Reliance*』를 펼쳐들어야 한다. 여기에서 우리는 개인의 독립을 강조하며, (사회보장을 포함한) 동정을 거부하는 참으로 미국적이라 할 수 있는 정신을 만나게 된다.

프랭클린이 윤리적 자기계발의 시조라면, 에머슨이야말로 신비적 자기계발의 시조다. 신비적 자기계발에 (실존적이건, 학문적이건) 나름의 관심이 있다면 『자기 신뢰』에 더불어 『대령*The Over Soul*』까지 읽어볼 것을 권한다. 『시크릿』의 근본 교의가 원시적 형태로 담겨 있을 뿐더러, 실로 그것과 비교하기 어려울 만큼 진지하고 묵직한 텍스트다. 여기에 담긴 자세는 개인의 극단적 자립이다. 동정을 거부하는 것 정도는 우습다. 심지어 신에게 간구

하지도 않는다. 대신 우주의 법칙을 관조할 뿐이다. 모름지기 원인이 발생하면, 결과가 산출되는 법이다. 그러므로 법칙에 순응할 뿐이다. 법칙으로 엮여 있는 우주의 영혼大靈이 바로 자신이다. 여기에서 논의되는 개인주의는 관념론이 상정하는 근대적 개인 개념과 무관하지 않다. 따져보면, 초절주의라는 용어 자체가 칸트와 연결되는 개념이다. 더욱이 자아가 우주 전체의 맥락과 궤를 같이 하고 있음을 알려주는 것은 헤겔의 『정신현상학』이 아닌가. 초절주의자는 명확하게 칸트와 헤겔의 후예이다.

그렇다고 초절주의가 독일 관념론처럼 사변적 깊이를 추구하는 것은 아니다. 미국의 정신세계의 얄팍함은 우연의 산물이 아니라, 나름의 이유를 가지고 있다. 미국의 개척과 확장을 위해 고투하는 이들에게 사변 철학은 사치에 불과하다. 그들은 유럽적 정신의 심오함을 그들만의 맥락 속에 새롭게 이식했을 뿐이다. 또한 이제 조금 있으면 실용주의 철학을 만들어낼 참이었다.[8] 그런 맥락 속에서 보면 초절주의 철학 역시 실천적 성격이 강한 것은 당연한 일이다. 이러한 측면을 누구보다 잘 보여주는 이가 바로 소로이다. 가령 에머슨의 『자기 신뢰』는 소로의 『시민 불복종 *Civil Disobedience*』으로 이어지고, 에머슨의 『자연』은 소로의 『월든*Walden*』으로 연결된다. 다시 말해서 수감으로 이어진, 불의한 정부에 대한 소로의 저항에서 우리는 정부와 종교에 기대지 말고 홀로 서라는 『자기 신뢰』의 메시지의 반향을 읽어낼 수 있고, 호수 옆에 집을 짓고 2년 동안 머물며 자연과 교감한 소로의 삶에서 『자연』의 메아리를 들을 수 있다. 즉 사유의 얄팍함이 실천의 두터움으로 보완되고 있다.

소로는 노예제와 멕시코 전쟁을 반대하기에 정부에서 요구하는 인두세 납부를 거부했다. 그로 인한 수감 경험이 그로 하여금 개인과 국가의 관계에 대해 성찰하게 만들었다. 그에게 있어서 가장 좋은 정부란 가장 적게 다스리는 정부다. 사실 수감된 시간이 단 하루였음에도 『시민 불복종』은 그의 사후에 톨스토이와 간디, 그리고 마틴 루터 킹Martin Luther King Jr.을 거쳐 전 세계에 영향을 미쳤다. 만일 그가 장기복역했더라면, 지금쯤 마르크스의 『공산당 선언』이 차지하는 자리를 소로의 『시민 불복종』이 대체했을 지도 모를 일이다. 그가 고작 하룻밤 수감된 것은 마르크스에게는 매우 다행스런 일이 아닐 수 없다. 또한 소로가 살았던 월든 호숫가는 사실 그의 어머니의 거처에서 멀지 않았으며, 매일 어머니를 찾아갔다(이 점을 흥미롭게 주목한 심리학자도 있다). 그가 전원 속에 온전히 고립되어 살았다고 생각하는 것은 착각이다. 그는 결코 금욕주의자가 아니었다. 초절주의에서 읽어내야 하는 것은 금욕주의가 아니라 낙관주의이다. 그리고 이 낙관주의의 근거에는 우주와 조화를 이루는 존재인 인간의 가능성에 대한 믿음이 있다. 소로의 문명 비판적 면모로 인해 초절주의의 이러한 본질을 놓쳐서는 안 된다.

신사고 운동의 시작

초절주의는 그 자체로 신비적 자기계발의 면모와 그 본질을 명확하게 보여주고 있다. 하지만 오늘날 우리가 알고 있는 것처럼, 성공을 향한 현실적 욕망을 노골적으로 보여주는 것은 나폴레온

힐에 이르러서였다. 그리고 이 사이에 부와 건강을 약속하는 신사고 운동이 자리한다. 초절주의가 지식인 사이에서 유포되었다면, 신사고 운동은 일반인 사이에서 확산되었다. 물론 양자는 동일한 미국적 정신의 반영이다.

신사고 운동의 창시자는 독학을 통해 나름의 신학을 개진한 피니어스 파커스트 큄비Phineas Parkhurst Quimby이다. 그의 가르침은 당시 신경성 질환을 앓는 환자들에게 큰 효력을 발휘했던 것으로 보인다. 그러나 이 운동에서 후대에 널리 알려진 인물은 따로 있다. 1863년에 메리 베이커 에디Mary Baker Eddy가 그를 찾아왔다. 그를 통해 치유를 경험한 그녀는 큄비의 사후에 자신을 신사고의 창안자로 내세우며 크리스천사이언스 교파를 창설한다. 이제 신사고 운동은 에디라는 이름으로 기억되게 된 것이다.

에디는 크리스천사이언스를 통해 부와 명성을 획득했다. 그녀에게 있어서 존재하는 것은 정신일 뿐 물질은 존재하지 않는다. 따라서 질병과 가난은 존재할 수 없으며, 찰나적으로 나타나는 미망에 불과할 뿐인 것이다. 이러한 가르침은 미국의 종교 시장을 두고 칼빈주의와 경쟁하게 되었고, 나름의 성공을 거두었다. 이러한 상황에서 저명한 철학자인 윌리엄 제임스William James조차 신사고 진영에 손을 들어주었다.[9] 이렇듯 신사고 운동은 그 자체로도 이미 하나의 종교 조직으로 일정한 입지를 구축했지만, 그 영향은 미국 전체를 잠식해 들어가기 시작했다. 이는 일종의 치료술에 그치는 것이 아니라, 세계를 보는 하나의 관점을 제공한다. 즉 의술과 양생술인 동시에 세계관과 삶의 방식이기도 한 것이다.

초절주의와 신사고 운동의 공통점

초설주의와 신사고 운동이 공유하는 것은 내면의 정신에 대한 신뢰이다. 우주의 정신과 조화를 이룬 개인의 정신에 초점을 맞춘 것이다. 『시크릿』이 끌어당김의 법칙을 말하면서 그 법칙의 기반에 놓았던 것은 우주를 구성하는 게 바로 정신이라는 점이었다. 이는 결코 우연이 아니다. 물론 정신의 능력에 대한 규정과 목적이 완전하게 동일한 것은 아니며, 사조의 성격 또한 다르다. 전자가 철학이라면 후자는 운동이다(허나 양자 모두 종교적 성격이 강하다). 하지만 이들은 의지를 통한 노력보다 정신을 통한 조화로 초점을 옮겼다. 우주의 원칙을 알고, 그것에 조화를 이루는 것이 중요하다. 그러나 이 중요한 가르침을 대중의 가슴 속에 새기는 것은 대중적 성공을 거둔 신사고 운동의 몫이었다.

어쩌면 당연하게도 초절주의에서 신사고 운동으로의 전이에는 성공과 더불어 타락이 수반될 수밖에 없었다. 자아의 고양에서 육체의 회복으로 중심을 바꾸는 이러한 과정은 초절주의의 세속화라고 할 수도 있을 법하다. 그리고 세속화의 과정은 항상 새로운 흐름의 유입을 특징으로 하기 마련이다. 신사고 운동은 메리 베이커 에디의 크리스천사이언스로 대표되지만, 이외에도 마음을 통한 치유를 강조하는 여러 집단들이 포함되어 있었다. 이들은 큄비와 에디뿐만 아니라 스베덴보리와 초절주의, 그리고 신지학 등 온갖 사조를 끌어들였다. 그렇다고 각각의 사조들이 전혀 생뚱맞게 수용된 것은 아니며, 적어도 일정한 수준의 가족 유사성은 가지고 있다.

신비적 자기계발의 부흥과 타락

어떤 사람이 돈이 충분하지 않은 유일한 이유는 생각으로 돈이 오지 못하게 막고 있기 때문이다.

론다 번, 『시크릿』(살림, 2007)

신비적 자기계발의 수호성인, 와틀스

신사고에는 여러 단체와 여러 사조가 뒤범벅되어 있다. 상황이 그러하니 정돈된 철학을 말하기는 어렵다. 애초에 지적 사조라기보다 치유 운동이었으니 당연한 노릇이다. 그러나 적어도 치유의 잠재력으로서 마음(생각)의 능력을 신뢰한다는 것에 공통된 초점이 있다는 것은 분명하다. 그리고 이는 갈수록 더 넓은 영역으로 확장될 수밖에 없는 운명을 지녔다. 과연 마음의 능력을 재정에 적용할 수는 없었을까? 누가 결국 이 질문을 던지게 되었을까? 이것이 바로 월레스 와틀스Wallace D. Wattles가 자기계발 사상사에서 한 자리를 차지한 것과 연결되는 지점이다. 그의 중요성은 『시크릿』에서 론다 번 역시 언급하고 있는 그의 대표작 『부자가 되는 과학적 방법*The Science of Getting Rich*』과 무관하지 않다. 1910년에 이 책이 출간된 직후 그는 곧 생을 마쳤다. 그리고 책은

전설이 되었다.

와틀스가 동서양의 철학과 종교를 공부했다는 것으로 본질을 가려서는 안 된다. 물론 그의 폭넓은 연구가 그의 사상과 무관한 것은 아니다. 특히 인도 사상에 대한 연구가 그러하다. 하지만 그의 연구의 폭이 얼마나 두텁든지 간에 그의 책과 교의의 본질은 간단하다. 그리고 이는 그가 신사고의 교의를 경제적 측면에 적용하기 시작했다는 것과 연결된다. 와틀스는 자신의 부자학을 일종의 과학으로 생각했다. 일정한 원인은 일정한 결과를 낳는 법이다. 실험실에서 일정한 조건 하에서 실험을 반복하면, 결과가 대체로 일치할 것을 기대하는 것처럼 말이다. 부자가 되는 것도 그 인과성을 따라야 하는 것이다. 당연히 그가 내세운 방법은 신사고 운동을 따라 사고思考에서 현실로 나아가는 것이다. 그는 오늘날 『시크릿』이나 『리얼리티 트랜서핑*Reality Transurfing*』 등을 통해 널리 알려지고 있는 심상화(창조적 영상화)라고 하는 테크닉을 널리 확산시킨 인물이다.

여러 자기계발 독자들이 심상화에서 네빌 고다드Neville Goddard를 떠올린다. 물론 그것 자체는 올바른 연결이지만, 그럼에도 원래 마음의 눈(정신)으로 원하는 목표를 관조(상상)하는 심상화는 정신을 통한 우주와의 조화를 추구하는 데에서 연원하는 것이다. 어쨌든 이 심상화야말로 모든 신비적 자기계발의 성공 법칙의 핵심이다. 나폴레온 힐, 노먼 빈센트 필Norman Vincent Peale, 조용기 목사(여의도순복음교회 창립자) 등 수많은 성공 복음의 전도사들이 외치던 구원(성공)의 길인 것이다. 원하는 것을 끌어당기는 방법이 바로 여기에 있다. 누군가를 짝사랑한다면 그가 나에게 오

도록 상상해야 한다. 그리고 결과가 안 좋으면 심상화를 제대로 못한 자신을 질책하면 된다. 하지만 와틀스는 『시크릿』과 다르다. 자기 자신 외에 다른 대상을 바꾸려 하지 말라고 경고한다. 그리고 이는 개인을 철저하게 강조하는 초절주의와 결코 무관하지 않다.

미국에서 와틀스가 심상화를 외칠 때에 프랑스에서 에밀 쿠에 Emile Cou 는 자기암시를 주장했다(『자기암시 *Self Mastery Through Conscious Autosuggestion*』). "나는 날마다 모든 면에서 갈수록 나아지고 있다." 다들 들어보았을 이 암시문이 그의 것이다. 심상화와 자기암시는 원리상 동일하다. 그가 보기에 의지와 상상이 부딪히면 언제나 상상이 이긴다. 상상은 의지의 제곱에 비례하기 때문이다. 만일 의지와 상상이 하나가 되면 그 힘이 기하급수적으로 팽창한다. 그러므로 중요한 것은 상상이며, 의지를 여기에 맞추어야 하는 것이다. 사람들은 의지(노력)를 강조하지만, 암시를 통해 좋은 결과를 얻기 위해서는 노력하지 말아야 한다. 반면 와틀스는 우리에게 일정한 노력을 요구한다. 이쪽이 더 정상으로 보이는 것은 두말할 필요가 없다. 물론 에밀 쿠에가 악의를 가지고 사기를 치려 한 것은 아닐 게다. 하지만 그의 저작과 가르침은 신비적 자기계발의 위험성을 매우 명확하게 보여주고 있다.

신비적 자기계발의 천사박사, 나폴레온 힐

이러한 위험에도 불구하고 대중은 신비적 자기계발을 요구한다. 일종의 도피 수단이 필요하기 때문이다. 윤리적 자기계발이

동기부여의 기능에 더 무게가 실린다면, 신비적 자기계발은 진통제로서의 기능에 방점이 찍힌다. 물론 다시금 지적해야겠지만, 자기계발 강사들 자신이 그러한 이데올로그로서의 기능을 의식적으로 수행한다고 보기는 어렵다. 그것은 일종의 정신분열이기에 결코 쉬운 일이 아니다. 그들은 그저 자신의 성공을 추구하고, 나아가 독자 혹은 학생들의 성공을 북돋워주고자 노력했을 뿐이다. 가령 나폴레온 힐의 진정성을 나름 인정할 수 있다는 뜻이다. 신비적 자기계발의 만신전에 그의 이름을 빼놓을 수는 없는 노릇이다. 물론 그의 독자들은 나의 말에 의아해할지도 모른다. 근면과 성실을 말하는 그를 왜 윤리적 자기계발의 반열에 세우지 않는다는 말인가. 이는 내가 제시하는 그림이 각각의 강조점을 주목하는 유형론적인 것이기 때문임을 이해해주시라.

그렇다면 나폴레온 힐의 성공학은 어디에 중점이 있는가. 부자들을 연구해 부자가 되는 법을 찾아보라는 카네기의 권고를 따라 대공황 시기에 연구한 결과를 『성공의 법칙*The Law of Success*』으로 출간한 다음에 다시 수정해서 새로이 펴낸 『생각하라! 그러면 부자가 되리라*Think and Grow rich*』를 잘 보면 그 핵심에 바로 '아이디어idea'가 놓여 있음을 알 수 있다. 그에게 있어서 성공이란 내면에서부터 시작하는 것, 꿈을 현실로 바꾸어가는 것이다. 이를 위해 경험과 지식을 축적하고, 체계적인 행동 계획을 수립하고, 신속하게 결단하며, 인내력을 체득해야 한다. 옳다. 하지만 그 앞에서 사고는 현실화하려는 충동을 지니고 있음을 천명하며, 목표 실현의 원동력으로서의 신념을 강조하고, 심층 자기 설득을 활용할 것을 권고한다. 그 뒤에서는 잠재의식의 활용과 육감의

계발을 촉구하고 있다. 의지는 상상에 복무해야 한다고 지적한 에밀 쿠에의 사상과 동일한 구조에 놓여 있는 것이다. 성공하고 싶다면, 하루 30분 정도의 여유를 내어 자신의 소망과 목표에 집중하는 창조적인 사고의 시간을 갖는 것이 중요하다. 이는 열심히 일하는 것보다 훨씬 중요한 것이다.

앞에서 언급한 것처럼, 힐은 와틀스나 에밀 쿠에처럼 단순하게 상상의 힘을 가르친 것이 아니다. 그는 대단히 복잡하고, 다채로운 내용을 가지고 접근한다. 심지어 성 충동에 대해서도 다룬다. 그럼에도 그 본질은 간단하다. 와틀스를 능가하는 지점 또한 거기에 있다. 생각이 현실이 된다고 방향을 지정해주었을 뿐만 아니라, 그 과정 안에서 생각의 초점을 분명하게 모아야 한다고 강조한다. 매일 꾸준하게 시간을 내어서 말이다. 분명한 소망을 갖고, 그것을 뚜렷하게 바라보는 것. 그렇게 상상을 통해 방향을 뚜렷하게 잡은 다음에야 의지가 제 몫을 할 수가 있는 것이다. 이렇듯 두툼한 내용과 분명한 초점의 공존은 이 책의 수명을 오래 지속시키는 데에 기여하고 있다.

신비적 자기계발 교회

신비적 자기계발의 교사는 와틀스나 나폴레온 힐 말고도 얼마든지 나열할 수 있다. 오리슨 스웨트 마든Orison Swett Marden, 로버트 콜리어Robert Collier, 찰스 해넬Charles Francis Haanel 등도 자기계발의 만신전에 올라가기에 부족함이 없는 이들이다. 하지만 여기에서는 사실상 이와 동일한 가르침을 성경을 통해 변주해서

들려주는 이들을 간단하게 언급하고 지나가려고 한다. 기독교의 자기계발의 세부적 측면에 대해서는 뒤에서 다루겠다.[10] 다만 여기에서는 기독교 자기계발의 본질적 메시지가 신비적 자기계발의 본류에서 벗어나지 않는다는 점을 지적하려는 것이다. 애초에 기독교와 친연성을 보여왔으니 이상한 일은 아닐 것이다.[11]

어쨌든 상당수 목사들이 교회 강단에서 설교의 형식을 통해 신비적 자기계발의 교시를 전파했다. 그런 의미에서 신비적 자기계발 교회라는 표현은 과장이 아니다. 그나마 신사고 운동 안에 속한 교회들은 이상할 것이 없다. 가령 『부의 법칙*The Dynamic Laws of Prosperity*』으로 잘 알려진 여목사인 캐서린 폰더Catherine Ponder의 경우는 신사고의 계보에 속하는 연합교회Unity Church의 목회자이니 당연하다. 반면 2,000만 부가 넘게 보급된 『적극적 사고방식*The Power of Positive Thinking*』의 저자인 노먼 빈센트 필 목사의 경우는 보수적인 교단에 속해 있음에도 그들과 유사한 메시지를 전한다(무한한 힘에 파장을 맞춰라). 그런데 미국과 미국 교회는 그의 메시지를 열렬히 환영했다. 여기에 미국과 미국의 정신을 읽어낼 수 있는 단초가 있다.

앞에서 신비적 자기계발의 출발은 윤리적 자기계발의 근원이라 할 수 있는 청교도에 대한 반발과 무관하지 않다고 지적했다. 이는 미국을 떠받치는 시대정신의 변경, 즉 패러다임 시프트paradigm shift의 문제였다. 이렇듯 자기계발의 유형 속에 미국 역사의 추이가 스며들어 있는 것이다. 자기계발을 태동시킨 지적 사조에는 역사적 무게가 실려 있고, 시대적 성찰이 새겨져 있다. 적어도 자기계발은 진지한 문제의식과 함께 출발했다. 그러나 자

기계발 사조가 역사 속에서 진행되면서 이러한 문제의식은 휘발되고 말았다. 이는 경제공황이나 이에 준하는 위기로 말미암은 자기계발 사조의 부흥, 즉 성장과 이에 수반하는 타락과 깊이 관련되어 있다. 『시크릿』에 모든 걸 뒤집어씌우기 전에 그 책을 적극적으로 받아들이게 만든 사회 자체에도 책임을 물어야 한다.

『시크릿』은 2007년, 2008년에 걸쳐 종합 베스트셀러 순위 1위에 빛난다. 그런데 『시크릿』의 대박은 전혀 반가운 일이 아니다. 윤리적 자기계발의 패러다임으로 더 이상 우리 사회의 문제를 해결하지 못한다는 암울한 의미를 지니고 있기 때문이다. "시세 2억 3,000만 원만 있으면 되는데 월급 200만 원을 10년 동안 숨만 쉬고 모으면 된다. 그냥 가족 머릿수대로 방 있고 주방 있는 게 2억 3,000이 넘는다." 〈개그콘서트〉의 코너인 사마귀 유치원의 일수꾼이 하는 말이다. 이 상황에서 끌어당김의 법칙을 이용해서라도 내 집 마련을 하고 싶지 않겠는가? 이 사회가 1%를 위해 99%의 희생을 요구하는 시스템을 작동하고 있으니 뭐라도 도피 수단을 강구하고 싶어 하게 마련이다. 신비적 자기계발의 가장 퇴락한 양태는 곧 우리 사회의 퇴락한 얼굴에 다름 아니다.

미국적 종교로서의 자기계발

실제로 미국 사회의 특수성 때문에 모든 미국인에게는 최소한의 공통점이 존재했다.
평균적인 미국인은, 만일 이런 사람이 존재한다고 가정하면, 자기계발과 성공에 관심이 많았다.

대니얼 앨트먼, 『10년 후 미래』(청림출판, 2011)

이제까지 정리한 바와 같이 자기계발 담론은 가시적으로는 다양한 양태를 띠고 있지만, 본질적으로 동일한 지향점을 담지하고 동일한 효과를 유발한다. 자기계발이 지향하는 바는 개인의 독립성과 자율성을 강조하고 이를 통해 성공에 대한 낙관적 전망을 강력하게 견지하는 것에 있다. 이것은 물론 가시적 증거들로 엄격하게 증명될 수 없는, 일종의 강력한 신념이라 할 수 있다. 그리고 자기계발은 이러한 지향점의 현실화를 위한 모든 부담을 개인에게 온전히 전가시킨다. 이는 단지 생산성 증대의 측면에만 머무르는 것이 아니라, 노동력 재생산의 측면에까지 이어진다. 현 체제를 지속하고 계급을 재생산하게 만드는 이러한 구조는 자본주의 시스템의 진행방향이다. 그리고 이는 신자유주의 사회 안에서 더욱 가속화되었다.

이러한 가속화를 부채질한 것은 자기계발의 전환이었다. 자기

계발이 거대한 교육 사업인 동시에 더 나아가 일종의 유사종교로 전환된 것이다. 엄격한 증명을 요구하는 과학과 달리 종교는 강력한 믿음을 기대한다. 그리고 자기계발이 교육 사업으로서 자신의 자리를 포지셔닝한다면 과학과 종교 사이에 자리매길 수밖에 없다. 문화과학(정신과학)은 자연과학과 종교의 사이에 자리하게 마련이기 때문이다. 그런데 하나의 문화(담론)로서의 자기계발이 사실상 종교로 격상된 상황이다. 이는 종교적 연원을 지니고 있기 때문이기도 하지만, 미국이라고 하는 자기계발의 모태가 되는 삶의 정황이 일정한 믿음을 요구하는 곳이었기 때문이다. 서부 개척 과정에서 아직 채 눈에 보이지 않는 결실을 거두기 위해서는 그들에게 매우 생생한 신념이 필요했다.

자기계발의 양태: 사업에서 종교로

본질적으로 따져보면 자기계발의 세계화는 미국적 가치관의 세계적 확산에 다름 아니다. 자기계발 메시지를 통해 우리가 확인하게 되는 것은 결국 미국의 위엄이다. 헨리 데이비드 소로가 해리슨 블레이크에게 "누구나 이 세상에서 홀로이며, 따라서 누구의 소개 편지도 없이 홀로 신과 마주할 것"을 충고할 때의 독립정신. 경쟁을 신성시하는 태도. 자기계발은 미국적인, 너무나 미국적인 이데올로기이다. 물론 미국의 정신세계는 심오하지 않지만 진지하다. 그리고 이러한 진지함은 한 면으로 보면 유럽에서 건너올 때부터 시작하여 지속적으로 계속 도입해온 신학적이고 철학적인 사유체계에 기인하며, 다른 한 면으로 보면 미국이라고

하는 광활한 미未개척지의 상황에 연유한다.[12]

첫 번째 항목을 다시 보자. 자기계발은 신학적 맥락에 기반하고 있다. 그 시발점에 진지한 문제의식이 자리하고 있다는 것에는 전혀 의문의 여지가 없다. 그렇기 때문에 나는 자기계발 담론의 표면적 차원에 멈추어서 맹목적으로 비판하는 것을 주저한다. 근원을 들여다보지 않고 현상에 천착하는 것은 문제를 진단하는 방식으로도 부적절하고, 문제를 해결하는 자세로도 불충분하다. 물론 직접적인 원인을 따져본다면 유럽에서 유입된 지적 사조의 미국적 전유에 따른 것이다. 하지만 더 멀리 나아가 제대로 살펴본다면 자기계발은 르네상스와 종교개혁으로 말미암은 개인의 발명 혹은 (재)발견에 연원을 두고 있다고 봐도 무방하다.[13]

그렇다면 대체 문제는 무엇인가. 바로 자기계발의 '타락'이다(자기계발은 신학적 기원을 지니고 있으니, 이에 대해 종교적 언어를 사용해도 무방할 것이다). 처음의 진지한 문제의식과 지적 성찰은 시간이 갈수록 퇴조하고, 실로 진부한 표현이지만, 자본의 논리에 포섭되고 말았다는 뜻이다. 이는 바로 두 번째 항목, 즉 미국의 정황에 따른 것이다. 신학적 전망에 기초한 미국의 특수주의와 이로 말미암은 개척자로서의 표상을 염두에 두어야 한다. 이에 기초해 형성된 경쟁 예찬과 그에 따른 승자독식을 장려하는, 미국의 독특한 기풍이 세계화된 데에 따른 것이다. 따라서 미국과 나아가 세계가 져야 할 책임을 자기계발 담론에게만 전적으로 뒤집어씌워서는 안 된다.

자기계발과 사회변동: 정상사회에서 위기사회까지

자기계발은 어디까지나 사회변동의 정황에 연동되어 있다. 미국사회에 기대가 폭증되는 정상사회일 때에는 윤리적 패러다임이 지배적이었고, 불안으로 점철되는 위기사회일 때에는 신비적 패러다임이 주도하고 있다고 말할 수 있다. 즉 항상 윤리적 패러다임에서 신비적 패러다임으로 진행되어왔다. 그 분기점은 대공황, 혹은 이에 준하는 개인의 노력을 능가하는 위기 상황이다. 스티븐 코비의 『성공하는 사람들의 7가지 습관』이 먼저 출간되고, 론다 번의 『시크릿』이 이후에 출판된 것은 당연한 일이다. 그 사이에 미국 43대 대통령 조지 부시가 놓여 있다는 것은 우연의 일치가 아니다(미국 자본의 입장과 상황을 부시가 대표하고 있다는 뜻이다). 하지만 신자유주의라고 하는 동일한 사조가 클린턴에서 부시로의 진행을 둘러싸고 있다. 코비와 론다 번은 모두 신자유주의의 이데올로그일 따름이다.

안타까운 것은 이제 장기 침체의 예정된 운명이 우리를 기다리고 있다는 것이다. 불안이 항존하고, 희망이 거세된 현실이 곧 우리의 삶이다. 이제는 잠입 르포의 장인匠人이라고 불러드려야 할 바버라 에런라이크Barbara Ehrenreich는 『노동의 배신*Nickel and Dined*』을 통해 하층계급의 우울한 세계를 보여주었다. 그들은 그날 수입으로 그날 생존하는 하루살이 인생이다. 미래를 위한 저축이 불가능한 삶을 살고 있다. 하지만 이제 상황은 더욱 암담해졌다. 그녀는 『희망의 배신*Bait and Switch*』을 통해 중상류층에게도 희망이 보이지 않는다는 것을 신랄하게 조명했다. 이제 최상류층을 제외한 모두에게 위기의 상태와 불안의 정서가 정상으로

규정되고 수용되는 상황이 되었다. 하지만 그렇기 때문에 더욱더 자기계발의 필요성이 증대하고 있다. 이러한 상황을 스스로 납득시켜야 하기 때문이다. 자기계발이 지향하는 주체화 기능은 철저하게 현실 순응적이다.

자기계발의 주체화

사회를 주도하는 담론은 기본적으로 특정한 주체화를 요구하게 마련이다. 자기계발 담론은 말할 것도 없다. 이는 결국 자기계발 담론이 현재의 사회를 작동시키는 지배 이데올로기라는 뜻이다. 자기계발이 의도하는 효과를 온전히 작동시키기 위해서라도 특정한 인간형을 형성해내야 한다.[14] 신자유주의가 작동하는 현실 체제의 지속을 위해 요구되는 것은 바로 자기계발 담론의 자기주도형 인재상이라고 할 수 있다. 가령 평범한 학생으로 하여금 스스로를 자기주도형 학습자로 이해하게끔 만들고, 일개 사원에게 사장 마인드를 가지게 만드는 것이다. 사회를 주도하는 지배담론은 어디까지나 그 사회 변동의 정황에 연동되어 있을 따름임을 다시금 지적하지 않을 수 없다.

자기계발이 지향하는 것은 목표와 자기를 동일시하는 것이다. 목표의 성공이 곧 자기인 것이다. 이는 사회의 현실에서 눈을 돌려 개인의 이상(욕망)에 착념하게 만든다. 따라서 자기계발의 성공을 위한 전제는 다름 아닌 자기를 설득하는 것이다. 구조에서 개인으로 초점을 돌리게 만들고, 개인에게 무한 책임을 지운다는 점에서 이는 명백하게 자기 세뇌다. 이러한 세뇌의 핵심에는 개

인의 능력에 대한 무한한 긍정이 놓여 있다. 만일 정상사회라면 개인의 성실한 노력에 기대를 걸게 만들 것이고, 위기사회라면 개인의 긍정적 공상에 기대게 하지 않을 수밖에 없을 것이다. 이 양자가 긍정하는 인간의 능력의 본질은 다르지만, 핵심은 개인의 능력에 대한 긍정이다.

미국적인, 동시에 한국적인 우리의 자기계발

제가 천막 교회를 개척하고 목회를 시작하던 시절은 사회적으로도 경제적으로도 굉장히 어려운 때였습니다.
사회는 혼란스러웠고, 서민들은 하루 세끼를 챙겨 먹기가 어려울 정도로 가난했습니다.
뿐만 아니라 수많은 사람들이 각종 질병으로 고통당하고 있었습니다.
그런 그들에게 필요한 것이 바로 희망의 메시지였습니다.

조용기, 『3차원의 인생을 지배하는 4차원의 영성』(교회성장연구소, 2010)

앞서 살펴보았듯이 자기계발은 종교적이며 또한 미국적이다. 그런데 한국은 미국을 욕망하며, 나아가 그들의 욕망을 욕망한다. 그러므로 미국의 종교인 기독교로 인정받길 희망하고, 미국의 문화인 자기계발을 신앙하지 않을 수 없다. 한국은 이미 또 하나의 미국이다. 자랑스러운 이 나라를 대한미국이라고 불러도 될 것이다. 미국 이상으로 미국이 되고자 하고 있으니 말이다. 하지만 한국은 미국이 아니다. 비록 이 땅에 미국의 정신과 가치를 맹목적으로 이식해놓았다고는 하나 한국은 그 나름의 역사와 고유한 문화적 맥락을 가지고 있는 토양이다. 그로 인해 우리의 자기계발은 미국과 비슷한 동시에 미국과 다르다. 과연 어떠한 연유로 그리 되는 것일까? 이제부터 이에 대해 살펴보기로 하자.

신비적 자기계발과 한국의 무속적 기독교

미국의 자기계발 사조가 한국에 소개된 건 꽤 오래전의 일이다. 미국에서 널리 소비되었기에 그 자체로 충분히 믿음이 가는 일종의 문화적 상품으로서 수입되었다. 가령 신비적 자기계발 진영의 슈퍼스타인 노먼 빈센트 필 목사가 1952년에 내놓은『적극적 사고방식』이 국내에 출간된 것은 1955년으로 거슬러 올라간다. 이를 출간한 곳은 기독교 출판사가 아닌 일반 출판사 정음사였다. 그리고 필의 사상적 후계자라 할 수 있는 로버트 슐러 목사의『불가능은 없다*Move ahead with possibility thinking*』는 1967년에 출간되었는데, 국내에서는 기독교 출판사인 대한기독교서회에서 1968년에 역간되었다. 두 책 모두 당시의 출판 상황을 고려한다면, 엄청나게 빠른 번역 속도라고 할 수 있겠다.

한국은 미군이 던져주는 초콜릿을 받아먹듯이 이를 열심히 향유하였다. 초콜릿은 미군을 통해 전달되었고, 자기계발은 교회를 통해 수용되었다. 자기계발서가 소개된 경로는 기독교계에 한정되진 않지만, 자기계발 사상들이 국내에 뿌리박는 데에는 교회의 영향이 절대적이었다는 뜻이다.

신비적 자기계발의 사상이 한국에서 토착화된 것은 조용기 목사를 통해서였다. 그는 로버트 슐러의 절친이기도 하다. 한국과 세계에서 가장 큰 초대형 교회를 일구어낸 조용기 목사의 영향력은 절대적이었다. '믿음의 위대한 힘'이나 '믿음과 실상' '생산적 믿음' 등을 말할 때에 그가 강조하는 것은 우리가 바라는 바를 마음으로 그려내고 이 그림을 붙들어야 한다는 것이다. 믿음의 힘은 결국 상상의 힘인 셈이다. 이는 한국에서 신비적 자기계발이

일정하게 토착화되었다는 것을 보여준다.

조용기 목사는 한국의 부흥사復興師[15]를 대표하는 인물이다. 부흥사는 교회 안의 무당과도 같은 존재이다. 그리고 조용기의 자기계발적 가르침은 무속과 기독교의 결합체라 할 수 있다. 이는 새벽기도와 부흥집회, 그리고 기도원 등을 통해 널리 확산되고 무속화된 기독교 영성의 동학mechanism을 기반 삼아 신비적 자기계발이 토착화되었다는 뜻이다.[16] 미국에서의 신비적 자기계발은 적어도 그 원류에서는 정신적 초월과 독립을 강조하는 고결한 가르침이었다. 하지만 무속은 내세에서의 보상을 추구하지 않고, 현세에서의 기복을 갈망한다. 타락한 양태의 신비적 자기계발의 씨앗이 한국에 뿌려진 초기부터 이미 세속적으로 기름진 토양을 만나게 된 것이다.

큰 목사님께서는 요한의 입을 빌려 이른바 삼박자 구원을 선포하신다. "사랑하는 자여 네 영혼이 잘 됨같이 네가 범사가 잘 되고 강건하기를 내가 간구하노라"(요한삼서 1장 2절) 이에 대한 그의 해석에 따르면, 기독교인이 얻게 되는 구원의 범위에는 영혼의 중생重生과 더불어 육체의 건강과 경제적, 사회적 풍요가 포함된다. "요한삼서 1장 2절에서 말하는 삼중 축복은 영혼과 환경과 육체의 축복을 뜻합니다."(조용기, 『4차원의 영성』, 교회성장연구소, 2010, 36쪽) 이 얼마나 현세적인 축복의 말씀인가. 기존의 기독교가 적어도 가시적으로나마 이원론적 토대 위에서 현세를 부인하고, 내세를 지향하던 것에 비추어보면, 실로 노골적으로 현세화된 구원관이라 할 수 있다. 이러한 현세 지향성은 한국 특유의 토착화된 기독교의 모습이며, 군사정권의 폭정이나 어깨들(조양은,

김태촌)에게 유독 관대한 것은 이러한 무속 특유의 현세의 돈과 권력에 대한 존중심과 무관하지 않다.

다음으로 『시크릿』이 번역 출간되기 2년 전에 『긍정의 힘』이라는 기독교적 자기계발서가 기독교 출판사(두란노서원)를 통해 출간되었다는 사실을 지적하려 한다. 『시크릿』이 2년간 베스트셀러 종합 1위를 차지하였듯이, 『긍정의 힘』도 2년 동안 기독교 출판계를 독식하다시피 했다. 이 두 권 모두 신비적 자기계발에 속한다. 『긍정의 힘』의 부제가 '믿는 대로 된다'라는 것을 상기하라.[17] 이 책의 저자는 '웃는 목사'라는 별명을 가지고 있으며, 미국의 토크쇼 진행자 바바라 월터스Barbara Walters가 "미국의 희망의 목소리"로 칭송한 바 있는 조엘 오스틴 목사로서, 신사고 운동에 속해 있다. 이는 역시 신사고 운동의 교사였던 부친을 사상적으로 계승한 것이다(그가 목회하고 있는 레이크우드 교회 또한 세습된 것이다).

IMF사태 이후 진행된 양극화로 말미암은 어려운 국내 환경은 분명 자기계발의 무게 중심을 윤리적 흐름에서 신비적 흐름으로 옮겨가게 만들었다. 그 전조는 교회에서 시작되었다. 거듭 확인하듯 기독교는 자기계발의 소중한 파트너이다.

윤리적 자기계발의 요람으로서의 한국교회

무속 신앙과 기독교가 만난 것이 한국교회의 특수성이라고 한다면, 교회가 현세에 붙박이게 만든 또 하나의 요인, 즉 반공주의는 이미 한국교회를 넘어서 한국사회의 보편성이라고 할 수 있을

것이다. 그러나 김대중이 한국 보수의 보루로 군대와 교회를 거론하였듯이, 한국교회의 반공주의는 특별하다. 그리고 이것이야말로 윤리적 자기계발과 한국교회를 연결시키는 중요한 대목이다.

1970~80년대에 급속히 성장했던, 이른바 강북형 대형교회는 대체로 이북 출신 기독교인들에 의해 세워졌다.[18] 공산당의 위협 속에서 땅과 재산을 버려두고 남하한 그들에게 있어 공산주의는 현실적 두려움이고, 재산 축재는 현실적 방비책이었다. 즉 두려움의 대상이 초월적인 것에서 가시적인 것으로 전환되게 만든 그들의 현세 지향성의 내용은 반공주의에 다름 아니다. 사실 한국교회의 정체를 구성하는 것은 바로 반공주의이다. 한국교회에 있어서 북한은 이드이고, 미국은 초자아에 해당한다. 물론 교회 자신은 에고이다. 여기에서 이드는 억압의 대상이며, 억압된 것은 계속 올라오게 마련이다. 문제는 남한 위에 있는 북한과 남한 안에 있(다고 추정되)는 종북세력 자체가 아니라, 그들을 억압하는 태도다. 이로 인해 그들은 지극히 현세적인 속물 종교인이 되고 말았다.

월남한 이북 출신 교인들의 정서를 지배하는 반공주의는 기본적으로 윤리적 자기계발의 에토스와 궤를 같이 한다. '고소영' 인사의 핵심에 해당할 뿐 아니라, 반공주의가 주도하는 대형교회이기도 한 소망교회를 세운 곽선희 목사가 행크 해네그래프Hank Hanegraaff의 『바벨탑에 갇힌 복음*Christianity in Crisis*』을 널리 추천한 바 있다. 이 책은 기독교 안에 스며든 신사고 운동을 교의적 측면에서 분석하는 방대한 저작이다. 신비적 자기계발을 비판하는 것이 곽선희의 입장인 것이다. 그리고 이것이 바로 (두뇌 속에

삽자루 하나만 있기에) 온 국가를 건설현장으로 만들어버린 이명박 전 대통령(MB)의 입장이다. 그렇다. MB는 윤리적 자기계발을 믿는 분이다. 윤리적 자기계발에서 말하는 윤리를 '착하고 올바름'이라는 의미로 읽지 말고 '성실함과 꼼꼼함'으로 읽어주시라. 그것이 곧 우리 MB 장로님의 삶이 아닌가.

그러나 앞서 말했듯이 신비적 자기계발은 오랫동안 주로 교회와 다단계 안에서 소비된 반면 윤리적 자기계발은 일찍이 사회 전반에 영향을 미쳤다. 다시 말하자면, 이지성이 등장하기 전에 공병호가 먼저 주목을 받았다는 뜻이다. "날라리 기독교 신자"를 자처하는 이지성은 기독교 신앙과 신비적 자기계발을 적극적으로 연결시킨다.[19] 한편 공병호를 포함한 윤리적 자기계발의 이데올로그들은 스스로의 성실한 노력에 대한 보상을 확신한다. 다시 말해서 한강의 기적이 21세기에도 재현 가능하다고 확신하며, 개천에서 용이 날 수 있다는 소신을 견지한다. 당연히 이들은 윤리적 자기계발의 경전을 널리 전파했다. 비록 일본만큼 널리 읽힌 것은 아닐지언정 스마일즈의 『자조론』도 일찍 소개되었고, 프랭클린의 『자서전』도 번역된 지 오래다. 그럼에도 공병호가 『자조론』을 다시 옮기고, 『성공하는 사람들의 7가지 습관』의 역자 김경섭이 프랭클린의 『자서전』을 새로 번역했다. 온 국민이 자녀의 교육에 올인한 것도 개천에서 용을 만들기 위한 노력의 일환이다. 사교육과 부동산이 한국을 사로잡는 중심 화두인 것은 현재 상태를 벗어나거나, 최소한 유지하기 위한 노력의 일환일 뿐이다.

특히 군사독재정권 하에서는 국가의 성공을 위해 개인의 희생을 전제하는 일정한 기율이 전 국가적으로 내면화되었다. 선진

국, 즉 돈과 권력을 가진 국가가 되기를 욕망한 한국으로서는 윤리적 사기계발에 동의할 만반의 준비가 되어 있었다는 말이다. 이는 윤치호가 자신의 일기(1942년 12월 11일)에서 미국을 "이 세상에서 가장 위대하고 부유한" 국가로 명명할 때에 원초적으로 드러난 욕망이다. 그리고 물론 이러한 성공의 목적에는 냉전 치하에서 대면하고 있는 북한을 능가함으로써, 북한에 대한 두려움에서 벗어나고자 하는 욕망도 포함된다고 봐야 한다. 그러한 맥락에서 볼 때, 한국교회가 이러한 신념에 동의하고 한국의 근대화를 위해 일정한 기여를 한 것은 분명하다. 베버가 주목한 바와 같이, 자본주의적 노동 주체는 개신교적 신앙 주체와 동일한 형태를 띠고 있다.

2장

자기계발의 담론

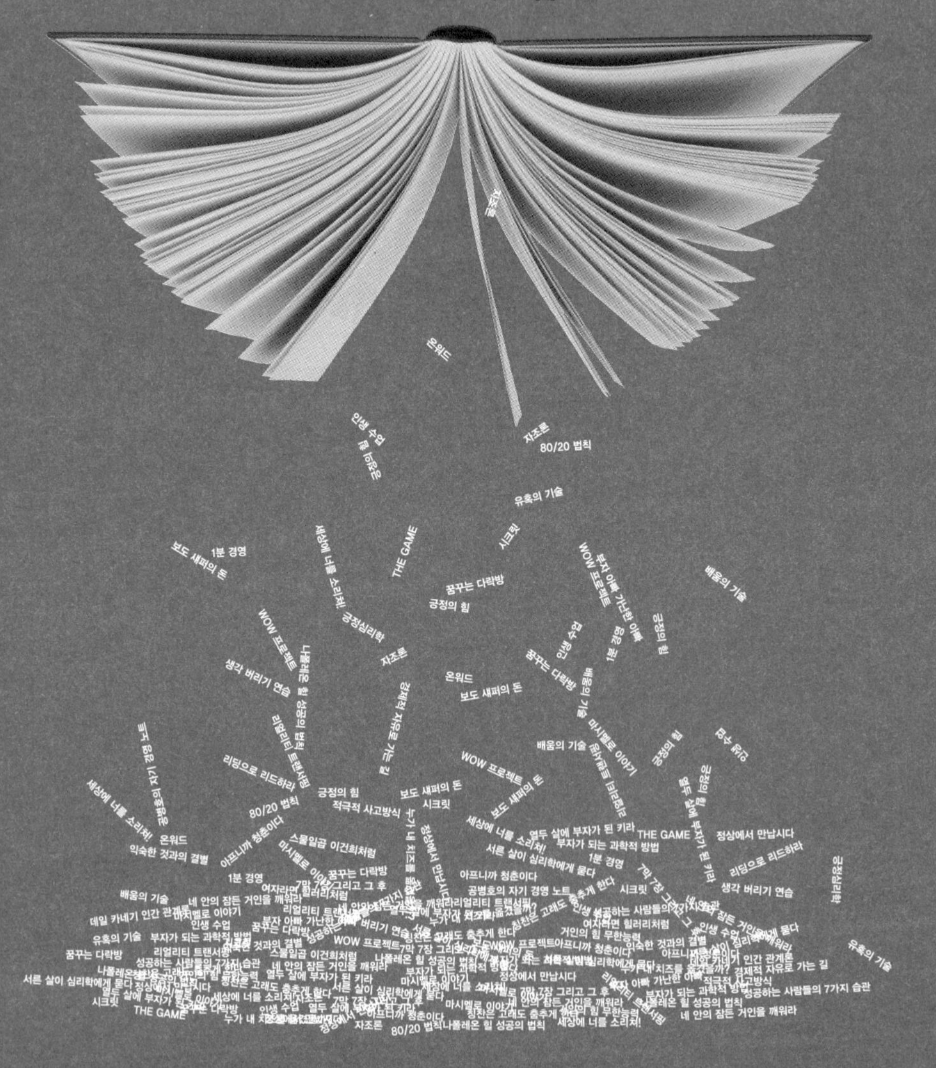

자기계발과 심리학: 긍정 강박과 역할 모델

행복에 대한 새로운 연구는 행복을 지속적으로 향상시킬 수 있음을 보여준다.
아울러 새로운 연구 동향인 긍정심리학은 이미 설정된 당신의 행복 범위 내에서
최고의 행복을 누리며 살 수 있는 방법을 알려준다.

마틴 셀리그먼, 『긍정심리학』(물푸레, 2006)

앞에서 지적했듯이 자기계발은 의지에 기초하는 윤리적 흐름과 사고에 토대하는 신비적 흐름으로 대별된다. 그리고 여기에 윤리적 자기계발의 변종으로 정서에 주목하는 심리적 흐름이 있다. 어떤 의미에서 보면, 작금의 윤리적 자기계발 자체가 의지에서 정서로 초점을 바꾸고 있다고 말할 수도 있겠다. 외면(행동)의 변화에서 내면으로 들어가는 윤리적 흐름과 내면(정서)의 변화에서 외면으로 나아가는 심리적 흐름은 결코 다른 흐름이 아니다. 결국 변화의 주체가 동일하기 때문이다. 이는 지성에 초점을 맞춘 신비적 자기계발에 대한 대응이며, 나아가 과격한 자기계발 경쟁으로 말미암은 부담으로 인한 일종의 진화라고 봐야 할 것이다.

그러나 물론 심리적 자기계발의 흐름은 그 자체로 다룰 필요가 있다. 무엇보다도 최근 자기계발의 주요한 변화가 이와 관련되어 있기 때문이다. '서른 살이 심리학에게 묻고, 심리학이 서른 살에

게 답하고' 있다는 사실은 중요한 징후다. 이제 심리학이 우리 시대의 멘토가 되었다. 전에는 카네기에게서 인간관계론을 배웠지만, 지금은 치알디니Robert Cialdini로부터 '설득의 심리학'을 배우고 있다. 정신분석 전문의와 심리학 교수가 자기계발 강사로 변신하게 된 것이다. 협상가도 여기에 가담하게 되었다. 우리는 세상의 8할이 협상이라고 주장하는 허브 코헨Herb Cohen의 『협상의 법칙*You Can Negotiate Anything*』에 표지를 씌우고 아무도 모르게 읽어야만 하는 세상이 되었다.[1]

나아가 누구보다도 사회적 조류에 민감한 언론인 출신 작가들이 심리학을 주목하고 있다. 말콤 글래드웰Malcolm Gladwell은 『블링크*Blink*』를 통해 무의식적 통찰에 대해 이야기하고, 『아웃라이어*Outliers*』를 통해 '1만 시간의 법칙'을 설파하지 않던가. 그가 판매하는 상품은 모두 심리학 텍스트에 수록된 이전의 논의를 깔끔하게 포장해서 새롭게 내놓은 것에 불과하다. 또한 데이비드 브룩스가 사회학적 묘사(『보보스』)에서 심리학적 서술(『소셜 애니멀*The Social Animal*』)로 집필의 방향을 바꾸게 된 이유는 무엇인가. 성공을 위해서는 무의식을 다루어야 하기 때문이다. 의식은 결코 인간의 중심이 될 수 없다고 하는 인문학적 상식이 이제 자기계발의 영역으로 흡수되고 있는 실정이다.

자기계발의 심리학적 전회

이러한 양상은 자기계발이 진화하는 방식이며, 자기계발이 특정한 학문 제세의 담론과 결합하는 방식이다. 당연히 감정과 무

의식의 영역에 대한 학계와 자기계발 진영의 관심은 비교적 최근에 속하는 현상이다. 하지만 에바 일루즈가 『감정 자본주의』에서 지적한 대로, 자본주의는 공황을 돌파하기 위한 과정에서 감정의 자원에 주목한다. 감정에는 심리적 층위뿐만 아니라 문화적 층위와 사회적 층위 또한 내재한다. 그러므로 비록 행동은 의지에 직결되어 있을지라도, 감정이 행동에 일정한 자원을 제공한다는 것 또한 분명하다.[2] 지금의 자본주의는 『감정노동』과 『열정은 어떻게 노동이 되는가』, 곧 냉정과 열정 사이에 서서 감정의 상품화에 몰두하고 있다.

여하튼 감정이라고 하는 영역이 우리 문화의 전면에 부각되면서 자기계발의 새로운 주요 흐름으로 자리 잡게 되었는데, 인문학적 전회 또한 이 맥락과 무관하지 않다. 행동과 습관의 교정을 중시하는 기존의 윤리적 자기계발에서 내면의 치유와 성숙을 지향하는 심리적 자기계발로 궤도가 수정된 것이다. 고전 읽기를 포함한 인문학적 트렌드는 바로 이러한 내면으로의 전환에 궤를 맞춘다. 그리고 이러한 맥락에서 신비적 흐름과 심리적 흐름의 차이가 드러난다. 신비적 자기계발이 강조하는 지성은 우주적 정신과의 조화를 추구하는 수동적 태도를 의미하지만, 심리적 자기계발이 주목하는 감정은 내면적 정신의 안정과 확장을 지향하는 적극적 태도를 가리킨다. 겉보기에는 양자가 유사하지만, 실제로는 각기 다른 패러다임 위에 서 있다.

긍정심리학과 행복 강박

자기계발의 내면적 전회는 자본주의의 적응 방식이다. 감정을 포괄하는 심리학적 전회는 결국 자본주의의 정상 작동을 위한 선택이라고 봐도 무방하다. 특히 미국 심리학계는 자본주의 시스템 안에서 학문으로서 존속하기 위해 자본의 입맛에 맞는 방향으로 적극 선회했다. 그 대표적인 사례가 바로 미국심리학회장을 역임한 마틴 셀리그먼Martin Seligman 교수로 대표되는 긍정심리학 혹은 행복 연구Happiness Studies이다. 심지어 행복학 수업이 하버드에서의 인기 과목이라지 않던가(『하버드 52주 행복 연습*Even Happier*』).[3] 이 사조는 정신질환자의 치료에 치중하는 기존 심리학의 흐름을 벗어나 일반 개인의 능력을 계발하고, 행복한 삶을 영위할 수 있도록 하는 방향으로 나아가야 한다는 입장을 취하고 있다.

긍정심리학은 낙관과 행복 등의 긍정적 심리 영역을 육체적 건강이나 직업적 성취 등의 긍정적 현실 영역과 연결시켜 연구한다. 여기에서 주장하는 바는 결국 긍정적 심리가 건강과 성공으로 들어가는 열쇠라는 것이다. 그러므로 낙관적 태도가 학습의 대상이 되고, 행복은 수행의 과제로 제시된다. 이를 위해 행복을 수량화시키며, 이를 계측하기 위한 평가 지표를 제공한다. 비록 긍정심리학 연구자들은 노먼 빈센트 필 목사의 『적극적 사고방식』으로 대표되는 신비적 자기계발과 거리를 두고 있지만, 결과적으로 보면 신비적 자기계발에 과학의 이름으로 세례를 준 셈이다.

긍정심리학은 나쁜가? 인류가 행복하게 살 수 있도록 학문적으로 도와주겠다는 시도가 문제가 되는 것인가? 그렇다. 문제가 된다. 긍정심리학은 행복에 대한 지나친 강박을 조장하여, 외려 불

행하게 만들 수 있다. 또한 낙관에 대한 과도한 낙관이라는 점에서 문제가 된다. 건강, 재정, 직무, 자아상 등 삶 전반의 건전한 영위를 위해서는 낙관과 비관이 모두 필요하다. 긍정심리학의 특정한 편향성은 심각한 부작용을 유발할 수 있다. 하지만 이것보다 더 중요한 문제는 이 학문의 사회적 함의라고 할 수 있을 것이다. 우리는 긍정심리학이 과연 누구를 위한 학문인가를 다시 질문해야 한다. 이는 자기계발에 대한 근본적인 문제제기이기도 하다.

긍정 이데올로기에 대한 풍자와 비판이 돋보이는 『긍정의 배신 *Bright-Sided*』에서 가장 흥미로운 부분은 바버라 에런라이크가 셀리그먼과 인터뷰하는 내용이다. 그녀는 문제의 '행복 방정식(행복=성향+상황+노력)'을 가지고 물고 늘어졌다. 물론 셀리그먼의 답변은 생물학으로 박사학위를 취득한 과학자인 그녀를 만족시킬 수 없었고, 셀리그먼은 코너에 몰린다. 그 어설픈 사이비 방정식은 결국 불공평한 출발선과 불충분한 사회적 인프라에 눈을 감게 만들기 때문이다. 개인적 노력을 강조하며 행복, 긍정, 낙관을 강박적으로 추구하는 이들은 보수적이거나, 최소한 기성 체제에 친화적일 수밖에 없다. 이들에게 중요한 것은 기질(능력)도 아니고, 환경도 아니다. 그저 자기 자신의 변화가 중요할 뿐. 개혁과 혁명은 불평, 부정, 비관을 일삼는 이들의 몫이다.

행복 연구에 가장 열광하는 이들은 기업의 오너와 임원들이다. 원활한 구조조정을 위해서는 그 대상자들이 이를 긍정적인 심리 상태로 반응하게 만들어주는 심리 조작 장치(심리적 진통제)가 필요했기 때문이다. 그러므로 셀리그먼이 행복 연구를 위해 종교계의 노벨상이라고들 하는 템플턴 상으로 유명한 템플턴재단John

Templeton Foundation으로부터 200만 불 이상의 후원을 받아냈다는 사실은 놀랄 일이 아니다.[4] 바로 이것이 자본이 학자의 관심사를 통제하는 방식이다. 이에 대해서는 『이데올로기 청부업자들 *Disciplined Minds*』의 4장(「호기심마저 지정받는 과학자들」)을 보라. 이 책은 자연과학 진영이 정치적 보수성을 훈육하는 방식에 대해 분석하고 있지만, 책의 근본 논지는 인문사회과학에도 동일하게 적용된다. 긍정심리학은 자기계발이 학문 영역에 스며들어 작동하는 방식을 보여주는 하나의 모델에 불과하다.[5]

NLP와 역할 모델

긍정심리학의 등장이 자기계발 강사들에게 환영받았다는 것에는 의문의 여지가 없다. 그들의 주장을 위한 학문적 논거가 되어주었기 때문이다. 사이비 약장수나 다름없는 그들에게는 가뭄 끝의 단비와 같은 존재라고 할 수 있겠다. 그러나 NLP(신경언어프로그래밍)의 경우는 그들에게 긍정심리학 이상으로 큰 영향을 미쳤다. 밀턴 에릭슨Milton H. Erickson이라는 탁월한 최면가에게 영향받은 바가 큰 이 심리 기법이 인격 변화와 관련하여 상당한 효과를 유발하기 때문이다. 『거인의 힘 무한 능력』과 『네 안의 잠든 거인을 깨워라』로 유명한 동기부여 전문 강사인 앤서니 라빈스가 바로 NLP 진영을 대표하는 인물로서, 이 기법을 통한 변화의 산 증인이기도 하다.

NLP는 인간의 신경(감각과 사고의 프로세스)과 언어가 상호 피드백(프로그래밍)되는 구조로 이루어져 있다는 관점 위에서 작용

하는 기법이다. 언어학 교수인 존 그린더John Grinder와 임상 심리학자이며 정보통신 전문가인 리처드 밴들러Richard Bandler가 공동 개발한 이 기법에 따르면, 자신의 언어 프로그램을 관찰해서 자신의 사고와 행동 패턴을 수정하거나, 이를 타인에게 적용할 수 있다고 한다. 또한 마찬가지 방식을 통해 다른 이들의 능력과 자질을 자기에게 복사할 수도 있다. NLP의 성격을 가장 잘 드러내는 정의는 '배우는 것을 배우는 것'이다.

다시 말해서 NLP는 다른 사람의 좋은 자질을 효과적으로 모방하(게 만드)는 기술이다. 탁월한 성취를 보인 대상의 신경언어프로그램을 모방하는 방식을 통해 상당히 신속하게 자신의 단점을 포맷하고, 새로운 장점을 입력할 수 있다. 여기서 NLP의 기법 자체는 별 의미가 없다. 요지는 이 기법 역시 자기계발에 있어서 하나의 근본 모델이 되고 있다는 것이다. 모든 것을 계측 가능한 대상으로 파악하고, 최소 단위로 분해하고, 순차적으로 배열하여 매뉴얼화할 수 있다고 하는 관점을 담지하는 하나의 전범과도 같은 것이다. 자기계발은 삶의 모든 것을 계발의 대상으로 삼으며, 또한 계발할 수 있다고 주장한다.

오늘날 요리나 청소, 재테크나 시간관리뿐만 아니라 실로 우리가 상상할 수 있는 거의 모든 것에 대한 매뉴얼이 이미 나와 있다. 원나잇 스탠드를 하는 방법(『미스터리 메써드』)이나 부자 남친을 만나는 기술(『넌, 꼬리가 몇 개니?』) 조차도 손쉽게 구할 수가 있다. 또한 『리스크 없이 바람 피우기』가 출간된 반면, 『남자는 왜 바람을 피울까?』도 나와 있다. 자기계발 시대에는 심지어 가난해지는 것에도 매뉴얼이 필요하다(『폰 쇤부르크 씨의 우아하게 가난해지는

법』[6]). 역설적 의도로 집필한 풍자적 저술이지만 불행해지는 방법에 대한 친절한 매뉴얼도 있다(『황홀한 불행을 꿈꾸고 싶다』). 그리고 전혀 쓸모없는 황당한 책이지만 『좀비 서바이벌 가이드』조차 나와 있다. 다시 말해 좀비 전염병이 불러올 대재난시의 생존 방법을 매우 상세하게 안내해놓은 생존을 위한 매뉴얼이다.[7] 자기계발 시대가 아니라면 도대체 이런 책을 생각해낼 수 있을까. NLP는 바로 이러한 매뉴얼 사회를 들여다볼 수 있게 해주는 하나의 모델이 된다. 앞서 NLP의 신속한 모방과 강력한 변화의 가능성을 언급했지만 두말할 것도 없이 그 효능은 제한적이다. 그리고 모든 매뉴얼의 유효성 또한 그러하다. 범람하는 여러 자기계발성 매뉴얼들은 독자들에게 성공의 희망을 제공하지만, 그 희망이 열어주는 세상은 모래 위에 지어진 성이다.

자기계발과 심리학: 힐링 강박과 자아의 재구성

나의 가장 강한 신념 가운데 하나는, 사람은 인생을 살면서 자기만의 경험을 창조한다는 것이다.

필 맥그로, 『리얼 라이프』(문학동네, 2010)

행복(긍정) 강박, 모방(매뉴얼) 강박 등은 현대사회를 들여다보게 해주는 징후이다. 사회의 병리적 징후가 자기계발의 방향 전환 속에서 압축적으로 재현되고 있는 것이다. 애초에 사회와 정신은 긴밀하게 관련되어 있다. 이는 가령 대공황과 우울증의 상관성에서도 잘 드러난다. 정신적 위기인 우울과 경제적 위기인 불황이 동일한 단어(depression)로 불리게 된 것은 20세기 초반의 장기불황과 대공황기로부터였다. 불황의 시대는 곧 우울증 시대인 것이다. 이제 우울증은 우리 사회의 정신 건강 분야에서 중요한 과제가 되었다. 경제 위기가 세계를 뒤덮기 때문이다. 더욱이 양자 모두 장기 지속이 예견되고 있다. 가령 세계보건기구는 2020년이 되면, 우울증이야말로 심신 양면에서 가장 큰 문제가 될 것으로 내다본다. 최근 보건복지부가 가벼운 우울증 환자들을 법률상 정신병 환자에서 제외하기로 한 이유는 간단하다.[8] 다수가 외눈일

때, 외눈은 더 이상 장애가 아닌 것이다.

자기계발과 심리 치유

사회와 정신의 이러한 상관성 때문에 심리학과 자기계발의 지평융합[9] 그 자체로도 충분히 유의미한 문화적 영향을 미친다. 크게 두 가지의 측면(심리적 치유와 자아의 재구성)을 제시할 수 있다. 첫째, 심리학과 자기계발의 만남은 심리 치유의 전망(위로, 포용, 회복 등)을 자기계발 안에 적극적으로 도입하게 만든다. 신자유주의 사회는 의문의 여지없이 개인에게 감당하기 어려운 무게를 얹어놓는다. 사회가 져야 할 짐까지 모두 전가하기 때문이다. 신자유주의는 최소국가론과 더불어 국가의 기업화를 주장한다(시민의 안녕을 위해 존재하기에 적자도 감수해야 할 공기업에게 효율적 운영을 통한 흑자를 요구하고, 민영화를 촉구한다). 국가와 기업의 부담은 줄이면서 개인의 부채는 증가시킨다. 가령 학생들에 대해 정부는 대학 등록금을 감액 혹은 면제해주기보다 학자금 대출을 유도하고, 무주택자에 대해서는 임대료를 보조해주기보다 주택담보대출의 비율을 상향 조정하려 한다. 신자유주의 시대를 살아가는 현대인의 삶은 결국 과다채무와 무한책임(경쟁)으로 귀결된다.

이러한 비정상적 사회구조가 정상 작동하도록 만들기 위해 신자유주의 이데올로기라는 이름의 대타자는 현대인을 자기계발의 주체로 호명한다. 자기계발의 주체는 부정적 현실을 부정하고, 이상을 현실로 긍정한다. 신자유주의는 이 주체로 하여금 흡사 시시포스마냥 자기계발의 짐을 껴안고 정상을 향해 끝없이 올

라가도록 시킨다. “정상에서 만납시다See you at the top”. 지그 지글러Zig Ziglar의 친절하고 도전적인 말씀이다. 그러나 정상에서 만나자는 말씀은 공허한 이상에 불과하다 현실은 끝없는 책임과 처절한 경쟁 속에서 신음하는 개미지옥이기 때문이다. 결국 서로를 짓밟고 위로 올라서게 만드는 극악한 상황 속에서 그들의 프레임, 즉 인식의 틀을 지배하기 위한 새로운 장치가 필요하게 된 것이다. 그러므로 자기계발 이데올로기는 그들의 상처를 치료하고, 고통을 위무하는 방향으로 진화했다. 즉 자기계발이 병도 주고 약도 주는 상황이다.

치료적(심리적) 패러다임을 가장 잘 보여주는 책으로 김난도의 저작(『아프니까 청춘이다』)을 꼽을 수 있다. “아프니까 청춘”이란다. 이 멋들어진 제목의 책은 중국에서도 급속하게 베스트셀러가 되었다. 현재 자본주의가 가장 신속하게 확산되고, 그 병폐(양극화) 또한 두드러지는 곳에서 크게 주목을 받고 있다는 것은 결코 우연이 아니다. 아프니까 청춘이라고 우기려면, 교양(성장)소설이 상정하는 안정된 근대적 세계관이 정상 작동해야 한다. 그러나 한국은 『88만원 세대』가 주목한 바와 같이 세대 갈등을 통해 계급 갈등이 재현되는 곳이다. 단지 청춘이어서 아픈 것이 아니다. 이제 더 이상 개인의 실존(과 그 의미)을 고민하는 청춘은 없다. 자아와 세상의 대등한 통합을 모색하는 청춘도 없다. 그들의 자아는 세상 앞에 맞설 정도의 무게를 가지고 있지 않다. 세상 안으로 어서 편입하고 싶어 안달하는 겉늙은 청년들만 있을 뿐이다. 돈이 없어 연애, 결혼, 출산을 포기한 3포 세대[10]가 아픈 이유는 청춘이라는 아름다운 세대에 속해서가 아니라 신자유주의의

망령이 배회하는 아름답지 못한 시대를 살아가고 있기 때문이다.

이건 비단 한국만의 이야기가 아니다. 가령 유럽에는 '천 유로 세대'[11]라는 표현이 있다. 여기에서 1000유로는 생존을 위한 기초 비용에 불과하다. 다시 말해 "'천 유로 세대'란 1,000유로, 즉 월 100만 원 조금 넘는 소득을 가지고 집세는 물론, 각종 세금과 생활비까지 부담하며 치열하게 살아가는 유럽의 젊은이들을 가리키는 신조어이다." 또한 미국에는 '빈털터리 세대'[12]가 있고, 마찬가지로 일본에는 '버블 세대'가 있다.

아파하는 청춘, 아플 수도 없는 마흔

그나마 청(소)년의 고통은 낭만적 포장이 허용된다. 아프니까 청춘이고, "아프니까 사춘기다". 하지만 중년은 아플 수도 없다(『아플 수도 없는 마흔이다』). 한 면으로 가족의 생계가 가장의 어깨 위에 걸려 있고, 다른 한 면으로 건강과 재정의 관계가 긴밀하기 때문이다. 봉합 비용을 감당할 수 없어 잘린 손가락 하나를 포기해야 하는 미국의 현실에 비해서는 양호하다지만, 암과 같은 난치병의 발병이 가계 빈곤에 이르는 지름길이라는 사실은 다를 바가 없다. 이러니 아플 수도 없고, 힘들 수도 없다. 1997년 MBC 〈창작동요제〉 입상곡을 다들 기억하실 게다. "아빠 힘내세요. 우리가 있잖아요." 왜? 오늘따라 우울해 보이는 아빠의 얼굴 때문이란다. 무슨 동요가 아이로 하여금 아빠의 안색을 살피게 하는 건지. 이 동요를 들으면 힘이 나긴 고사하고, 외려 참담(비장)해진다. 〈아빠 힘내세요〉가 IMF 금융위기 당시에 유행했던 것도 놀

랄 일은 아니다. 가장들에게도 한국사회는 가혹하기 그지없다.[13]

이렇듯 청춘은 아파하고, 중년은 아파서도 안 된다. 현실이 이리도 엄혹하기에 청년과 장노년을 막론하고 모두에게 위로와 치유가 필요한 시대가 되었다. 다들 버거운 짐으로 신음하는 상황에서 등장하는 상품이 바로 치유적 성격이 강한 심리학적 자기계발서이다. 심지어 방송계에서조차 〈오프라 윈프리 쇼〉의 한국판이라 할 수 있는 〈힐링 캠프〉가 주목을 받고 있는 상황이지 않은가. 하지만 우리에게 주어지는 위로와 회복의 메시지는 이 험난한 생활 전장으로 뛰어들기 위해 응급처치로 사용되는 진통제일 뿐이다. 즉 내 영혼의 모르핀 주사이다. 이는 결국 자기계발의 심리학적 전화일 따름이다. 다시 말해 자기계발이 심리학의 언어로 갈아탔을 뿐이다. 그리고 이러한 언어로 포획되는 자기계발적 주체는 계급투쟁의 주역으로서의 사회적 성원이 아니라, 체제 유지의 도구로서의 심리적 개인일 뿐이다. 자기를 계발하는 주체가 바로 내면에 천착하는 주체인 것이다. 모든 문제를 내면의 차원으로 환원시키기 때문이다.

이러한 맥락에서 명상적 자기계발서의 흥행 또한 관심을 가질 필요가 있다. 특히 주목할 만한 사실은 불교의 약진이다. 2012년 베스트셀러 목록에서는 혜민의 『멈추면, 비로소 보이는 것들』, 정목의 『달팽이가 느려도 늦지 않다』, 법륜의 『스님의 주례사』 등 승려들의 책이 많았다. 이들이 출간하는 에세이들은 종교적 색채를 지운 유연한 접근 방식으로 독자들에게 치유와 위무, 그리고 휴식을 제공한다. 이의 흥행을 진보 정치의 한계와 좌절로 인한 피로감으로 분석하는 것은 어느 정도까지는 정당하다. 하지만 근

본적으로는 신자유주의 사회의 심화에 따른 피로감에 기인한다고 봐야 한다.

2008년 금융위기 이후 영어권에서 불교적 명상서가 선전한 것도 이 때문이다. 일본이라고 상황이 다르겠나. 가령 『생각 버리기 연습』의 저자 코이케 류노스케의 거의 이십여 권에 달하는 국역서들을 보라. 그가 부각되는 이유에는 물론 도쿄대 출신의 젊고 준수한 승려라는 것도 포함되지만(학력자본+외모자본), 절과 카페를 겸한 'iede cafe'를 개원하여 대중의 곁에 편안하게 다가오는 방식과도 무관하지 않다. 독자의 마음을 다독이는 소박한 메시지와 소탈한 접근 방식이 그의 힐링 사역使役에 포함되어 있는 것이다.

자기계발과 자아의 재구성

심리학과 자기계발의 만남이 유발하는 두 번째 효과는 자아에 대한 관점과 방향을 바꾸어놓는다는 것이다. 이는 과거의 자아를 치유한다기보다 새로운 자아를 창조하는 것을 의미한다. 물론 모든 지배적 이데올로기는 특정한 주체화의 효과를 유발한다. 하지만 이것은 우리가 스스로 자아를 조형할 수 있으며(가능성), 우리가 원하는 대로 자신을 조형해야 한다고(당위성) 노골적으로 주장한다. 이는 처음 효과보다 더욱 심대한 결과를 가져온다. 자아의 재창조 가능성과 당위성을 부각시키는 가운데 우리로 하여금 사회의 구조적 문제를 외면하게 만들기 때문이다. 가령 빈곤의 원인은 개인의 책임이라는 자기책임론의 기반을 제공해주는 식이

다. 빈곤과 풍요는 결국 나 자신에 달린 것이고, 내가 원한다면 풍요한 나를 선택할 수 있기 때문이다. 하지만 여기에서 간과되는 것은 가정에서 국가, 나아가 국제 정세까지 포괄하는 사회적 측면이다. 자아를 구성하는 여러 측면 중에는 사회적 층위 또한 당연히 들어간다. 하지만 자아의 재창조를 독려하기 위해서는 사회적 성원이 아니라 심리적 개인에 주목할 수밖에 없다.

흥미롭게도 자아 재구성의 과업은 연애 영역에서 특히 더 요청되는 것 같다. 이른바 PUA(Pickup Artist), 즉 연애술사 혹은 유혹술사 등으로 번역되어야 적당할 픽업아티스트는 자기계발 시대의 연애법을 전형적으로 보여준다. 이들은 클럽이나 거리 등에서 여자를 유혹해 단기간에 스킨십의 모든 단계를 진행하는 것에 인생을 거는 이들이다. 이게 과장으로 느껴진다면, 그들의 세계를 진솔하게 서술한 닐 스트라우스의 『THE GAME』을 보라. 취재차 잠입했다가 결국 그 세계의 정상에 올라서고 만 주인공의 이야기가 대단히 흥미롭게 진행된다(이 책의 목차는 곧 유혹 작업의 매뉴얼이기도 하다). 픽업아티스트가 된다는 것은 이성에게 매력이 없는 과거의 자기 자아를 삭제하고, 이성을 강력하게 끌어당기는 매력적인 자아로 새로이 자신을 조형하는 것이다. 이를 위해 그들은 긍정심리학이나 진화심리학 등 온갖 담론을 학습하고, NLP나 대화최면 등의 여러 기술을 활용한다. 이미 나름의 이론체계도 수립하고 있으며, 많은 교재와 교육프로그램이 난립하고 있다(심지어 고가로 판매된다).

『THE GAME』은 주인공 닐의 스승이자 친구인 미스터리가 정신병원에 수감되는 것으로 시작된다. 이는 심지어 처음 있는 일

도 아니다. 연인들과의 관계도 매번 파괴적으로 진행된다. 미스터리가 누군가. PUA의 세계를 열어젖힌 이는 로스 제프리스지만, 그는 이를 반석 위에 올려놓았다. 여자에게 말도 못 붙일 정도로 접근 공포증이 심했지만, 각고의 노력으로 숱한 여성들을 유혹하는 치명적인 매력의 소유자로서 거듭난 그가 펴낸 『미스터리 메써드』는 PUA의 기초적인 교과서로 인정받는다. 하지만 애초에 이성에게 매력이 없었던 원인은 그가 나고 자란 역기능 가정 안에 있었고, 이 문제는 전혀 해결되지 않은 상태였다. 정작 그에게 필요한 것은 심리적 외상의 치료였지만, 그는 새로운 자아 형성을 선택했다. 즉 그의 새로운 자아 구성은 기존의 자아를 외면(억압)한 결과였다. 그러나 억압된 것은 수시로 돌아오기 마련이고, 상황은 매번 더욱 악화되었다. 그야말로 자기계발이 주장하는 자아 재구성의 피상성과 허구성을 여실히 보여주는 대목이다. 이는 『THE GAME』에 노골적으로 드러나듯이 비단 그에게만 한정되지 않고, 다른 거의 모든 PUA들에게도 해당되는 이야기다.

과거의 자아를 배제하고, 새로운 자아를 창조하라는 이러한 강박적 요구는 다른 영역에서도 얼마든지 발견된다. 가령 코칭이 상담을 대체하고 있는 상황을 보자. 상담은 내담자의 과거에 집중하고, 코칭은 내담자의 미래에 초점을 맞춘다. 상담에서 과거는 해결돼야 할 문제로 등장하고, 코칭에서 미래는 실현해야 할 과업으로 대두된다. 상담은 해결되지 않은 과거의 상처를 직면하고, 기억의 치유를 통해 자아의 건강을 도모한다. 반면 코칭은 실현되지 않은 미래의 희망을 주목하고, 이의 구현을 위한 자원과

능력의 활용에만 관심을 둔다. 즉 치료의 대상으로서의 부정적 과거에서 성취의 대상으로서의 긍정적 미래로 패러다임이 바뀌는 것이다(보통 10년 이상을 내다보는 큰 그림을 그리게 만든다). 그러므로 코칭의 목표는 실행이다. 과업의 능동적 실행을 위해 코치는 내담자를 위한 동기부여자가 된다. 어떤 특정한 문제에 봉착할 경우, 내담자가 스스로 답을 발견하도록 이끌어야 한다. 즉 내담자가 자기주도적 리더십을 발휘하고, 자기 내면의 역량을 발현하도록 코칭해주는 것이다.

이제까지 살펴본 바와 같이 심리학과 자기계발의 만남은 자기계발 사회를 압축적으로 재현하고 있는 강박적 모델, 즉 행복(긍정) 강박과 모방(매뉴얼) 강박 등을 여실히 보여준다. 다른 한 면으로 보면 그 자체로도 이미 현대사회 안에서 상당한 문화적 영향을 미치고 있다는 것이 드러난다. 소극적으로는 자아를 치료하고, 적극적으로는 자아를 재구성한다. 이렇게 자기계발은 사회의 흐름에 발맞추어 적극적으로 진화하고 있다. 하지만 심리학적 육화는 자기계발 진화의 한 측면에 불과하다. 이러한 진화 양태는 자기계발 시장의 다변화와 상품(모델)의 다양화로 드러난다.

자기계발과 경영학: 인적자원과 개인 경영

사람은 언제나 스스로를 관리할 수 있다.
목표달성 과정에서 자기관리도 못하는 경영자에게 회사와 부하직원을 제대로 관리하기를 기대하기는 어렵다.
피터 드러커, 『자기 경영 노트』(한국경제신문, 2003)

모든 유형의 주체 형성이 그러하듯이 자기계발의 주체 형성 또한 특정한 담론에 기반한다. 자기계발적 주체 형성의 핵심 담론은 경영학적 언어로 구성되어 있다. 경영은 제한된 자원을 효율적으로 분배하고 관리하는 기술이다. 그리고 이제 기업에서 개인으로 경영의 대상이 확장되는 것이다. 이전에 말한 바와 같이 자기계발은 현실의 자기를 부정 혹은 간과하고 이상적 자기를 상정하고 재구성한다. 그리고 이는 지식의 습득이나, 인맥의 관리와 같은 인간의 전 영역으로 확장된다. 그러한 재구성의 방식이 경영학의 언어와 논리를 따라 이뤄진다는 것을 우리는 주목해야 한다. 이는 곧 시장(의 효율성)을 중심으로 작동하는 신자유주의의 세계가 개인의 삶에서 재현되는 양태인 것이다. 이를 살펴보기 위해 우선 경영학계의 대표적인 멘토에 대해 관심을 가질 필요가 있다.

현대 경영학의 창시자, 피터 드러커

우리가 살펴볼 인물은 두말할 것도 없이 피터 드러커Peter Drucker이다. 그는 현대 경영학의 토대를 놓은 이다. 기업을 진지한 연구의 대상으로 설정한, 경영학의 창시자인 것이다. 그는 기업(경영)의 존재 의의가 이윤 추구보다 고객 만족에 있다고 주창하고, 최고경영자(CEO)의 역할이 비전 제시에 있다고 주장하였다. 또한 일본 경제의 발전을 예견하고, 지식경제와 지식사회의 도래를 전망했다. 그리고 평생교육을 역설하고, 사업의 마케팅을 강조했다. 그뿐 아니라 분권화decentralization, 민영화/사유화privatization, 권한위임/역량강화empowerment, 지식노동자knowledge worker, 학습조직learning organization, 목표관리(MBO), 수평조직flat organization 등 오늘날 일상적으로 사용하는 경영 용어들이 모두 그에 의해 창안된 것들이다. 즉 현대 경영 담론은 피터 드러커의 그림자 안에 서 있다고 말해도 무방하다.

나치의 행보를 예견한 『경제인의 종말*The End of Economic Man*』이라는 정치서적으로 영어권 출판계에 그 이름을 알렸던 드러커는 제네럴모터스를 외부자의 시각으로 분석한 『기업의 개념*Concept of Corporation*』을 통해 기업과 경영의 개념에 대한 학문적 인식의 기틀을 잡고 이후 자신이 나아갈 길을 정했다. 좋은 경영은 경제의 진보와 사회의 조화를 가져다 준다는 신념을 일관되게 전파한 그를 기업이 애호 않을 도리가 없었을 게다. 더욱이 일본 경제의 진보를 예언한 그를 일본 기업계가 멘토로 모시는 것은 매우 당연한 일이었다. 반면 그가 마지막으로 자리 잡았던 미국 학계는 그에 대해 부정적이었다. 가령 『기업의 개념』에 대해

경제학계는 가격이론 등의 거시경제를 다루지 않았다는 등의 이유로 비판하고, 정치학계는 매니지먼트가 정치학의 영역이 아니라는 이유로 아예 미국정치학회의 연구회원 자격을 박탈했다.

학계의 반감은 그에게 가벼운 일이 아니었다. 비록 하버드와 스탠퍼드 대학교에서도 드러커를 초빙했지만, 그가 택한 곳은 상대적으로 알려지지 않은 클레어몬트 대학의 경영대학원이었다(이곳은 나중에 드러커 경영대학원으로 개명되었다). 그를 사로잡은 것은 좀 더 자유롭게 연구하고 강의할 수 있는 기회의 보장이었다. 그리고 이는 찰나적 에피소드에 불과하지 않다. 『기업의 개념』 이후로도 GE의 컨설턴트로 일하고(이 책 자체는 GE와의 사이를 틀어지게 만들었다), 특히 잭 웰치와 더불어 이른바 웰치혁명을 주도했으나 그를 팀의 일원이라고 공언한 것으로 인해 그는 GE와의 관계를 정리한다. 관료 조직에 대한 남다른 그의 반감을 미루어 짐작하게 만드는 대목이다. 다른 여러 측면들도 이러한 맥락과 무관하지 않다.[14]

이러한 맥락에서 보면, 정부의 축소와 시장의 확대를 강조하는 신자유주의와 피터 드러커의 관계를 주목하지 않을 수가 없다. 신자유주의를 대표하는 인물은 바로 프리드리히 폰 하이에크 Friedrich Von Hayek이다. 하이에크와 드러커는 모두 오스트리아 출신의 사상가이며, 파시즘의 폐해를 몸으로 직접 겪었다. 그들은 대중의 정념을 조작하는 국가파시즘으로 대변되는 국가 주도의 사회에 대한 본능적인 거부감을 갖게 되었다. 따라서 이들이 가급적 모든 것을 시장의 효율성에 맡겨야 한다고 주장한 것은 우연이 아니다. 민간이 수행할 수 있는 역할에 개입하지 않는 것

이 정부의 역할이라고 말할 정도로 드러커는 정부의 능력을 불신했고, 정부가 유일하게 달성한 목표가 전쟁 복지일 뿐이라고 비아냥댈 정도였다. 미국 정부의 분노를 초래한 것도 당연한 일일게나. 그러나 학계와 정부가 괄대한 드러커에 대해 기업과 대중은 열광적으로 반응했다.

야구부 매니저와 1분 매니저의 공통점

스스로는 창안자가 아니라고 거부하지만, 피터 드러커는 매니저 개념의 발명으로 유명하다. 그의 위엄을 쉽게 확인하기 위해서는 가독성 높은 말랑말랑한 소설 한 권을 살펴보는 것이 좋겠다. 바로 『만약 고교야구 여자 매니저가 피터 드러커를 읽는다면』이라는 숨이 찰 정도로 긴 제목을 지닌 이와사키 나쓰미의 청춘소설이다. 세라복을 입은 여학생 이미지가 표지에 등장하는 청춘소설에 웬 피터 드러커의 이름이 달려 있는 것일까. 만약이라는 단어 '모시もし'와 드러커의 일본식 발음 '도라ドラ'의 합성어인 '모시도라もしドラ'로 약칭되는 이 소설의 내용은 이러하다. 친구를 대신하여 엉겁결에 야구부 매니저가 된 미나미가 그저 제목이 같다는 이유만으로 『매니지먼트』를 구해 읽고, 이에 담긴 드러커의 경영이론을 만년 약체 야구부에 적용해 대망의 갑자원을 향해 나아가게 이끌어간다. 결국 피터 드러커의 가르침을 쉽게 읽을 수 있도록 내러티브를 입힌, 경영이론 소설에 불과하다.

그런데 이 청춘소설의 기록이 심상치 않다. 출간된 지 1년 만에 무려 121만 부가 팔려서 당시 84만 7,000부가 판매된 무라카미

하루키의 『1Q84』 3권을 우습게 제쳐버리고 2010년 일본 종합 베스트셀러 1위에 올랐다. 2011년 상반기까지의 누적판매부수가 250만 부에 도달했다고 한다. 일본 또한 출판이 불황임을 고려한다면, 실로 놀라운 성적이다. 급기야 이는 10부작 애니메이션과 영화로도 제작되었고, 국내에서도 2011년에 동아일보사를 통해 역간되었다. 현대 경영학의 창시자라고 할 법한 인물의 30여 년 전 저작이 21세기의 야구부 관리에 통할 뿐 아니라, 여전히 대중의 사랑을 받고 있다. 즉 대중을 지배하는 시대정신이 오롯이 그의 저작 안에 담겨 있다는 뜻이다.

이 소설의 흥행에서 우리가 눈여겨봐야 할 부분은 드러커가 수립한 경영 담론이 우리 삶에 여전히 그리고 구체적으로 영향을 미치고 있다는 것이다. 물론 드러커 혼자만의 천재적 업적이라고 말할 수는 없겠지만, 적어도 그가 주도적으로 개념을 설정하고 방향을 예측했다는 점에는 의문의 여지가 없다. 소설에서는 미나미의 착각으로 야구부 매니저와 기업의 경영인이 하나가 되지만, 실상에서는 이미 우리의 삶을 지배하는 현실이 되었다. 오늘날 기업을 넘어서 모든 영역에서 경영이 요구된다. 경영은 제한된 자원의 효율적 분배를 추구하는 관리 행위이다. 그리고 현대 사회가 개인에게 자신의 삶에 대해 그러한 관리를 요구하기 때문에 리더십의 이양, 즉 권력위임(역량강화) 개념이 일터에서 적극적으로 부각되고 지식노동자 개념이 전 사회적으로 주목받게 된 것이다.

권력위임empowerment 개념의 대중적 확산에는 1981년에 처음 출간된 켄 블렌차드Ken Blanchard의 자기계발 우화인 『1분 경

영*The One Minute Manager*』에 힘입은 바가 크다. 여기에 스며 있는 기본적인 경영 철학은 사람을 통해 최고의 성과를 낸다는 것으로, 피터 드러커의 영향이 스며 있음을 어렵지 않게 확인할 수 있다. 하지만 1분 목표 설정, 1분 칭찬, 1분 질책의 세 가지 방법으로 구성된 1분 경영법의 교육 방식과 서사 진행은 언뜻 주장하는 바와 다르게 주인공과 부하를 마치 애완견 훈련하듯이 다룬다. 즉 우화 속의 멘티는 언제나 멘토 앞에서 무뇌아가 된다. 여하튼 이 책의 대중적 영향은 『마법의 1분*The One-Minute Mediator*』에서 드러나다시피 명상서적에서까지 확인이 된다. 1분 경영자가 1분 명상가로 변신한 셈이다.

파레토 법칙과 개인 경영

한국의 1세대 자기계발 작가인 공병호는 한국의 피터 드러커라고 할 수 있다. 원래 그는 신자유주의의 대표적인 교사로서 학계와 기업에 주로 알려졌던 인물이다. 하지만 그가 대중에게 주목받게 된 것은 개인 경영, 다시 말해 자기계발 강사로 뛰어들고 나서이다. 그 시발점은 리처드 코치의 『80/20 법칙』(21세기북스, 2005)의 번역이다. 이 책의 제목은 이탈리아 경제학자의 이름에서 연원한 파레토의 법칙을 가리킨다. 80%의 부를 전체 인구의 20%가 소유하고 있다는 현실이나, 80%의 생산을 20%의 노동자가 담당한다는 식의 현실을 지칭할 때에 사용되는 말이다. 『80/20 법칙』은 이러한 양극화의 잔혹한 현실 안에서 생존하는 방법을 제시하는 자기계발서이다(『1분 경영』에서도 이 원칙은 전제

되고 있다). 공병호는 이에 기반하여 일종의 실행 매뉴얼로서, 『공병호의 자기 경영 노트』를 내놓았다.

『공병호의 자기 경영 노트』는 개인 경영의 세부적인 영역을 압축적으로 잘 보여준다. 비교적 초기의 한국적 자기계발서이기에 원형적 모습을 잘 보여주고 있다. 그는 이 책에서 개인적인 삶의 세계를 다섯 영역으로 나눈다. 시간경영, 지식경영, 건강경영, 행복경영, 인맥경영. 그런데 이 책에서 주목할 점은 가장 앞에 배치되는 항목이 바로 시간 관리라는 점이다. 개인 영역에서의 경영은 다른 무엇보다도 시간 관리에서 그 모습이 잘 드러난다. 시간 관리는 일종의 평등을 전제한다. 모든 사람은 매일매일 동일하게 86,400초를 가지고 살아간다. 동일하게 주어지는 자원을 가지고 더 우월한 결과를 획득하기 위해서는 극도의 효율성을 추구하지 않을 수 없다. 그러므로 개인 경영으로서의 자기계발의 가장 중요하고 우선적인 관리 영역은 바로 시간일 수밖에 없다.

코비의 자기계발서 역시 마찬가지이다. 많은 사람들이 『성공하는 사람들의 7가지 습관』를 읽었지만, 이 자기계발서의 교시를 따라 살아가기 위해서는 프랭클린 다이어리를 구매해서 적극 활용해야 한다. 내용상으로는 자기주도성의 원칙을 우선하지만, 형식상으로는 시간 관리의 법칙을 추구해야 한다. 그리고 올바른 시간 관리를 위해서는 통상 사명선언서로 구현되는 비전 확립이 필요하다. 기업의 경영을 위해서는 CEO의 비전 제시가 중요하듯이 개인의 비전 또한 그러하다. 그리고 사명선언서에 담긴 비전은 구체적 단기 과제로 제시되어야 한다. 시간표상에서 그 자리를 지정해주어야 한다는 뜻이기도 하다. 이렇듯 피터 드러커가

주장한 매니지먼트의 개념은 우리 삶의 전반에서 영향을 발휘하고 있다.

웰빙과 네트워크 자본의 관리

『공병호의 자기 경영 노트』에서 주목할 만한 부분은 비교적 초기의 자기계발서임에도 건강이나 인맥을 개인 경영의 대상으로 설정했다는 점이다. 물론 지금에 와서는 육체의 건강과 인맥의 관리가 자기계발의 일환으로 이해되어야 한다는 사실이 상식으로 받아들여지고 있다. 자기계발 시대의 건강, 즉 웰빙의 추구에서 먼저 주목할 것은 양극화가 뚜렷하게 반영되고 있다는 점이다. 특히 몸매와 체중이 그러하다. 한국과 미국의 상류층이 헬스와 조깅에 중독된 것도 우연이 아니다. 금연과 채식이 늘어나고 있다. 또한 관심을 가지고 봐야할 점은 심지어 섹스와 같은 내밀한 육체 활동에조차도 자기계발의 논리가 개입하여, 일정한 서사와 매뉴얼을 만들어가고 있다는 사실이다.[15]

개인 경영으로서의 자기계발은 대인관계에도 반영된다. 공병호는 이를 인맥경영이라고 명명한다. 인맥은 자본이다. 경영은 수치화가 가능한 자본을 다룬다. 대인관계를 개인 경영의 대상으로 삼는다는 것은 곧 인간관계를 자본화하는 것이다. 그 결과로 대인관계의 관리에서 주목받는 것은 감성지능(EQ)이다. 인간의 지능을 수치화하는 지능지수(IQ)에 대해서 여러 비판이 제기되지만, 이렇게 계량화하지 않으면 근대 자본주의적 사회 체계 안에서 제도적으로 활용하기 어려운 것이 사실이다. 감성도 마찬가

지이다. 심지어 인성조차 검사를 통해 수치화하여 취업 시장에서 활용하고 있다. 일단 자본주의 사회 안에서 감정이나 인성을 포섭하기 위해서는 앞서 지적한 것처럼, 계측의 대상으로 환원하지 않을 수가 없는 것이다. 계량화된 대상은 조작의 대상이 된다. 또한 파레토의 법칙에 의거해 내게 도움을 줄 사람을 중심으로 인맥을 재구성해야 한다. 우리 사회가 진정성을 갈망하게 되는 것도 당연하다.

이렇듯 건강을 사회 양극화 속에서 구별 짓기의 수단으로 삼고, 인맥을 자기 계발과 자본 축적을 위한 조작의 대상으로 삼는 것은 바로 개인조차 경영의 대상이 되는 시대의 잔혹한 현실이다. 자기계발을 뒷받침하고 있는 신자유주의의 정신은 시장의 경쟁과 효율성의 논리를 사회 전반에 확장시킨다. 원래는 시장과는 전혀 다른 논리를 가지고 작동하(지 않으면 안 되)는 가정과 학교, 그리고 종교조차도 제한된 자원의 효율적 관리와 이를 통한 경쟁에서의 우위라고 하는 지향성을 내재화하게 되는 것이 우리 사회의 모습인 것이다. 자기계발은 그러한 사회적 기풍을 우리로 하여금 적극적으로 내면화하도록 설득하고 있다. 경영 담론이 우리 삶에 미시적으로 적용되는 것의 함의가 바로 이것이다.

자기계발과 경영학: 1인 기업과 혁신 중독

다음과 같이 진정으로 창조적인 사회를 상상한다. 사람들이 각자의 쇼(프로젝트)를 중심으로 움직인다. 기업이 아니라 자발적으로 구성된 글로벌 이익 공동체들이 우리에게 성공의 발판을 제공한다. 자립만이 존재한다. 부실한 '고용 복지 혜택' 같은 겉만 번드르르한 사회 안전망이 해체되고, 새로운 (글로벌) 경제 환경에 필요한 책임감과 융통성을 길러 주는 새로운 사회 안전망이 자리를 잡는다.

톰 피터스, 『미래를 경영하라』(21세기북스, 2005)

피터 드러커 등으로 시작된 경영 담론이 오늘날 우리의 언어(를 통해 사고)를 지배하고 있다는 것에는 논란의 여지가 없다. 그런데 특정한 담론이 학계 안에 머무르는 것과 대중에게 확산되는 것의 사이에는 시간적 격차에 더해서 본질상 변용이 가해질 수밖에 없다. 이는 이른바 대중성이라고 하는 속성을 지칭하는 것으로, 대중과의 접촉 빈도가 더해갈수록 내용의 심도는 얕아지는 반면, 전달의 방식은 자극적으로 변형되기 마련이다. 이를 가장 잘 보여주는 인물이 바로 톰 피터스Tom Peters이다.

톰 피터스와 경영 담론의 대중화

스탠퍼드에서 경영학으로 학위를 취득한 톰 피터스는 매킨지에 입사하여 컨설팅 업무에 종사했다. 여기까지는 다른 컨설턴트

나 자기계발 작가와 별다를 게 없다. 하지만 1982년에 출간한 『초우량 기업의 조건*In Search of Excellence*』이라는 저작은 그의 경력에 있어서 결정적인 전환점이 되었다. 경영서로서는 최초로 밀리언셀러에 등극하고, 1999년 미공영 라디오방송에서 '세기의 3대 경영서'로 선정되고, 2002년의 블룸즈베리 출판사가 실시한 여론조사에서 '역대 최고의 경영서'로 꼽힐 정도로 주목을 받았다. 이 책으로 인해 톰 피터스는 경영계에서 슈퍼스타가 되었다. 하지만 책이 출간된 지 얼마 안 되어 논란에 휩싸였다. 책에 등장한 우량 기업의 4분의 1이 생존 자체가 문제가 될 정도로 경영 상태가 엉망이었던 것이다. 결국 그는 자신이 이야기하고자 한 것은 특정한 기업이 아니라, 초우량 기업을 만드는 조건이라고 변명했다.

인문학적 소양에 기반한 통찰력이 돋보이는 학자인 드러커[16]와 비교해보면 톰 피터스가 상당히 피상적인 작가라는 사실이 쉽게 드러난다. 사실 그는 깊이 있는 연구 결과를 내놓는 전문적인 학자라기보다 대중을 사로잡는 카리스마적인 강사라고 봐야 한다. 애초에 학자라기보다는 엔터테이너에 가까운 인물이다. 하지만 그럼에도 〈이코노미스트〉가 톰 피터스를 구루 중의 구루라고 명명한 것은 눈여겨볼 만하다. 분명 드러커에 비해 사유의 깊이가 얕고 교양의 폭이 좁은 그다. 그럼에도 불구하고 혹은 어쩌면 그렇기 때문에 그는 시대의 흐름에 부합하고 기업과 대중의 욕망을 충족하는 일련의 테제들을 도발적인 방법으로 전달하는 데 주력한다. 두뇌보다 본능에 의해 움직인다고 평가받는 그는 직설, 도발, 그리고 과장된 언어로 경영의 혁신을 외치는 예언자다.

경영학의 아버지인 피터 드러커가 담론 형성의 기초를 닦았다

면, 톰 피터스는 이의 확산에 주력했다. 미국의 지도력 연구의 시조라고 할 수 있는 워렌 베니스의 말을 따르자면, "피터 드러커가 현대 경영학을 창조하였다면, 톰 피터스는 여기에 테크니컬러technicolor를 입혔다." 그가 대중에게 가까이 다가가기 위해 제시한 명제들은 선명하고, 강력하다. 한국 자기계발 진영의 얼굴 없는 스타인 세이노SayNo가 추천하기도 한 『와우 프로젝트*The Professional Service Firm 50*』는 그의 메시지의 진면모를 특히 잘 보여준다. 내 이름은 브랜드이고, 나의 일은 프로젝트이며, 우리는 프로페셔널 팀이다. 『자기혁신 i디어*The Circle of Innovation*』에서 그는 개인과 조직의 유일한 생존 전략은 지속적인 혁신뿐이며, 미친 시대는 미친 조직을 요구한다고 설파한다. 또한 파괴란 멋진 것이며, 최고경영자(CEO)는 이제 최고파괴자(CDO, Chief Destruction Officer)가 되어야 한다고 주장한다. '혁파'가 그의 모토인 셈이다.

혁신의 예언자 톰 피터스

그야말로 경영학계의 트로츠키라고 할 수 있을 톰 피터스에게 있어서 개인(경영)이라고 다를 것은 없다. 작년과 올해의 이력서가 똑같다면 당신은 이미 실패한 사람이라며 일갈하고, 경력 구제의 가장 쉬운 방법이 해고당하는 것이라고 충고한다. 그렇기에 그는 『인재*Talent*』에서 다음과 같이 말한다. "조금이라도 의식이 깨인 사람이라면 더 이상 같은 회사에서 평생을 보내지 않을 것이다. 어떤 사람은 이러한 변화를 '기업이 책임지는 시대의 끝'이라

고 말한다. 하지만 나는 '개인이 스스로 책임지는 시대의 도래'라고 말하고 싶다. 자신의 삶을 스스로 일굴 수 있는 놀라운 기회인 셈이다." 조지 오웰의 『1984』에서 "자유는 예속"이고, "전쟁은 평화"라던 빅브라더big brother의 말을 떠올리게 한다. 영혼을 잠식하는 불안이 단번에 인생을 변혁하는 기회로 뒤집히는 그의 놀라운 해석은 물론 수많은 자기계발 작가들에게서도 반복되고 있다.

하지만 톰 피터스는 경영 담론을 자기계발계에서 직접적으로 대중화시켰다는 측면에서 자기계발 작가들 가운데에서도 두드러지는 인물이다. 앞서 언급한 『초우량기업의 조건』은 경영서 출판시장 자체의 파이를 키우는 데에 직접적으로 기여한 책이라고 할 수 있다. 그 영향력은 심지어 『초우량기업의 조건』을 둘러싼 논란에도 불구하고 별반 달라지지 않았다. 경영 담론을 중심한 자기계발 시장에서 그의 영향력은 스티븐 코비나 피터 드러커에 뒤떨어지지 않는다. 왜 그러한가. 결국 대중이 듣고 싶은 말을 들려주기 때문이다. 자극적으로 쓰인 그의 글은 특히 기업인의 에고를 충족시키며, 자기계발 신도들에게 정신적 각성제를 제공해준다. 더욱이 사원들로 하여금 기업가 정신을 따라 강력한 혁신을 하도록 동기부여하는 그를 기업인들이 선호하는 것은 조금도 놀라운 일이 아니다. 교회가 예배당 건축과 목회자 대접을 위해 부흥사를 초빙해서 교인들에게 '뻠뿌질'(동기부여)하는 것과 같은 이치랄까.

톰 피터스는 실로 기업가 정신의 화신이다. 마르크스가 돌아와 『공산당 선언』을 다시 쓴다면, 진취적인 부르주아의 사례로 그를 내세울 것이다. 그는 직접 사업에 뛰어들기도 했다. 스티븐 코비

처럼 자기 이름을 붙인 회사(톰피터스컴퍼니)의 CEO다. 자신의 교의에 따라 스스로의 브랜드의 상품성을 극대화하고 있는 것이다. 극대화는 과장과 날선 대립으로 드러나게 마련이다. 피터 드러커는 합리적 혁신을 말하지만, 그를 존경하는 톰 피터스는 비합리적 파괴를 주장한다. 실제로 그는 일관성이 없다는 지적을 받는다. 그러나 점진적 발전을 부인하고, '창조적 파괴'를 선포하는 그에게는 그것조차 칭찬이다. 남에게 파괴당하기 전에 스스로 파괴하라는 것이다. 파괴란 멋진 것이다. 정말 그런가? 이러한 도발적인 선언은 대중을 매료시킬 수는 있지만, 학계의 존중을 받기는 어렵다. 흡사 〈디 워〉의 심형래 감독과 같은 위치에 서 있는 그의 모습을 우리는 확인할 수 있다. 그럼에도 대중과 기업의 열광은 오롯이 그의 몫이다.

한국의 혁신 전도사, 구본형

공병호를 한국의 피터 드러커라고 한다면, 구본형은 한국의 톰 피터스라고 할 수 있다. 물론 차이는 존재한다. 매우 직설적이고 도발적으로 설파하는 톰 피터스와 다르게 그는 세련된 언어와 풍부한 교양을 통해 독자의 마음을 사로잡는다. 이러한 차이는 한국의 문화적 성향에 따른 것으로, 구본형의 저작은 감동 코드를 기본적으로 내장하고 있다. 한국 대중의 정념을 작동하기 위해서는 감동이 매우 중요하기 때문이다. 그는 '인문학적 감수성'을 이야기한다. 그러나 혁신을 강조한다는 측면에서 보면 톰 피터스와 본질적으로 다를 바가 없다. 그는 한국 IBM에서 경영혁신팀장으

로 변화와 개혁의 실무를 총괄했기에 매킨지에서 컨설팅을 했던 톰 피터스와 동일한 마인드를 공유하고 있다고 보아도 무리가 없을 것이다. 그것은 바로 신자유주의 시대의 경영 마인드로서 이를 통해 개인과 기업을 재구조화하려는 것이다.

그에게 명성을 안겨준 저작인 『익숙한 것과의 결별』은 우리에게 1인 기업의 시대를 열어 보여준다. 여기서 1인 기업은 '와우 프로젝트'에서 주창하는 개인 브랜드 개념과 연결된다. 책의 부제가 '대량실업시대의 자기 혁명'이다. 1인 기업과 자기 고용(『그대, 스스로를 고용하라』)은 대량실업시대의 고용불안정성을 고용유연성의 패러다임으로 받아들이게 만든다. 1인 기업의 개인 브랜드도 지속 가능하게 관리하기 위해서는 혁신이 중요하다. 구본형에게 있어서도 점진주의(점진적 개선)는 혁신의 적이다. 『익숙한 것과의 결별』을 통해 그가 강조하는 일관된 주제는 바꾸는 것이다. 과격한 혁신을 그가 강조할 즈음에 삼성의 이건희 회장도 아내와 가족만 빼고 다 바꾸라고 외쳤다.

변화의 방향은 욕망을 따르는 것이다. 그는 욕망의 흐름을 일상의 속박에 대비시킨다. 그가 보기에 시장의 '자유경쟁'에서의 승리는 "솔직한 욕망에 따른 끊임없는 자기 개혁"에 의해 가능하다. 욕망의 추구를 통한 자기 개혁을 통해 조직 인간이 1인 기업으로 변모할 수 있다. 이처럼 욕망을 강조하는 흐름은 IMF 도래를 전후한 시대의 사회적 분위기와 연관이 있다. 욕망에 대한 추구는 문화적으로는 성 담론과 대중문화에 대한 관심으로 폭증되고, 경제적으로는 벤처기업 창업에 대한 열광으로 발현되었다. 이러한 욕망에 대한 강조는 우리 시대의 열정에 대한 강조로 모

습을 바꾸어 지속되고 있다. 욕망이나 열정은 모두 문화 창조의 좋은 동력이다. 하지만 그것은 동시에 사회 지속을 위해 포섭되기도 한다. 열정은 노동 착취를 위한 좋은 구실이 되고 있지 않은가("좋아서 하는 거잖아").

욕망에 따른 혁신과 오디션 열풍

우리 시대에 이러한 욕망을 따른 혁신의 추구는 오디션 서바이벌 프로그램 열풍을 통해 잘 드러나고 있다. 〈슈퍼스타K〉(Mnet) 시즌2 이후로 본격적으로 궤도에 올랐다고 봐야 할 오디션의 대세는 사실상 모든 프로그램들로 하여금 이러한 포맷을 따라가게 만들었다. 처음에는 〈위대한 탄생〉(MBC)이나 〈슈퍼스타K〉처럼 일반인들을 대상으로 하더니 곧 〈나는 가수다〉(MBC)와 같이 직업 연예인들을 대상으로 하는 프로그램도 우후죽순처럼 늘어났다. 그 영역도 모델, 뮤지컬, 댄스, 아나운서 등 온갖 영역으로 확장되었다. 심지어 대학가요제조차 서바이벌 오디션의 틀을 차용했다. 기존에는 본선 경연을 보여주는 것이 전부였지만, 서바이벌이 도입되면서 본선 진출에 이르는 험난한 과정을 소개한다. 다른 오디션 프로그램과 마찬가지로 미션이 등장하고, 멘토가 평가하며, 각자의 서사와 상호 간 경쟁이 등장한다.

가장 극악한 프로그램이라면, 특성화고등학교 재학생들을 대상으로 희망 기업 입사 특권을 가지고 경쟁에 붙이는 서바이벌 오디션 프로그램 〈스카우트〉(KBS1)라고 할 수 있다. 성실하게 프레젠테이션을 하는 학생을 대상으로 열정이 없다고 책망을 하는

걸 보노라면 내가 '멘붕'이 올 지경이다. 발제 준비로 심신이 탈진했을 어린 학생에게 박력 있게 소개하지 않는다고 탈락시키다니 이게 말이 되는가. 더욱이 특정 주제에 따른 경합 그 자체로 끝나지 않는다. 항상 가족 이야기가 등장하고 가족의 어려움에 포커스를 맞춘다. 그리고 학생이 사회봉사를 하는 장면도 수시로 등장한다. 어린 학생들의 풋풋한 아이디어(의 경합)를 보여주는 데 초점이 있다기보다 서사(를 통한 감동)를 보여주는 데 초점이 있다. 피곤해도 열정을 포장해야 하고, 아이디어보다 가족 서사를 보여주는 데 집중해야 한다.

서바이벌 오디션 프로그램은 모든 영역에서 우리의 열정을 강제하는 현대사회의 잔혹한 실상을 그럴듯하게 포장한 것에 불과하다. 사회의 모든 영역이 이러한 무한 경쟁을 조장하고 있다. 온 국민을 대상으로 요람에서 무덤까지 경쟁을 시키고, 하나의 위계로 줄을 세우려 하는 것이다. 심지어 이러한 무간 지옥의 참상을 '기업가 정신'이라는 이름으로 포장하고 있다(심지어 초등학생을 대상으로 기업가 정신 캠프까지 있는 실정이다). 이렇게 경영학이 담지하는 정신(경쟁 지향)과 기업이 반영하는 세계(밀림과 전장)가 일상을 지배하게 된 것이 우리의 현실이다. 이렇게 혁신 추구(구본형)와 효율성 추구(공병호)가 하나로 만나 지금 우리의 현실을 구성하고 있다. 그리하여 개인은 1인 기업이 되고, 가정도 경영의 대상이 되며, 대학의 중심은 경영대학이 되었다. 하비 콕스 Harvey Cox가 지적했듯이 이제 '시장'이 우리 사회의 신이 된 것이다.[17]

자기계발과 신자유주의

신자유주의는 극단적으로 시장을 맹신하는 '시장 근본주의'로, 사람의 삶이란 머릿속에서 발끝까지 모두 시장의 원리에 의해 작동되어야 한다고 믿는다. 사장 근본주의는 시장의 원리에 충실한 사람을, 남에게 의지하지 않고 자신의 삶에 대한 자유의 의지로 충만한 사람이라며 칭송한다.

엄기호, 『아무도 남을 돌보지 마라』(낮은산, 2009)

자기계발은 우리 시대의 정신을 조형하는 하나의 문화이자, 주요한 산업이다. 동시에 현대의 정치, 경제가 그 안에 압축적으로 재현되어 있다. 자기계발로부터 발을 빼기가 쉽지 않은 이유다. 자기계발의 변천 과정은 그대로 사회의 변동 양상을 반영한다. 따라서 오늘날 사회는 신자유주의적으로 개편되었다고 할 수 있다. 따라서 신자유주의와 자기계발 또한 긴밀하게 연동되어 있다. 그동안 계속 언급되었던 신자유주의neo-liberalism라는 개념은 결코 하나의 수사적 표현으로 사용된 것이 아니다. 강조점은 서로 다르지만, 그 실체는 분명하다. 일정한 체계와 역사를 가지고 있는 정치경제학적 복합체가 바로 신자유주의이다. 이것이 자기계발과 어떻게 연결되어 있는지에 대해서 개괄적으로 검토해보려고 한다. 이를 통해 우리는 자기계발의 정치경제학에 대해 확인하게 될 것이다.

시장의 보편화, 경쟁의 일반화

신자유주의는 무엇보다도 경제학으로 알려져 있다. 경제학으로서의 신자유주의가 상대한 주류 경제는 케인즈John Maynard Keynes의 거시경제이론이었다. 케인즈는 수요의 창출을 통한 경제 효율의 개선을 중요하게 파악한다. 가령 불황의 시기에는 국가 재정의 지출을 통해 실업의 규모를 축소해야 시장이 회복된다. 그러나 하이에크로 대변되는 신자유주의는 이러한 국가의 적극적 개입을 거부한다. 국가의 개입을 가능한 한 축소함과 동시에 재산권을 중심으로 하는 개인의 자유를 확장하고, 시장의 질서를 토대로 하는 자원의 배분을 추구한다. 결과적으로 모든 것이 상품화되고, 모든 영역이 시장화된다.

모든 상품에는 가격이 책정된다. 가격은 그 상품을 판매하기 위한 기본 정보에 해당한다. 가격의 변동은 공급과 수요의 변동을 반영한다. 공급이 늘면 가격이 줄고, 수요가 늘면 가격도 늘게 마련이다. 또한 같거나 비슷한 상품 사이에는 언제나 경쟁이 발생하게 된다. 이를 통해 자원의 효율적 분배가 가능하게 된다는 것이 신자유주의적인 전망이다. 시장을 구성하는 개별 주체의 필요는 제각각이고, 이를 완벽하게 통제할 수 있는 전지적 배분 체계(가령 국가)는 없다. 그러므로 우리 시대의 신神인 시장을 통한 무한 경쟁이 당위적으로 독려된다. 신자유주의적 세계 안에서 상품화와 시장화의 극단은 이렇게 경쟁의 보편화로 귀결될 수밖에 없다. 경쟁은 우리 시대의 윤리적 규범이 된다.

자기계발과 인적자원

이러한 맥락에서 보면, 자기계발과 자본의 관계는 전혀 모호하지 않다. 앞에서도 지적한 바가 있지만, 우리를 둘러싼 모든 것은 상품화가 된다. 우리의 인맥은 훌륭한 자본이며, 연봉 액수와 인맥 형성 사이에는 유의미한 상관관계가 있다. 그러므로 시마다 아키히코의 『소통이 인맥이다』나 김기남의 『인맥 관리의 기술』 등을 펼쳐들고 공부하지 않을 수가 없다. 또한 우리의 건강도 우리의 가치를 반영하는 상품이다. 가령 미국의 임원진은 대체로 담배를 피우지 않는다. 폐의 건강이 연봉 액수에 반영되는 형편이니 금연을 하고, 나아가 새벽마다 조깅하지 않을 수가 없는 것이다. 이게 바로 『간고등어 코치 王자를 부탁해』가 자기계발서일 수밖에 없는 이유이다.

우리의 감성과 인성, 심지어 영성에도 수치(가격)가 매겨진다. 비가시적인 대상들에도 일정한 수치를 부여할 수 있어야, 다시 말해서 계측화가 이루어져야 상품성을 평가할 수 있게 된다. 감성지수emotional quotient 혹은 영성지수SQ(spiritual quotient)와 같은 것이 그냥 나온 것이 아니다. 취업준비생들이 파란책이라고 불리는 SSAT(삼성직무적성검사) 문제집에 매달리는 것도 결국 인성평가 점수가 좋게 나와야 삼성 입사가 가능하기 때문이다. 자신을 비싼 값에 팔기 위해 인성 점수를 높이고자 스터디를 해야 하는 우리 시대의 현실이다. 대기업 임원들은 인성검사의 질문에 자신의 소신과 가치관을 따라 답해야 하며, 회사가 좋아할 것 같은 답을 택하면 불이익을 받을 수밖에 없다고 조언한다. 그러나 이를 곧이곧대로 믿는 취업준비생은 없을 것이다.[18]

이러한 맥락에서 보면, 자기계발은 신자유주의의 정신에 매우 충실하다. 자신의 모든 것을 상품화하는 것이 바로 자기계발이다. 스스로를 시장에 인적자원(HR, Human Resource)으로 진열하고 판매한다. 그런데 왜 스스로 해야 하는가. 국가와 사회가 개인의 복지를 책임지지 않기 때문이다. 또한 학교가 우리로 하여금 이 세상 안에서 생존하기 위한 지식을 충분히 가르쳐주지 않기 때문이다. 취업은 말할 것도 없고, 입사 후의 승진을 위해서도 스스로 학습하고, 스스로 습득해야 한다. 원래 기업과 여타 조직의 많은 지식들은 언어화된 형식지explicit knowledge가 아니라 체화된 암묵지implicit knowledge로 존재한다.[19] 그런데 신자유주의 사회는 이러한 암묵지를 언어화하고 체계화하여 반복 가능하게 만든다. 암묵지의 매뉴얼화는 자신의 모든 것을 상품화하게 만드는 자기계발의 핵심에 자리한다.

거버넌스와 자기계발

신자유주의가 모든 것을 상품화하고, 모든 영역에서 경쟁을 추구하는 이유는 시장의 효율성을 신뢰하기 때문이다. 그렇기 때문에 신자유주의는 국가의 기능 축소를 추구할뿐더러, 정치 자체에 대해서도 회의적이다. 특히 기존 정부의 정치적 의결 방식의 효율성에 의문을 품고 있다. 신자유주의가 강행하고 있는 공기업의 민영화(를 빙자한 사유화privatization)의 저변에는 바로 국가 행정의 비효율성과 기업 운영의 효율성에 대한 믿음이 깔려 있다. 이러한 국가의 정치에 대한 불신의 결과가 협치協治, governance라고

할 수 있다. 이는 정부의 관료행정government의 전통적이고 일방적인 수도성을 넘어서 정부와 시민사회, 그리고 민간기업의 네트워크를 통해 공공문제 해결을 모색하는 국정관리 방식이다(이미 중앙정부, 지방자치, 국제연대 등의 모든 차원에서 작동하고 있다). NGO의 확산도 이러한 맥락에서 봐야 한다.

협치는 민간기업과 전문가 집단의 권위를 전제한다. 이는 전문가의 효율성을 높이 사기 때문이다.[20] 가령 기업은 경제 관료보다는 기업인이 더 잘 알고 있다. 따라서 기업인을 경제정책 집행의 대상으로 보지 말고, 국가경제정책 운영의 공동 주체로 받아들여야 한다는 것이다. 그리고 이러한 판단은 교육, 의료, IT 등 다른 모든 전문 영역에서도 마찬가지로 적용된다. 여기에서 우리는 어렵지 않게 "하늘은 스스로 돕는 자를 돕는다"라고 하는 스마일즈의 명제를 떠올릴 수 있다. 물론 이러한 언급은 협치 자체의 부정이 아니라, 국가에 대한 불신을 의미한다.

기존 행정에서 협치로의 이행은 일반 시민의 인식 변화와도 궤를 같이 한다. 이제 시민은 어떠한 문제 앞에서 국가의 선전보다 전문가의 조언에 귀를 기울인다. 물론 이에 대한 국가의 책임이 크지만, 그럼에도 상황 자체는 비정상적이라고 할 수 있다. 시민이 국가를 신뢰할 수 없게 된 것이다. 가령 학부모들은 공교육 시스템 대신 사교육 전문가에 의존한다. 이전에 말한 바와 같이 모든 영역에서 불고 있는 멘토 열풍 또한 이와 무관하지 않다. 사실 특정한 영역에서의 자기계발은 해당 영역 전문가의 가르침에 대한 자발적 학습을 뜻한다. 물론 이러한 사례들은 앞에서 여러 번 소개하였지만, 실제 상황은 생각보다도 훨씬 더 심각하다. 이전

에는 큰 관심을 두지 않던 사소한 영역조차 이제 진지한 학습의 대상이 된다. 가령 과거에는 개인의 재치와 화술에 의존하던 건배사가 좋은 사례가 될 것이다. 요즘에는 김미경의 『스토리 건배사』 등 건배사 하는 여러 방법을 별도로 다룬 책마저 나왔다.

사회 변화와 자기계발

복지정책은 신자유주의 정책의 중심에 자리한 뜨거운 감자이다. 신자유주의의 사회복지 역시 민영화와 민간 위임을 중심으로 운영된다. 따라서 기존 사회보장 제도들을 완전히 민영화하거나, 혹은 그 제도를 존속시키더라도 그 대체재로서 민영보험을 동시에 도입하고 있다. 지금의 연금보험이나 의료보험이 좋은 사례다. 또한 복지서비스의 제공을 민간에 위임하는 사례로 간병서비스를 들 수 있을 것이다. 국가의 기능 축소가 곧 민간, 즉 개인과 조직의 기능 확대로 이어진다. 더불어 신자유주의는 보편복지보다 선별 개입을 원칙으로 한다. 사회의 불평등은 개인의 자유로 인한 필연적 결과이며, 개인적 성숙과 경제적 성장을 위한 필수적 조건이기 때문이다.

신자유주의이론을 영국의 현실 정치에 관철시킨 철의 여인 대처 수상은 사회는 없으며 그저 개인만 있을 뿐이라고 말했다(이후 여기에 가족을 포함시키기는 했다). 그녀에게 있어서 경제는 하나의 방식이고, 그것의 목적은 "영혼을 바꾸는 것"이었다. 자기계발적인 새로운 주체를 주조해내고자 하는 그녀의 목적은 성공했다. 불행한 일이다. 이것을 무엇보다도 명확하게 보여주는 것은 공공

부조公共扶助, public assistance와 근로의 연계를 들 수가 있다. 국민기초생활보장법에 의거해서 저소득층의 기본 권리로 이해되어왔던 공공부조가 이제는 자조의 노력을 독려하고, 노동의 동기를 부여하는 방식으로 변경되었다. 또한 실업급여를 수령하기 위해서는 매달 구직활동 내역을 확인받아야 한다.

이러한 모습은 매칭 펀드 개념에도 반영된다. 기술 개발이나 프로젝트를 위해 기업이나 연구소가 투입하는 자본에 비례하여 정부나 대학 혹은 재단 등에서 이에 상응하는 비용을 지원하고 있다. 혹은 영세 가정의 자녀 학자금 기부의 경우에도, 학부모가 학자금을 준비한 만큼의 금액을 제공하는 사례가 있다. 이 모두가 동일한 자조정신에 기초하고 있다. 결국 신자유주의 사회에서는 누구라도 스스로 도와야 하는 것이다. 자기계발은 이제 현대인의 생존을 위한 조건이 되었다. 요새 구직자들이 스펙의 일환으로 참가하는 공모전은 부상으로 인턴십의 기회를 제공한다. 노동의 기회 제공을 부상으로 상호 이해하고 있다는 것이 우리 사회의 우울한 면모를 보여준다.

이러한 맥락 하에서 인생 설계의 기본 방침도 달라졌다. 원래는 인생 중반기를 채우는 성실한 노동의 결과로 안락한 노년이 기대되었다. 그러한 안정된 사회를 해체하는 노동 유연성의 도래 이후로 인생 이모작이 널리 회자되었다. 하지만 어느덧 이모작으로도 모자라 이제 인생 삼모작으로 바뀌고 있는 실정이다. 연금만으로는 안정된 삶의 보장이 불확실해진 상황이다. 그리하여 오종남은 『은퇴 후 30년을 준비하라』고 설파하고 있다. 심지어 주명룡은 『퇴직은 있어도 은퇴는 없다』고 말하기도 한다. 죽을 때

까지 일을 해야 하는 시대가 온 것이다. 그러므로 『은퇴의 기술』을 넘어서 『은퇴 없는 삶을 위한 전략』을 공부해야 한다. 이제 노년에도 공부하고 노동해야 한다. 우리의 영혼조차 노동하는 무서운 현실이다.

위에서 언급한 바와 같이 신자유주의는 단지 사변적인 이론체계에 불과한 것이 아니다. 불행하게도 그 사변이 국가, 사회, 기업 등의 우리 현실을 자조적 세상으로 주조하고, 우리 자아를 자기계발적 양태로 재구성했다. 그러므로 신자유주의의 체계에 대해 깊숙이 들여다볼 필요가 있다. 자기계발이야말로 신자유주의의 이론과 정책을 명확하게 구현하고 있기 때문에 자기계발의 문화를 규명하는 것이야말로 우리 시대의 진면목을 명확하게 파악할 수 있는 가장 좋은 방법이다. 물론 이러한 규명의 목적은 개인의 성실한 노력과 서로의 끝없는 경쟁을 강조하는 현대적 무간지옥을 벗어나 새로운 사회를 꿈꾸기 위해서이다. 꿈은 이루어진다고 하지 않던가. 매우 '시크릿'스러운 명제지만, 정말 그랬으면 좋겠다.

3 장

자기계발의 형식

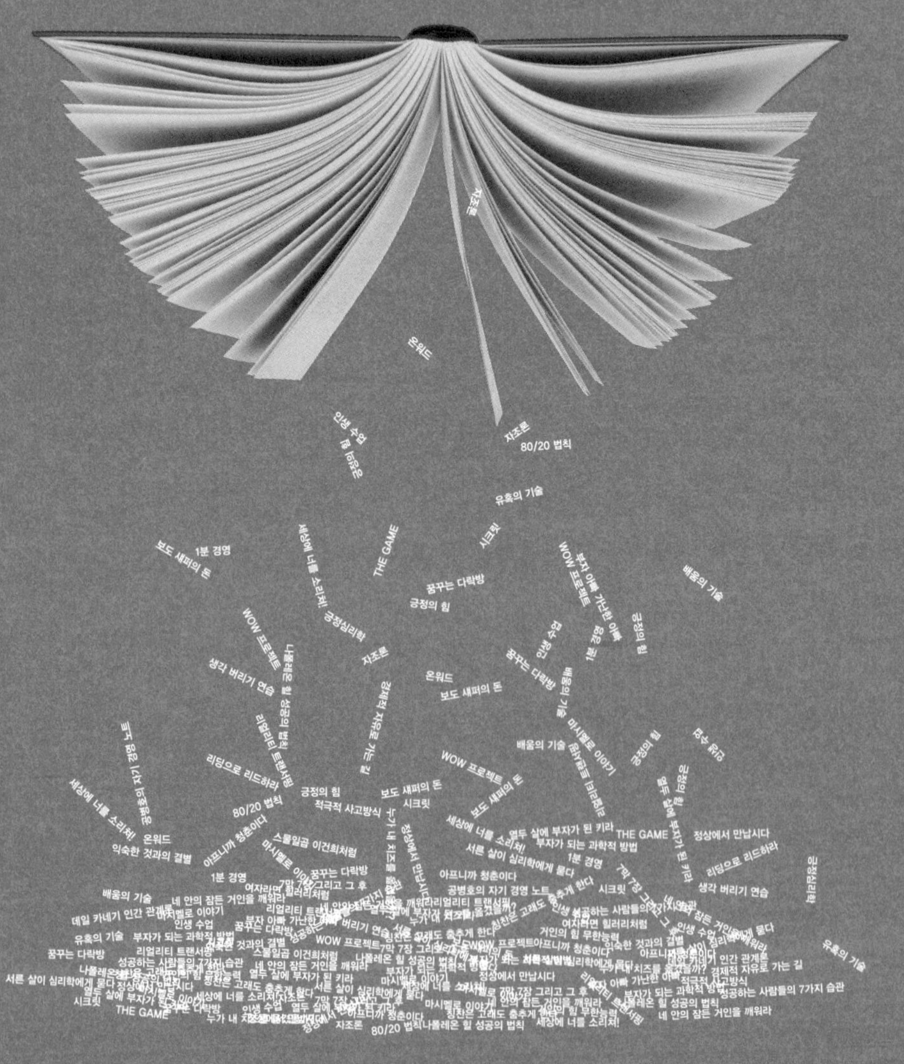

자조론
온워드
인생 수업
80/20 법칙
유혹의 기술
1분 경영
보도 섀퍼의 돈
THE GAME
시크릿
세상에 너를 소리쳐!
꿈꾸는 다락방
긍정의 힘
배움의 기술
긍정심리학
WOW 프로젝트
부자 아빠 가난한 아빠
생각 버리기 연습
리딩으로 리드하라
적극적 사고방식
마시멜로 이야기
아프니까 청춘이다
익숙한 것과의 결별
스물일곱 이건희처럼
열두 살에 부자가 된 키라
부자가 되는 과학적 방법
서른 살이 심리학에게 묻다
정상에서 만납시다
네 안의 잠든 거인을 깨워라
데일 카네기 인간 관계론
공병호의 자기 경영 노트
성공하는 사람들의 7가지 습관
나폴레온 힐 성공의 법칙
경제적 자유로 가는 길
칭찬은 고래도 춤추게 한다
거인의 힘 무한능력

자기계발의 매체론적 맥락

우리의 언어는 우리의 매체이고 우리의 매체는 우리의 메타포이며
이 메타포들이 우리 문화의 내용을 창조한다.

닐 포스트먼, 『죽도록 즐기기』(참미디어, 1997)

고대 헬라에서의 자조自助 개념은 개인적인 차원에서의 성실을 가리킨다. 그러나 우리가 이야기하는 바로서의 자기계발은 자기를 강조한다는 차원에서 볼 때 근대의 산물이다. 이는 곧 '자기'라고 하는 개인의 등장과 연결되며, 나아가 자기계발에서 말하는 '자기'는 우리의 정신적 표상 속에서 이상화되거나 혹은 최소한 잠재적 가능성이 고高평가되는 존재이다. 하지만 그 전에 남과 구별하여 스스로를 인식하는 존재로서, 개인과 공동체의 구별을 전제하는 개념이기도 하다. 중세를 지배하는 질서는 개별적 선택의 주체로서의 개인을 필요로 하지 않았다. 다시 말해 공동체가 개인을 압도하는 것이 중세라면, 근대에는 개인이 공동체와 대등하게 존립한다. 희랍적 인문 교육(르네상스)의 수혜자인 루터가 가톨릭교회와 대립한 것은 바로 근대적 현상인 것이다.

마르틴 루터라는 수도사가 르네상스의 수혜자에서 종교개혁

의 창시자로 거듭난 것은 인쇄매체 혁명과 깊이 연결되어 있다. 종교개혁, 즉 개신교의 발흥은 구텐베르크 혁명, 즉 인쇄매체 중심으로의 매체 변환을 대처한다. 반복적으로 지적했다시피 자기계발은 기본적으로 종교적 근원을 지니고 있고, 이 종교는 다름 아닌 개신교이다. 물론 현재에 와서는 여러 종교적 조우 속에서 자기계발이 다변화되고 있지만, 여기에서 지적하는 것은 근원과 그에 기인한 속성의 문제이다. 그리고 근원적으로 보거나 매체론적으로 역사를 살펴볼 때에 자기계발은 개신교적이다. 엄밀하게 말한다면, 종교개혁과 인쇄혁명의 관계는 상호의존적이라고 할 수 있다.

종교개혁과 인쇄혁명

종교개혁은 구텐베르크 혁명을 전제한다. 루터가 1517년 10월 31일에 비텐베르크 성당에 게시한 95개조 반박문이 삽시간에 유럽 전역으로 확산된 것은 인쇄 기술 덕분이다. 이는 그가 1520년에 발표한, 이른바 종교개혁 3대 논문들의 경우에도 마찬가지이다. 가톨릭의 위계적 사제관을 비판하고 만인萬人 사제설을 주창한 「독일 기독교 귀족에게 고함」이나, 가톨릭의 7성례 체계를 비판하고 세례와 성만찬만을 참된 성례로 인정한 「교회의 바벨론 포로」, 그리고 기독교인의 윤리관을 자유라고 하는 견지에서 조망하는 「그리스도인의 자유」가 미친 영향은 유럽(과 나아가 세계)의 종교 지형도를 바꾸어놓았다. 후에 그가 독일어로 번역한 성경에 대해서는 새삼 더 말할 것도 없다.

물론 가톨릭의 교의에 비판적 입장을 내세운 사람은 루터가 처음이 아니었다. 하지만 그 이전의 이단아들과 루터를 가르는 것이 바로 매체기술의 혁명이었다. 인쇄매체를 통해 루터의 저작과 번역들이 정확하고 신속하게 대량 복사될 수 있었기 때문에 그의 영향력이 확보될 수 있었다는 뜻이다. 이를 통해 루터는 단지 샌님 학자에 머물지 않고, 1000년 동안 유럽을 지배한 단일한 종교적 질서에 균열을 내기 시작한 혁명가가 된 것이다. 인쇄기술을 통해 유럽 전역으로의 확산된 그의 저술과 번역으로 말미암아 유럽인들은 단순한 지적 흥미의 문제가 아니라, 실존적 결단의 문제 앞에 서게 되었다. 어떤 교리를 선택하느냐에 따라 생사가 갈렸기 때문이었다. 30년에 걸친 종교전쟁의 참혹한 양상을 생각해보라.

역으로 인쇄혁명도 루터의 종교개혁에 힘입은 바 크다. 상기한 루터의 3대 논문은 중세가 전제하던 인간적 매개를 척결할 것을 천명한다. 성직자(가 집행하는 미사)라는 매개를 거치지 않고, 당사자가 직접 신을 만날 것을 주장하는 그의 메시지는 종교적으로뿐만 아니라, 매체사적으로도 커다란 영향력을 지닌다. 서구의 인쇄매체는 15세기 초의 목판인쇄나 1450년경 구텐베르크의 발명까지 거슬러올라가지만, 이 새로운 매체가 확산되는 데는 1520년 이후에 등장한 루터의 저작에 의해 수행될 인간적 매개의 해체라고 하는 정지整地 작업이 필요했다. 파울슈티히Werner Faulstich가 지적한 것처럼, 구텐베르크가 아니라 루터에 이르러서야 구술매체 문화에서 문자매체 문화로의 매체사적 전환이 이루어진 셈이다(『근대 초기 매체의 역사』). 즉 매체사적으로 볼 때,

구텐베르크의 인쇄기술은 루터의 저작 없이는 생각할 수 없다.

이러한 양대 기반, 즉 인쇄매체와 종교개혁 위에서 발생한 사건이라고 할 수 있는 근대적 개인의 탄생은 결코 낭만적인 이야기가 아니다. 중세적 공동체의 틀을 벗어나 개인으로 우뚝 서서 자신의 입장을 선택하는 것에는 육체적 생과 사를 가를 뿐 아니라, 영원한 운명을 결정짓는 엄청난 결과가 수반되기 때문이다. 즉 이렇듯 심각한 판단과 결정의 더 이상 나눌 수 없는(in+divide) 최종 단위로서 개인individual이 등장하게 된 것이다. 이렇게 개인으로 홀로 서게 된다는 것은 공동체(가 담지하는 전통)의 보장을 포기한다는 것에 다름 아니다. 이러한 자유는 대단히 무거운 것으로서, 향유하기보다 도피하고 싶어 하게 마련이다. 그러나 일단 개인으로서 각성하게 되면, 더 이상 회피할 수가 없게 된다.

국가 소멸과 자아 폭발

결국 구텐베르크가 루터를 예비한 셈이고, 인쇄매체를 중심으로 한 기술혁명이 루터로부터 시작된 종교개혁의 전제가 되는 것이다.[1] 그리고 이렇게 가톨릭과 개신교 사이에서 자기 자리를 정해야 한다는 압력을 받게 되는, 개신교적 자아가 자기계발의 토양이 된다. 그러나 자기계발이 만개하려면, 자아 폭발이 요청된다. 무슨 뜻인가? 원래 중세적 공동체가 담지하는 전통을 형성하는 것은 신神을 둘러싼 종교 체계이다. 그리고 중세적 종교는 근대화 과정 속에서 세속화된다. 이는 개신교 또한 마찬가지이다. 그래서 니체는 말했다. 신은 죽었나고. 그렇다면, 신의 자리를 차

지하는 것은 무엇인가? 바로 국가이다. 즉 초월적 종교의 질서는 세속적 정치의 질서로 변용되는 것이다.

근대 안에서 지배질서의 중심축은 교회에서 국가로 전환됐다. 종교에서 정치로의 이러한 전환은 비가시적 초월자神가 소유하던 권위가 가시화된다는 뜻이다. 절대왕정의 등장은 바로 이러한 맥락과 연결된다. 왕의 권한은 신에게서 비롯된 것이라는 왕권신수설은 실은 신의 권위를 위정자가 획득한 현실에 대한 종교적 수사일 뿐이다. 이렇게 왕으로 형상화되는 국가라는 존재는 성경 「욥기」에서 말하는 리바이어던, 즉 거대 괴수에 다름 아니다. 비록 근원적 폭력에 의해 정초되고, 현실적 폭력으로 지탱되는 존재이지만, 동시에 국가의 구성원을 수호하고 지탱해주는 이중성을 보이고 있다. 그런데 국가가 국민의 수호를 포기한다면, 혹은 국가가 소멸된다면 어떨까.

자기계발의 사상적 매트릭스로 존재하는 신자유주의는 국가의 존재를 심각하게 약화시킨다. 케인즈주의가 시장에 대한 국가의 우위를 말한다면, 신자유주의는 국가에 대한 시장의 우위를 말한다. 이 시장 개념은 무한 경쟁의 숭배에 다름 아니다. 모든 개인을 극단적인 경쟁 구도 속으로 몰아넣는다는 뜻이다. 다시 말해 국가가 져야 할 몫을 가능한 한 전부 개인에게 떠넘긴다. 진정한 의미에서 자아 폭발이 일어난 것이다. 이러한 자아의 빅뱅은 중세적 의미에서의 공동체Gemeinschaft가 소멸하게 된 상황을 가리킨다. 이는 종교(의 초월자)가 담당하던 역할을 대체한 국가의 해체를 포함한다. 가족을 제외하면, 기업 등의 이익집단Gesellschaft만 남은 셈이다.[2] 경제적 동기가 유일한 사회적 접착제social cement인 상

황이 되었다.[3]

인쇄매체와 자아 형성

이러한 신자유주의적 현실과 이에 기반하는 문제의식 속에서 자기계발이 만개한다. 그러나 인쇄매체로 인해 확산된 개신교와 이후의 세속화 맥락 속에서 자기계발이 싹을 틔웠다고 하는 설명만으로 인쇄매체를 자기계발의 매체적 근원으로 말하는 것은 충분하지 않다. 그러므로 인쇄매체와 자기계발의 긴밀한 관계를 설명하기 위해서는 매체가 사회에 미치는 영향을 높이 평가하는 기술(매체)결정론적 설명이 좀더 추가되어야 할 것이다. 이러한 관점에서는 각 시대를 주도하는 중심 매체를 주목하게 마련이다. 그러한 맥락에서 보면, 인류의 역사를 매체의 역사로 재구성한 파울슈티히의 관점대로 사회의 변동과 역사의 추이를 구술문화와 문자문화의 역동적인 상호작용의 과정으로 파악하는 것이 유용하다.

아주 간단하게 말하자면, 고대와 중세의 경우에는 구술매체, 근대의 경우에는 인쇄매체가 중심 매체이다. 그리고 현대에 이르러서는 전자매체(TV와 인터넷 등)가 그 역할을 담당한다.[4] 그리고 전자매체는 구술매체와 유사한 역할을 수행한다. 구술매체는 공동체(가 담지하는 전통)를 존중한다. 인쇄매체는 개인(의 실존적 자유)을 강조한다. 따라서 공동체에 의한 매개를 거부하는 주장이 담긴 루터의 논문들이 인쇄 기술을 통해 널리 보급된 것은 조금도 이상한 일이 아니다. 이렇게 인쇄 기술에 의한 문서 텍스트의

대량 보급은 위에서 말한 대로 판단과 결정의 권리와 자유를 확장할 뿐 아니라, 구체에서 추상으로 사유방식을 전환한다.

이는 독서방식의 변경에서도 드러난다. 하루라도 책을 읽지 않으면 혀에 가시가 돋친다는 안중근의 말이 보여주듯이 원래 우리의 전통적인 독서 방식은 낭독이었고, 이는 근대 이전 모든 사회에서 그러하였다. 원래 낭독은 공동체를 상정하며, 군중 앞에서 읽히기 위한 방식이다. 하지만 근대에 들어와 묵독이 주 독서법으로 자리 잡게 되었는데, 이는 사실상 개인을 위한 독서법이다. 고독한 개인이 잠잠히 텍스트 안으로 침잠해 들어가는 방식인 묵독은 개인의 추상적인 사유 공간을 형성한다. 추상적 사유와 개인적 판단은 하나로 연결되어 있다. 이렇게 인쇄매체는 개인을 발명하거나, 최소한 강화한다. 이것이 개신교적인 질서체계로 구현되고, 작금에 와서 우리의 삶을 극단적인 유형으로 조형하고 있다. 독립적인 정신의 고양을 요청하는 자기계발도 기본적인 방식은 자기계발서의 적극적인 독서라고 봐야 한다.

물론 이러한 독립적인 정신의 고양에 의한 자기계발의 실상은 사회의 지배질서가 제시하는 이데올로기의 적극적인 내면화에 불과하다는 사실 또한 간과할 수 없다. 현실은 회사의 직원에 불과하더라도, 내면에는 CEO의 마인드를 지녀야 성공할 수 있다고들 말한다. 어느 직원이 능력자요, 성공자로 거듭나기 위해 열심히 자기계발서를 읽고, 사장의 마인드를 훌륭하게 내면화하는 데에 성공했다고 치자. 그 결과는 무엇인가? 급여를 훨씬 상회하는 과도한 노동착취일 뿐이다. 이른바 열정노동도 이와 다를 바가 없는 노동착취를 위한 장치일 뿐이다. 그러나 이 모든 것이 자

신의 적극적 동의에 의해 이루어진다는 것이 중요하다. 바로 여기에서 자아 폭발로 특징되는 현대사회와 자기계발이라는 현대의 신념이 만난다.

오늘날 우리 시대를 지배하는 중심 매체는 전자매체다. 월터 옹의 지적대로, 전자매체는 기본적으로 구술매체적 속성을 지닌다. 공동체를 강화하고, 심지어 지구를 하나의 촌락(지구촌)으로 호명하는 시대가 아닌가. 사상가들도 머리의 사유에서 몸의 경험으로, 개인의 강조에서 공동체의 부활로 논의의 강조점을 바꾸고 있는 실정이다. 하지만 중심 매체가 우리의 정신과 육체를 온전하게 조형하는 데에는 시간이 필요하다. 신자유주의를 대체하는 새로운 체제에 대한 논의가 나오지만, 실제로 새로운 체제가 들어서는 데에는 시간이 필요한 것과도 무관하지 않다. 아직 서구사회를 지배하는 질서는 인쇄매체로 대변되는 문자문화의 체제이다.

그러나 한국의 정황은 서구의 그것과 다르다. 한국의 문해율은 99%이다. 일견 근대화가 온전히 이루어진 것처럼 보인다. 하지만 그 이면(심성)을 들여다본다면 여전히 중세적이다. 압축된 근대화 진행 과정으로 인해 근대적 개인으로 온전하게 서기에는 우리에게 주어진 시간이 불충분했기 때문이다. 그러므로 구술매체에 함축된 메커니즘이 여전히 우리 한국사회를 지배하고 있다. 따라서 우리의 논의 방식은 이성에 기초하지 않고, 정념에 토대하며, 내용의 진위와 논증의 타당성에 주목하기보다는 발화자의 정체와 그의 화법에 영향을 받는다. 이러한 차이가 자기계발서에 반영되는 양태에 대해서는 이어서 논하기로 한다.

진리를 가르치는 자기계발서: 우화

데이브가 미소를 지으며 말했다. "범고래쇼에서 보셨던 모든 것들을 가능케 하는 것은 범고래와 우리와의 긍정적인 관계라는 것을 항상 명심하세요."

"절대 잊지 않겠습니다." 웨스는 확신에 찬 목소리로 말했다.

켄 블랜차드, 『칭찬은 고래도 춤추게 한다』(21세기북스, 2003)

자기계발 상품은 책자, 테이프, 비디오, 세미나, 상담, 컨설팅 등 다양한 방식으로 제작 판매하고, 구매 소비된다. 그러나 앞에서 말한 바와 같이 자기계발의 본질적 양식은 책자이다. 이것은 근대 특유의 매체와 자기계발의 주체이자 대상이 되는 근대 특유의 주체가 상응하기 때문이다. 인쇄매체는 개별 자아의 물리적 표현 양태이며, 개별 자아로서의 사유 주체는 인쇄매체에 의해 형성된다. 자기계발에서 무엇보다 강조되어야 할 것은 바로 자기이다. 스스로를 공동체로부터 독립된 자아로서 인식하게 되는 사회적 환경과 매체적 조건은 상통한다. 자기계발을 다루겠다면, 무엇보다도 자기계발서를 주목하지 않을 수 없는 이유이다.

자기계발을 다루는 책에 한정하여 살펴봐도 상황은 복잡하다. 이미 지적한 것처럼, 문학과 심리학, 경영학, 자서전, 영성 등 거의 모든 출판 영역에 자기계발의 정신이 스며들어 있기 때문이

다. 그럼에도 자기계발서라고 하는 특별한 장르가 존재하는 것 또한 사실이다. 그리고 이러한 전통적 형태의 자료를 통해서 우리는 자기계발의 정신과 문화에 대한 중요한 통찰을 얻을 수 있다. 교재 형식으로 집필된 자료와 에세이 형태의 문헌을 제외한다면, 설교, 우화, 자서전 등이야말로 자기계발서의 전통적 형식이라고 할 수 있다. 이제 이러한 형식들에 대한 분석을 통해 거기에 담긴 의미를 짚어보고자 한다.

자기계발의 설교, 자기계발의 교회

우선 설교 형식으로 쓰인 자기계발서를 살펴보자. 자기계발의 기독교(개신교)적 측면을 강조하기 위해 '설교'라고 명명했지만[5] 이러한 종교적 표현이 거슬린다면 '강의'라고 바꿔 써도 무방하다. 설교이건 강의이건 간에 핵심은 가르치는 것에 있기 때문이다. 가르치는 것은 지시적 성격이 강한 전달 형식이다.[6] 이러한 형식은 가르치는 선생(교사/설교자)이나 가르치는 내용의 권위를 내포한다. 교육의 주체로서의 교사는 존중과 존경의 대상이며, 교사의 교육내용curriculum은 진리이다. 진리는 특정한 상황과 맥락에 따라 가변하지 않기에 마땅히 받아들여야 한다.

진리는 법칙이다. 정상적인 사람이라면 누구라도 마땅히 받아들여야 하는 내용이 진리인 것이다. 종교적 진리만 아니라 과학적 사실이라 하더라도 마찬가지이다. 중력의 법칙은 과학적 진리이다. 설혹 머리로는 중력을 모른다고 해도 벼랑 끝에서 허공으로 발을 디딘다면 몸으로 중력을 배우게 된다. 과학적 진리가 그

러하듯이 자기계발이 가르치는 (사실상 종교적인) 진리도 대상을 차별하지 않는다. 그러므로 진리를 외면하는 자는 어리석다. 그러나 진리를 받아들이는 자에게 이는 축복의 약속이 된다. '법치과 약속', 이는 심상화visualization의 원조격인 네빌 고다드의 저작 제목이기도 하다.

이렇게 자기계발의 진리가 우리의 삶을 구속하는 법칙이자, 약속이 되기 때문에 자기계발의 강의는 사실상 설교와도 같다. 그러므로 이러한 관점에서 볼 때, 이 가르침에 반대하는 자는 어리석은 자이고, 수용하는 자는 지혜로운 자이다. 즉 여기에서 성립하는 방향은 쌍방적이 아니라, 일방적이다. 겉보기에는 합리적인 독자를 요청하지만, 실제로 암시하는 태도는 헌신적인 신자이다. 합리적인 독자는 밝은 눈을 가지고 있지만, 자기계발 강의(설교)를 수용하는 신자에게는 열린 귀가 요구된다.

이렇게 진리와 설교가 있다면, 마땅히 교회도 있어야 할 것이다. 진리의 매개 수단이 설교이고, 설교의 전파 공간이 교회이다. 자기계발계에 있어서도 진리가 설파되는 교회가 있다. 실제로 자기계발 저작들의 상당수는 종교인들의 강의를 책으로 묶어낸 것이다. 그리고 이러한 강의를 듣는 공동체는 종파cult/sect인 경우가 적지 않다. 가령 위에서 언급한 고다드의 저작들이 바로 그러하다. 또한 기존 종교권도 마찬가지다. 가령 『긍정의 힘』의 저자인 조엘 오스틴은 미국에서 가장 큰 교회의 담임목사이다. 그리고 이러한 종파적 공동체는 대체로 신비적 자기계발과 관련되어 있다.

이러한 일종의 종교적 공동체에서 설파된 내용이 책으로 나와

서 일반에게 널리 보급된 것은 미국이야말로 하나의 거대한 교회이기 때문에 가능했다. 즉 미국은 청교도적 기반 위에 서 있는 세속화된 메가처치Megachurch인 것이다. 이 미국이라는 교회 안에서 자기계발의 진리, 즉 복음이 강의(설교)된다는 것은, 자기계발이 세속주의와 혼합주의로 변질된 기독교의 일종이나 다름없다. 이렇게 진리를 전파하는 설교 내지는 법칙을 전수하는 강의는 투박하고 직접적인 전달 방식이다. 따라서 메시지가 압축적이고 명료하게 전달될 수 있지만, 그 전달 효과는 제한적이기도 하다.

자기계발 우화의 구원론적 서사

자기계발은 미국적 기독교의 산물인 동시에 미국적 자본주의의 결실이기 때문에 시장에 민감하게 반응한다. 강의 혹은 설교라는 투박한 전달 방식을 벗어나 시장(독자)의 필요에 적극적으로 부응하기 위한 자구책 가운데 하나가 바로 우화寓話, fable이다. 강의에 일종의 당의정糖衣錠을 첨가한 방식이라고 할 수 있겠다. 자기계발서 가운데 우화가 차지하는 비중은 엄청나다. 이 우화식 자기계발서를 가리켜 셀픽션selfiction이라고 한다. 이는 자기계발self-help과 이야기fiction의 합성어이다. 여기에서 이야기가 뜻하는 바는 서사narrative다. 곧 우화식 자기계발서는 서사를 통해 전달되는 자기계발 가르침이다.

셀픽션의 서사는 구원론적이다. 문학에서 말하는 구원은 자아와 세계의 화해를 가리킨다. 즉 타락(불화)의 상태에서 시작하여 구원(화해)의 상태로 진행된다. 그런데 우화 속의 자아와 세계는

극히 단순하다. 따라서 우화를 통해 전개되는 서사 또한 단순하며, 대중적 욕망에 부합하는 결말(해피엔드)로 봉합된다. 이렇게 이면적으로는 종교적 프레임으로 구성되어 있는 우화적 자기계발서는 형식상 교사와 학생의 구도를 상정한다. 좀더 엄밀하게 말하면, 멘토-멘티 관계라고 할 수 있다. 이는 학교라는 전통적 교육 공간과 교사-학생이라는 전통적 교육 방식에 매이지 않기 때문이다.

그렇다면 이 우화 속에서 과연 누가 멘토가 되는 것일까. 많은 경우에 사회에서 성공한 이들이 그 역할을 담당한다. 300만 부에 달하는 판매부수보다 대리번역 스캔들로 더 유명한 『마시멜로 이야기』를 보자. 주인공은 운전기사 아서이고, 그의 멘토는 그가 모시는 회장인 조너선 페이션트이다. 조너선은 아서에게 현재의 작은 유혹을 이기면, 미래에 큰 보상을 얻게 된다는 마시멜로 법칙을 가르쳐주고, 아서는 이를 착실하게 따른다. 한국산 자기계발서인 『기적의 양피지 캅베드』(헤르메스 김 지음)에서는 무려 선박왕 오나시스가 멘토로 등장하여 중년의 변호사 윌리엄에게 성공의 비결을 제시한다.

이는 앞서 지적한 바와 같이 타락과 구원의 종교적 모티브를 따르고 있는 것이다. 우선 주인공에게 문제가 발생한다(타락). 다음으로 선생을 만나 가르침을 얻는다(전도). 마침내 그는 이 가르침을 따라 문제를 극복한다(구원). 여기에서 멘토의 역할은 중요하다. 그의 가르침은 삶을 변화시키는 진리이기 때문이다. 사실 이 우화의 형식에서조차도 짧은 강의를 포함하고 있다. 우화를 통한 성장기 혹은 모험담은 그러한 강의를 확증하기 위한 구조로 사용

되는 것이다. 이러한 구조에는 일종의 전도 혹은 다단계 방식을 통한 재생산 장치가 포함된다. 멘토의 교훈은 주인공인 멘티의 전도를 통해 그의 가족과 동료에게 널리 퍼져나간다.

자기계발 우화의 일차원적 구조

셀픽션으로서의 우화의 기능은 오락성이 아니라 평이성에 있다(재미를 원한다면 셀픽션이 아니라 대중문학을 읽어야 할 것이다). 이렇게 자기계발서의 평이성을 추구하기 때문에 선택하게 되는 방식이 바로 서사구조의 단순성이다. 앞서 지적했듯이 구원론적으로 특징되는 기본 서사가 단순하다. 애초에 복잡한 소설적 구성은 셀픽션의 기능에 부합하지 않다. 또한 멘토의 메시지도 간명하다.[7] 우화에 등장하는 멘토는 언제나 현명하고, 성숙하지만, 정작 그의 입에서 나온 통찰은 단순하다. 그는 그저 이를 당당하게 전달하는 것으로 그의 소임을 다한다.

무엇보다 멘티의 반응이 일차원적이다. 셀픽션에 등장하는 멘티는, 뭐랄까, 착하고 성실한 초딩 같이 보인다. 물론 우리의 멘티는 겸손하지 않으면 안 된다. 서사의 시초에서 멘티는 난국에 처해 있기 때문이다. 그에게는 도움이, 더 정확하게 말하자면 지혜가 필요하다(멘토는 결코 돈을 주지 않는다). 하지만 구조상으로 볼 때에 어려움을 일소해주는 해법을 처음 접할 때에는 의문과 반감이 드는 것이 당연하다. 그는 가정과 학교에서 이러한 가르침을 배운 적이 없기 때문이다. 물론 멘티의 그러한 부정적 반응은 곧 사라진다. 즉 우화 속 주인공의 비판 혹은 반대는 멘토의 제

자가 되기 위한 요식적 단계일 뿐이다. 순치된 자기계발적 주체로 거듭나는 멘티가 되려면, 그의 두뇌에 비판적 지성이 탑재되어서는 안 된다. 비판적 지성은 자기계발과 상극이라 할 수 있기 때문이다.

우화적 자기계발서의 핵심은 멘토의 메시지이며(멘티와 그를 둘러싼 상황은 서사적 구성 장치일 뿐이다), 이 메시지는 단순하다. 우화가 상정하는 세계(환경)가 직면한 문제가 단순하니 자아(멘티)가 필요로 하는 해법도 단순할 수밖에 없는 것이다. 아래에서 다룰 대표적인 우화적 자기계발서인 『누가 내 치즈를 옮겼을까』의 핵심은 '변화하라'이고, 『칭찬은 고래도 춤추게 한다』의 경우에는 '칭찬하라'가 전부다.[8] 그러니 멘토의 간단한 설명에 이어져야 하는 것은 오직 멘티의 구체적 실천뿐이다. 그러므로 자기계발 세계 안에서 전통적 교육공간(학교)과 전통적 교육방식(사제관계)의 가치는 거의 없다.

대표적인 우화적 자기계발서인 『칭찬은 고래도 춤추게 한다』를 보라. 범고래쇼에 감복한 회사 중역 웨스 킹슬리는 조련사 데이브 야들리에게 조련 기술에 대해 문의하고, 다시 데이브가 소개해준 비즈니스 컨설턴트 앤 마리를 통해 조련술에서 도출되는 리더십 비결에 대해 배우게 된다. 훌륭한 경영자가 되기 위해 가야 할 곳은 학교가 아니라 동물원인 셈이다. 심지어 자기계발 동화인 『열두 살에 부자가 된 키라』를 보면, 경제적 자기계발을 가르치는 멘토는 아예 사람이 아니다. 무려 '머니money'라는 이름을 가진, 집 앞에서 주워온 래브라도 종 하얀 개가 키라에게 시커먼 자본주의적 밀림 속에서의 생존법을 전수한다.

이렇게 범고래가 역할 모델이 되고, 래브라도 종의 개가 멘토가 되는 우화는, 학교를 포함한 전통적 재생산 체계에 대한 신뢰도가 극히 낮은 신자유주의적 정황을 반영하고 있다.[9] 대학교가 기업형 인재 양성에 무능하다고 비판하면서, 회계를 교양필수로 가르쳐야 한다는 주장이 존중받는 황당한 시대가 아닌가. 그렇기 때문에 우화적 자기계발서의 주인공(멘티)은 자기주도형 학습자이자 평생학습자로서의 이상을 구현하지 않을 수 없다. 그리고 이러한 상황에서 멘토에 대한 멘티의 태도는 철저한 경청 외에는 다른 선택지가 존재할 수 없다. 비록 그 메시지가 잔혹하더라도 말이다.

『누가 내 치즈를 옮겼을까』의 주인공들은 기존의 치즈가 사라진 상황에서 미로 속의 치즈를 찾아 나선다. 이 책은 현대사회의 급변하는 상황에 개방적으로 반응하라는 메시지를 담고 있다. 매우 온당하게 들리는 이 메시지에 따르면, 회사에서 방출된 노동자가 택해야 할 바른 선택지는 파업이 아니라 구직이다. 이 책을 구조조정을 통한 비용 절감을 추구하던 주류 기업들이 환영하고, 〈이코노미스트〉나 〈비즈니스 위클리〉 등의 주요 언론들이 극찬한 것도 당연한 일이다. 미로 속의 치즈에 대한 태도를 통해 반응의 개방성을 촉구하는 이 우화는 실상 고용의 유연성을 지지하는 신자유주의적 이데올로기에 서사를 덧붙인 것에 불과하다.

이렇게 자기계발서의 내용과 형식은 구조적으로 얽혀 있다. 우선 강의 형식의 자기계발서는 자기계발 특유의 교의적 성격을 보여준다. 즉 자기계발의 교훈은 해석이 아니라 신앙을 요구하는 신리인 것이다. 그리고 여기에 구원론적 서사를 덧입힌 것이 바

로 우화적 자기계발서이다. 셀픽션은 현세의 복잡한 상황을 단순하게 처리하고 엄혹한 교훈을 기꺼이 수용하게 하는 자기계발의 이데올로기적 기능을 가장 잘 보여준다. 그러나 설교(강의)와 우화 못지않게 중요한 자리를 차지하고 있는 것은 자기계발 특유의 이상화된 자아를 가장 잘 보여주는 양식인 자서전이다. 이에 대해서는 뒤에서 다루고자 한다.

모범을 보여주는 자기계발서: 자서전

하나님의 축복과 함께 나를 성공으로 이끈 방법들을 내 후손들도 알고 싶어 하리라 생각한다.
내 이야기를 듣고 각자의 처지에 맞는 방법을 골라서 그대로 따랐으면 하는 마음이다.
벤저민 플랭클린, 『프랭클린 자서전』(김영사, 2001)

자기계발의 방점은 '자기self'에 찍혀야 한다. 앞서 말한 바와 같이 자기는 우리의 표상체계 속에서 이상화되거나 혹은 최소한 잠재적 가능성이 고평가되는 존재임을 기억해야 한다. 즉 미래의 이상적 자아에 대한 긍정이며, 희망인 것이다. 그러므로 자기계발은 곧 긍정의 이데올로기이며, 마틴 셀리그먼으로 대표되는 긍정의 심리학과 조엘 오스틴으로 주목받는 긍정의 신학으로 번역되고 있는 실정이다. 이상적 자아를 긍정하는 그 이면에서는 현실의 자아에 대한 부정이 도사리고 있다. 더 정확하게 말하면 억압하고 있다. 현실의 부정은 사실상 자아의 분열을 초래한다. 이에 대해선 나중에 다시 살펴볼 것이다.

어쨌든 자기계발이 상정하는 자아는 부정적 현실을 직면하기보다 이상적 미래에 천착한다. 현실의 자아는 세계와 불화 속에 놓여 있다. 그러나 이상화된 자아는 세계와의 관계에서 우위를

점하며, 자신을 중심으로 세계와 화해하고자 한다. 실은 세계를 지배하고사 한다. 그 방법은 세계를 재창조하는 것이다. 자아와 세계의 화해 방식이 세계에 대한 자아의 재창조를 통한 지배(혹은 화해)라고 한다면, 이는 일종의 세속화된 구원론이라고 할 수 있을 것이다. 즉 인간중심적인 구원 서사를 전개하고 있는 셈이다. 이러한 측면을 무엇보다도 잘 보여주는 자기계발서의 형식은 단연 자서전이다.

교육 수단으로서의 성인전과 위인전

자서전은 스스로 쓰는 전기이다. 'I'가 'Me'를 바라보는 형식이다. 그러므로 자서전을 다루기 이전에 잠깐 전기를 살펴볼 필요가 있다. 도대체 왜 전기傳記라는 양식이 존재하는 걸까?

알고 보면 전기야말로 매우 효과적인 교육 수단이다. 전기는 본질적으로 인간의 생애를 다루는 이야기다. 일반적으로 우리가 아는 전기는 성인전hagiography 혹은 위인전이다. 성인聖人 혹은 위인偉人으로 전기의 주인공을 설정하는 방식에서 이미 고도의 긍정적 가치 평가가 개입한다. 이러한 방식을 통해 그들을 현행 체제에 부합하는 역할 모델로 제시하고, 나아가 특정한 가치관을 전수하는 것이 전기의 기능이다. 그렇기 때문에 전기는 대중의 교화를 위해 애용되어왔다.

특히 중세의 가톨릭 성인전이 그러하다. 교육적 목적이 강한 나머지 성인전의 주인공 생애를 서술하는 데에 관찰자의 관점이 깊숙이 개입되었다. 사실 중세의 성인전 작가들은 자신이 다루는

성인의 생애를 역사적으로 재구성하는 데에 관심이 없었다. 애초에 그 성인을 본 적도 없거나 그에 대한 역사적 정보조차 없는 경우도 있었다. 이들은 이전의 다른 이야기들에서 내용을 빌려와 전기를 만들었다. 더욱이 성인력聖人曆과 성자 숭배 등의 흐름을 반영하여 전기의 내용 또한 변동하고, 발전하였다. 이렇듯 성인전은 역사적 성격보다 담론적 성격이 강하다. 다시 말해서 윤리적이고 신앙적인 교훈을 목적으로 만든 문학적 창작물에 다름 아닌 것이다.

근대의 위인전은 중세의 성인전보다 형편이 낫다. 적어도 원칙상으로는 역사적 성격을 견지하고 있다. 주고받은 서신과 같이 기존에 존재하는 자료의 조사를 원칙으로 하기 때문이다. 그러나 애초에 인물 선정과 사건 해석 자체가 교화적 의도를 위해 복무한다. 특정한 사건에 대한 과도한 긍정적 평가와 더불어 일부에 불과하지만 교화적 목적을 위한 허구적 에피소드 조작도 여전하기 때문이다. 미국의 초대 대통령인 조지 워싱턴이 어린 시절에 아버지가 아끼던 벚나무를 도끼로 찍고 나서 이를 아버지에게 고백하는 이야기를 기억할 것이다. 하지만 이는 그의 전기 작가 파슨 윔스Parson Weems가 지어낸 이야기 중 하나일 따름이다. 정직이라는 가치를 전달하고자 거짓을 조작한 셈이다.[10]

상황이 이러하기 때문에 전기와 평전은 구별되어야 한다. 평전이야말로 객관적(이라기보다 균형 잡힌) 입장과 냉철한 평가로 대변되는 장르이다. 가령 이사야 벌린은 마르크스주의자가 아님에도 불구하고(어쩌면 그렇기 때문에) 『칼 마르크스 평전』을 통해 그 누구보다도 탁월하게 마르크스의 생애를 그려냈다. 주관적 입장

이라는 것 자체가 부정적인 것은 아니다. 불트만이 말한 바와 같이 전제 없는 해석(주석)은 불가능하다. 어떠한 인물에 대한 해석은 선행하는 주관적 관점을 요청한다. 그러나 적어도 한 인물을 제대로 알기 원한다면 작가의 관점을 우선하는 전기보다 주인공의 삶을 우선하는 평전을 읽어야 옳다. 실제로도 최근 출간되는 전기들은 사실상 거의 평전에 해당한다.

근대적 자서전과 미국적 영혼

전적으로 중립적인 평전은 존재할 수 없고, 전기는 말할 것도 없다. 하지만 전기라면 원칙적으로 충분한 자료에 입각해 객관적으로 서술되어야 한다. 그러나 'I'가 'Me'를 바라보며 회상하는 형식을 취하는 장르인 자서전은 자료의 충실한 조사보다는 주로 본인의 주관적 기억에 의존한다. 기억은 본질상 주관적이다. 자기를 중심으로 구성된다는 것이다. 또한 이상적 자아를 형성하기를 바라는 욕망이 작동하기 마련이다. 한국의 정치인들이 진실을 회피할 때에 애용하는 표현이 "기억나지 않는다"가 아닌가. 이는 기억 혹은 망각이 얼마나 주관적인 것인지를 보여주는 흥미로운 대목이다. 기억(회상)이라는 미명 하에 주관적 조작의 가능성이 자리한다는 뜻이다.

자아는 삶에 대한 기억의 총합이기도 하다. 이러한 총합은 일정한 서사를 통해 형성된다. 즉 자신의 삶에 대한 이야기를 통해 개인의 정체성이 구성되는 것이다. 즉 생애에 대한 회상 혹은 구술은 자신의 자아에 대한 해석을 전제한다. 그렇기 때문에 연애

나 이별, 혹은 고난이나 질병 등의 강렬한 체험이나 특정한 공동체 안에 소속되는 사회적 변화로 인해 세계관이 달라지면, 자신의 자아와 이를 구현하는 생애에 대한 해석이 달라질 수밖에 없다. 이러한 변화 체험의 대표적인 경우가 바로 종교적 회심이다. 그리고 자아가 전면에 부각되는 미국적 자서전의 원형은 청교도적 성격을 지닌 개신교의 간증이다.

앞에서 말한 우화식 자기계발서의 경우에는 상대적으로 신비적 자기계발서가 더 큰 비중을 차지하는 편이다. 그리고 자서전의 경우에는 의문의 여지없이 절대 다수가 윤리적 자기계발서라고 할 수 있다. 그러므로 여기에 구현되는 덕목상으로 봐도 자서전에는 청교도의 영향이 배어 있다는 것이 자명하다. 마찬가지로 형식상으로 볼 때에도 청교도식의 회중 앞에서의 고백(간증) 전통과 연결된다(이의 중심 내용은 죄인에서 의인으로 전환되는 자신의 회심 과정이다). 일기 등의 사적 성격을 지닌 기록은 자서전 형식을 매개로 간증 등의 공적 성격을 지닌 양식으로 변경될 수 있다. 즉 주관적 진실의 기록이 공적 담론의 성격을 획득하게 되는 것이다.

자서전에서 회심의 모티브는 주인공을 전형적 인물로 만든다. 독자들로 하여금 신에게 회심하게끔 독려하기 위한 기능을 수행하게 된다는 것이다. 역사적 왜곡이 개입하지 않더라도 여기에 선별 수록된 사건과 그 평가는, 의도하지는 않았을지라도 미국 초기의 종교적 자서전을 일종의 성인전으로 만들고 만다. 가령 『데이비드 브레이너드 생애와 일기』도 이와 유사하다. 근본적으로 모방하기가 어려운 예외적 개인으로 자리매겨지게 되는 탓이다. 사적 기록과 공적 담론의 만남이 가져오는 독특한 귀결인 셈

이다.

스스로를 역할 모델로 내세우는 점에서는 프랭클린도 동일하다. 하지만 그는 예외적 개인에서 대중적 자아로 스스로를 재구성한다. 그가 자신의 자서전을 통해 기대하는 것은 청교도적 가치의 보편적 적용(재배치)일 따름이다.

프랭클린의 자서전이 새로운 것은 현실적 적용 가능성을 중시하고 있다는 점에 있다. 자서전을 통해 드러나는 그의 실용주의 윤리관은 심층적 인격의 성숙보다 현실적 윤리의 개선에 초점을 맞춘다. 이는 그가 청교도들과 같이 신의 은총을 갈망하지 않고, 스스로의 도움(자기계발)을 우선하고 있다는 점과 궤를 같이 한다. 즉 그의 자서전은 종교적 자서전의 세속화 버전이라고 말할 수 있다. 더욱이 프랭클린의 자서전은 자아의 실현과 현세적 성취를 결합시키고 있다. 프랭클린은 성실한 노력에 기초한 물질적 성공의 가능성을 신뢰하고, 그 증거로 자신의 삶을 제시한다. 프로테스탄트 윤리와 자본주의 정신이 여기에서 만나고 있는 것이다.

이렇게 삶의 변혁 가능성을 신앙하고 독자에게 촉구하는, 역동적 자아가 또렷하게 부각되는 자서전에서 우리는 미국적 정신을 읽어낼 수 있다. 자서전 장르가 유독 미국에서 번성하게 된 것은 결코 우연이 아니다.

이상적 자아의 표현 수단으로서의 자서전

업적 지향적인 역동적 자아가 전면에 드러나는 이러한 방식은 우리 시대의 자기계발적 유형의 자서전에서도 답습된다. 노학자

가 말년에 이르러 삶을 회고하는 형식의 자서전이 아니라, 업적 지향적 자아 성취가 부각되는 유형의 자서전을 말한다. 자기계발 이데올로기가 작동하는 자서전이 세간에 널리 유통될 수밖에 없는 것은 바로 대중의 욕망 때문이기도 하다.

'업적 지향적 자아 성취'라는 말의 함의는 무엇인가. 간단하다. 현실적으로 성공한 이들의 생애가 자서전으로 출간될 만한 가치가 있다는 것이다. 물론 원칙적으로 자서전은 누구나 쓸 수 있다. 누구나 자신의 삶을 돌이켜 보지 않는가. 이것을 녹취하고 편집한다면 자서전을 만들 수 있다. 실제로 그렇게 만들기도 한다. 그러나 이를 상품의 관점에서 생각해보라. 아무 자서전이나 시장(출판계)에서 팔리는 것이 아니다. 적어도 우리 시대 고객(독자)의 욕망에 부합하는 상품(자서전)은 성공한 이들의 생애이다. 아니, 생애라고 말하기도 어렵다. 특정한 위업을 달성하는 시점에서 이야기는 종결되기 때문이다. 경제자본이건, 문화자본(학력, 경력)이건 사회 안에서 자본으로 인정되는 특정한 가시적 성취가 중요하지, 나이는 상관없다.

오랫동안 최고의 상품은 학벌이었다. 1980년대 고시생들의 가슴에 불을 질렀던 사법시험 합격수기 모음집인 『다시 태어난다 해도 이 길을』에 배어 있는 흑백사진의 느낌과 전혀 다른 새로운 시대의 학업 성공기들이 1990년대 들어 차츰차츰 모습을 드러내기 시작했다. 첫 작품이자, 하나의 이정표가 된 것은 케네디를 동경해 그의 여정을 밟아 초튼을 거쳐 하버드에 입학하고 수석졸업에 이르는 이른바 엄친아의 원형을 수립한 홍정욱의 『7막 7장』이다.[11] 더불어 좋은 가정환경으로 인해 오전히 공부에 집중할 수

있었던 홍정욱의 삶과 대비되는 유형의 성공 수기가 오래지 않아 출간되었다. 이는 물론 열등한 청소년기와 막노동하던 처지를 거쳐 서울대학교에 수석입학함으로써 개천에서 용 난다는 진실을 구현해낸 장승수 변호사의 『공부가 가장 쉬웠어요』를 가리킨다.

물론 이외에도 재학중 사법시험 최연소, 행정고시 수석, 외무고시 차석 합격의 3관왕에다 보너스로 서울대 법대를 수석 졸업한 고승덕 전 의원의 『포기하지 않으면 불가능은 없다』, 원형탈모증과 폭식증에 걸린 고교시절을 넘어 미스코리아 진을 거쳐 하버드 입학에 이른 엄친딸의 전형 금나나의 『나나 너나 할 수 있다』와 그 속편격인 하버드대 입학 후의 여정을 그린 『나나의 네버엔딩 스토리』, 가발공장에서 하버드대학원으로의 험난한 여정을 밟은 서진규 박사의 『나는 희망의 증거가 되고 싶다』, 아픈 몸에도 불구하고 서울대를 수석으로 졸업했다는 김동환 목사의 『다니엘 학습법』 등 많은 학업 성공기들이 나와 있다.

여기 소개된 자서전들은 학업 성공기들 중에서도 일부에 불과하며, 이보다 더 많은 업적 과시적인 자서전들이 다양한 형태로 시중에 나와 있는 실정이다. 흥미로운 것은 이러한 성공기의 저자들이 대체로 젊거나 심지어 어리다는 점이다(가령 갓 대학에 입학한 대학 초년생들). 더욱이 이러한 업적 지향적 서술은 독일 교양소설에서 드러나는 인격 성숙의 여정과는 거리가 멀다.

우리는 대체로 그들의 성품이 어떤지를 잘 모르며, 설혹 부정적인 측면을 알게 되더라도 그다지 신경 쓰지 않는다. 많은 이들이 스티브 잡스의 심각한 인격적 약점에도 불구하고 그에게 열광하고 있지 않는가. 평전은 말할 것도 없고, 전기조차도 최소한 우

리에게 윤리적 교훈을 주려고 한다. 그러나 현대의 자기계발적 자서전은 윤리 자체가 아니라 성공을 위한 윤리를 말한다. 우리는 그들의 현실적인 자아 대신에 그들의 업적을 통해 구성된 그들의 이상화된 자아만을 접할 뿐이며, 이들의 가시적 결과에서 대리만족을 경험한다. 일종의 동일시다. 그리고 적어도 한시적으로는 그들에 대한 모방 충동이 발생한다. 따라서 업적 지향적 자서전의 존재의의는 동기부여에 있다고 할 수 있다. 물론 약발이 오래 가지는 않겠지만 말이다.

동기를 부여하는 자기계발서: 성공기

꿈은 생명보다 소중하다.
생명을 잃음은 육체의 죽음이지만 꿈을 잃음은 내 영혼의 죽음을 의미하게 때문이다.
삶은 꿈의 아름다움을 믿고 내일을 향해 질주하는 자의 것이다.

홍정욱, 『7막 7장 그리고 그 후』(위즈덤하우스, 2003)

앞에서 학벌과 학력에 관련된, 비교적 젊은 작가들에 의해 쓰인 자서전들을 주로 다루었다. 이들의 자서전이 높이 평가받고 널리 보급되는 이유는 간단하다. 한국에서 학력과 학벌은 성공의 핵심 요소이기 때문이다. 모두가 알다시피 학력자본은 환금성이 높은 자원이다. 그렇기 때문에 의사나 변호사 등의 전문 직종 종사자들의 대출 신용도가 높은 것이다. 그들의 소득 안정성에 대한 금융권의 신뢰는 두텁다. 물론 대중의 신뢰는 그보다 더 강고하다. 그러므로 대중은 학업 성공을 다루는 자서전들을 소비하지 않을 수가 없는 것이다.

그러나 자기계발서로서의 자서전을 파악하기 위해서는 이 외에도 더 주목해야 할 부분들이 있다. 그 전에 한 가지 질문을 던지겠다. 자기계발 시대에 두드러지는 영웅은 누구인가?

바로 기업인과 연예인이다. 유명 CEO와 인기 아이돌은 이미

일종의 컬트가 되었다. 그들이야말로 현대인의 욕망을 구현하고 성취해낸 인물들이기 때문이다. 그들의 자서전은 훌륭한 상품이다. 청소년은 아이돌을 숭배하고, 성인은 CEO를 역할 모델로 삼기 때문이다. 그리고 출판 시장 또한 수요의 변화에 반응하기 마련이다.

우리 시대의 영웅, CEO

원래 전기나 자서전은 세속적으로든, 종교적으로든 간에 성공한 이들의 몫이다. 이전에는 주로 정치인들이 전기(와 자서전)의 단골이었다. 말했듯이 현실적 가치의 교육수단으로서 전기(성인전, 위인전)가 활용되었고, 자서전도 그 연장선상에 있었다. 그러나 이제 정치가의 자리를 기업가가 대신하게 되었다. 그들이야말로 우리 시대의 가치를 대변하는 인물들이다. 오늘날 성공은 곧 돈과 직결되어 있다. 요새 적잖은 학생들의 꿈이 부자 혹은 CEO이다. 과학자(혹은 노벨상 수상자)로 대변되는 진리의 발견이나, 대통령으로 대변되는 권력과 명예의 획득은 그 자체로는 매개에 불과하다. 지식과 권력, 그리고 명예 등은 환금성을 지니지 않으면 실질적 가치가 없는 것이다.

그렇다면 CEO는 어떤가? 그들에게는 부가 있다. 물론 명예도 따라온다. 그래서일 게다. 최근에 새로이 벤처 창업 열풍이 일고 있는 것은. 요새는 '스타트업 기업'이라고 부른다. 신생 벤처기업을 가리키는 미국 실리콘밸리의 용어란다. 물론 모든 벤처기업에 세 붙일 수 있는 이름이지만, 보통 고위험, 고성장, 고수익 가능

성을 지닌 인터넷 기반 회사를 지칭한다. 대표적인 스타트업 기업으로 페이스북을 들 수 있겠다. 영화 〈소셜 네트워크〉에서 그 창업 과정을 그려내기도 했던 페이스북의 창업자 마크 주커버그 Mark Zuckerberg는 이제 서른이다. 허나 그의 재산은 주식상장 당시에 23조 원으로 평가되었다. 그가 바로 우리 시대 청년들의 영웅이다.

이와 같은 영웅들이 써낸 자서전들이 열렬하게 읽히는 세상이다. 스타벅스의 회장인 하워드 슐츠Howard Schultz의 자서전 『스타벅스』를 보라. 이 책이 사람들을 사로잡은 것에는 그만한 이유가 있다. 스타벅스가 단 하나의 소매점에서 출발해 네슬레 등의 쟁쟁한 라이벌들을 물리치고 전 세계를 대표하는 커피 브랜드로 발돋움하게 된 드라마틱한 과정을 그려내고 있기 때문이다. 그러나 한편으로는 스타벅스에 쏟아지는 비판들에 답변하고 스타벅스의 복음을 땅 끝까지 전파하기 위해 쓰인 변증서이기도 하다. 그리고 무엇보다도 그 목차에 확연하게 드러나듯이 명백한 자기계발서이다.

이러한 저작들에 대한 독자들의 반향은 남다르다. 슐츠의 두 번째 저작인 『온워드』도 자서전인 동시에 자기계발서인데, 그의 내한 강연과 겹쳐 엄청난 반향을 불러일으켰다. 인터넷 상에서 이 책에 대한 수많은 리뷰를 확인할 수 있다(물론 리뷰 공모전 덕분에 상품이 걸려 있다는 사실과도 무관하지는 않을 것이다). 미스터피자의 정우현 회장의 자서전 『나는 꾼이다』를 읽고 나서 과거에 고시 합격수기를 읽었을 때 그랬던 것처럼 가슴이 뛰더라는 리뷰도 있다. 『월가의 황제 블룸버그 스토리』를 감명 깊게 읽었다는 독후

감이나, 엠베스트 대표 김성오의 『육일약국 갑시다』에 대한 열렬한 서평들도 있다.

자본주의 사회의 대표적인 형상으로 자리 잡은 이들 기업인이 현대인의 영웅인 것은 두말할 것도 없다. 그리고 이들의 삶과 가치관이 현대인에게 하나의 모델로 다가오는 것도 분명하다. 그들이 온갖 역경을 무릅쓰고 자본주의의 정점으로 올라서는 과정에 대한 서사는 그 자체로 훌륭한 자기계발적 가르침이 된다. 더욱이 슐츠의 저술에서 보이듯이 자기계발적 교훈을 알아보기 쉽게 정리해놓은 것은 의미심장한 징후이다. 우리 시대의 자기계발 이데올로기에 맞추어 자신의 서사를 재구성한 것에 다름 아니기 때문이다.

청소년의 역할 모델, 아이돌

이렇게 현대인은 영웅적 기업인의 자서전을 읽으면서 자극받고 모델 삼는 동시에 또한 연예인을 동경하고 그들을 역할 모델로 삼는다. 특히 청소년에게 있어서 그 영향력은 절대적이다. 그들은 문자 그대로 아이돌, 즉 우상적인 존재로서 군림한다. 그들의 파급력이 지대하기 때문에 출판계에서의 그들의 상품성 또한 높이 평가받고 있다. 출판사의 제의로 개그우먼 곽현화가 쓴 수학교재는 1만 5,000부가 팔렸다. 수학교재 시장에서는 5,000부가 팔리면 흥행한 걸로 인정받는다고 한다. 연예인의 명성이 전문가의 실력을 압도하고 있는 것이다(그래도 그녀가 수학과를 졸업했다는 사실은 언급해야 정당할 것이다).

이런 상황은 다른 분야에서도 마찬가지다. 연예인들이 연달아 외국어 학습교재를 펴내는 이유도 그들의 영향력에 대한 기대 때문이다. 박경림은 『박경림 영어 성공기』를, 김영철은 『뻔뻔한 영철영어』와 『더 뻔뻔한 영철영어』를 펴냈고, 정선희는 『정선희의 톡톡 튀는 생활 일본어』나 『정선희의 드라마 일본어』를 출간했다. 조혜련은 『조혜련의 박살일본어』에서 『조혜련·조혜숙의 쩐빵 중국어 첫걸음』으로 범위를 넓혀가고 있다. 배두나는 『두나's 런던놀이』 『두나's 도쿄놀이』 『두나's 서울놀이』 등의 포토 에세이(일종의 여행기)를 펴내고, 현영은 『현영의 재테크 다이어리』라는 재테크 서적을 출간하고, 김아중은 『감정 커뮤니케이션』이라는 사회과학서적을 공동 저술했다.

요즘 연예인들은 소설도 출간한다. 구혜선은 『탱고』라는 일러스트 픽션을 내고, 타블로는 『당신의 조각들』을, 차인표는 『잘 가요, 언덕』을 출간했다. 물론 연예인은 미를 대표하는 아이돌이므로 이에 대해서도 쓰지 않았을 리 없다. 유진은 『유진's 뷰티 시크릿』를, 이혜영은 『이혜영의 뷰티바이블』을 펴냈다. 미의 여신들답게 자신의 이름을 제목에 내고 있다. 심지어 남자 연예인 송중기도 『피부미남 프로젝트』라는 책을 냈다. 여하튼 온갖 종류의 책들이 연예인의 이름으로 쏟아져 나오고 있는 실정이다. 말했듯이 전문가로서의 실력보다는 연예인으로서의 명성이 대중에게 더 어필하기 때문이다. 그리고 나는 상기한 대부분의 저작들이 일종의 자기계발서라고 생각한다. 자기계발은 스스로 자신을 인적자원으로 계발하는 것이다. 시간과 인맥은 말할 것도 없고, 외모 또한 자본의 일부이다. 이제 남자도 화장하는 시대가 되었고,

성형수술은 자기에 대한 당당한 투자로 인식된다.

그러나 연예인들이 가장 많이 쓰는 책은 역시 자서전이다. 편의상 주로 에세이 형식을 많이 사용하고 있다. 그들의 자서전은 과거의 성인전의 현대판에 다름 아니다. 그러므로 대필 여부가 중요하지 않고, 그들이 전면에 등장한다는 것이 중요할 뿐이다. 성인전의 내용 상당수가 역사적 허구지만, 독자들에게 의미 있는 것은 성인을 다루고 있다는 사실 그 자체이듯 말이다. 가령 명백한 기획상품인 빅뱅의 자서전 『세상에 너를 소리쳐!』는 대필('정리')임을 처음부터 명백하게 밝혔지만, 흥행은 예정된 것이었다. 이 자서전은 지난 10여 년간 나온 연예인의 저작 중에서 가장 많이 팔렸다고 한다.

그런데 우리가 주목할 것은 빅뱅의 메시지이다. 출판사 측의 변을 따르자면, 초고는 빅뱅이 쓴 것이므로 이 책의 주요한 논지는 빅뱅 그들 자신의 것일 터. 그런데 갓 20대에 들어선 이 젊은 연예인들은 당당하게 말하고 있다. 세상에 너를 소리치고 너 자신을 만들어가라고. "'나 자신'이란 건 없다. 나는 오로지 내가 만들어가는 대로 만들어진다." 이 얼마나 훌륭한 자기계발적 가르침인가. 그러하기에 그들 스스로도 자기계발적 아이돌로 규정하고 있다. "우리는 누군가에 의해 만들어진 아이돌이라기보다는, 본인들에 의해 만들어지고 발전하는 '자가발전형 아이돌'이라고 할 수 있다." 실로 훌륭한 자기계발서가 아닌가.

다른 연예인의 저서라고 해도 다를 바가 없다. 김병만의 『꿈이 있는 거북이는 지치지 않습니다』나 『박경림의 사람』 또한 에세이 형식을 취한 자서전이다. 그리고 양자 모두 자신의 한계를 뚫고

성공을 향해 나아가는 진취적인 교훈을 설파하고 있다. 박칼린의 『그냥』이나 『김연아의 7분 드라마』도 마찬가지이다. 어쩌면 연예계라고 하는 가장 험난한 경쟁 세계에서 살아남았기에 누구보다 더욱 자기계발의 이데올로기를 체현하고 있는 것인지도 모른다. 모름지기 황홀한 아우라를 발하며 뭇 대중을 사로잡는 아이돌이라면 스스로의 힘으로 하늘에 올라야 하는 것이다. 어떤 연예인들은 자서전과 에세이를 통한 간접 전도를 넘어서 아예 본격적으로 자기계발의 복음을 전도하는 자기계발 작가로 나서기도 한다. 김영철은 『치즈는 어디에?』라는 해외 자기계발서를 번역하고, 조혜련은 『조혜련의 미래일기』라는 자신의 미래 서사를 중심으로 구성된 본격적인 자기계발서를 집필했다.

현실과 이상의 간격

계속 말해왔듯이 자기계발의 초점은 자기에 있다. 그냥 해라, 불가능은 없다, 나는 할 수 있어 등 온갖 슬로건으로 포장된 이 복음의 핵심은 자기 가능성에 대한 무한 신뢰이다. 자기계발의 복음은 자기의 극대화 가능성을 신뢰한다. 그리고 자서전에서는 이러한 자기의 가능성에 대한 신뢰가 자신의 성공적인 삶에 대한 술회를 통해 드러나고 있다.

모든 자기계발서는 자전적 성격을 지니고 있어야 한다. 결국 그 책의 저자가 성공해야 한다는 것이다. 가령 외국어 공부의 달인이 외국어 학습법에 대해 써야 하는 것이다. 극적으로 독일어에 귀가 열리게 된 저자 자신의 경험을 소개한 『영어공부 절대로

하지 마라』를 생각해보라. 이는 주식 투자, 부동산 경매, 보험 영업 등 모든 영역에 다 적용된다. 물론 원칙상 그렇다는 것이다. 즉 실제로 그렇지는 않아도 마치 그런 것처럼 보여야 한다. 가령 로버트 기요사키의 경우는 사업을 통해 돈을 벌었다기보다는 『부자 아빠 가난한 아빠』라는 저술을 통해 부를 축적했다. 심지어 외부업체인 러닝아넥스에 지불해야 할 배상금 2,400만 달러를 아끼려고 리치 글로벌의 파산 신청을 한 인간 망종이다. 그러나 모호하게 포장되어 있기에 독자들은 그가 재테크의 달인이라고 믿게 된다.

자서전에 등장하는 이야기들이 모두 진실이라고 보기는 어렵다. 많은 자기계발서들에 등장하는 사례들도 마찬가지이다. 하지만 자기계발서의 핵심은 바로 거기에 있다. 누군가가 성공했다는 인상적 사례 제시와 그렇기에 나도 성공할 수가 있다는 강력한 동기부여. 자서전의 힘이 바로 여기에 있다. 자극과 동기부여의 일정한 가치를 존중할 필요는 있다. 가령 『7막 7장』의 도발적 서사를 통해 많은 이들이 유학의 여정에 나섰다. 하지만 얼마나 많은 이들이 실은 유학의 여정에서 낙오하였던가. 아니, 그 이전에 더 많은 이들에게 있어서 이 책은 그저 찰나의 꿈을 꾸도록 해주는 것에 불과했을지 모른다.

자서전, 즉 성공담들은 그저 '내 귀에 캔디'일 뿐이다. 물론 자서전의 누적적인 독서는 자신의 기존 정체성을 구성하는 과거 서사를 포맷하고, 새로운 정체성을 구성하도록 자극한다. 쉽게 말하면 이런 것이다. 다단계 영업에 뛰어드는 이들에게 흔히 성공한 다단계 영업인이 자서전을 많이 읽으라고들 한다. 왜 이러한

조언을 할까? 스스로를 세뇌시키지 않으면(즉 자아상을 리셋하지 않으면) 견딜 수가 없기 때문이다. 하지만 이러한 조언은 실제 현실과 이상의 간격을 무시하게 함으로써 자아의 분열을 가져온다. 현대의 성공자들을 부각시키는 자서전이 자기계발서의 원형이라면, 모든 자기계발서는 이러한 위험을 공유하고 있다고 봐도 무방하다.

4장

자기계발의 주체

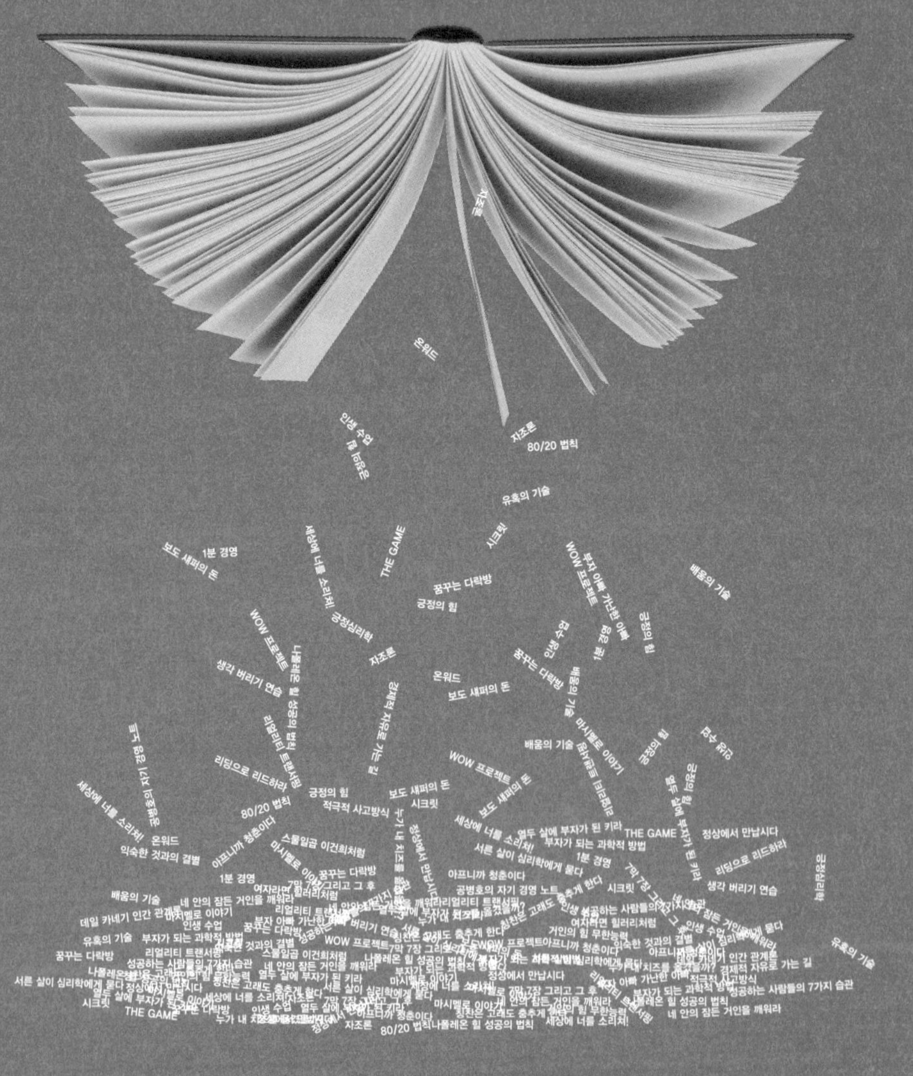

온워드
인생 수업
자조론
80/20 법칙
유혹의 기술
시크릿
THE GAME
1분 경영
보도 섀퍼의 돈
꿈꾸는 다락방
긍정의 힘
배움의 기술
긍정심리학
WOW 프로젝트
생각 버리기 연습
리딩으로 리드하라
적극적 사고방식
익숙한 것과의 결별
아프니까 청춘이다
스물일곱 이건희처럼
정상에서 만납시다
부자가 되는 과학적 방법
서른 살이 심리학에게 묻다
공병호의 자기 경영 노트
네 안의 잠든 거인을 깨워라
데일 카네기 인간 관계론
성공하는 사람들의 7가지 습관
나폴레온 힐 성공의 법칙
세상에 너를 소리쳐!

자기계발의 소비자: 세일즈맨

실수가 두렵긴 하지만 삶에 뭔가 변화가 필요하다고 생각하는가?
그렇다면 네트워크 마케팅 프로그램이 당신의 장기적 개인 발전을 위해 특별한 역할을 해줄 수 있다.
건실한 네트워크 마케팅 회사는 당신의 손을 잡고 두려움과 실패를 넘어서는 삶으로 인도해 준다.
로버트 기요사키, 『부자 아빠의 비즈니스 스쿨』(황금가지, 2003)

이제부터 자기계발 시장의 다변화를 조망하려고 한다. 하지만 다변화 현상 이전에 먼저 그 출발점을 살펴봐야 할 것이다. 따라서 여기에서는 가장 기본적인 시장에 대해 살펴볼 것이다. 원래 자기계발 상품의 적극적인 소비자는 영업인들이다. 자기계발의 발원지라고 할 수 있는 미국의 서부개척시대에는 행상인들이 지역을 순회하며 상품을 보급하였다. 철도가 건설된 19세기에도 많은 제조업자들은 규모의 한계로 인해 직접 판매인들을 통해 판로를 확보하지 않을 수 없었다. 20세기 초엽에 들어서 이들 세일즈맨의 집단화와 전문화가 발생하고, 이에 따라 이들을 위한 교육 프로그램이 요구되었다. 이러한 상황에서 부각된 대표적인 강사들이 이전에 다루었던 나폴레온 힐과 데일 카네기였다. 이들의 등장을 누구보다 환영한 이들이 바로 세일즈맨들이었던 것이다. 대체 왜 그들을 위한 교육자들이 필요했던 것일까.

영업과 자기계발 사업의 공생

영업인들의 보수는 일반 봉급생활자(샐러리맨)들처럼 고정되어 있지 않고, 영업 실적에 따라 주어진다. 따라서 그들은 낯선 이에게 다가가고, 짧은 시간 안에 그들을 설득하며, 이의 실패에 따르는 수다한 거절을 감내해야 한다. 이들의 어려움은 단지 판매하는 상품이 좋다고 해서 해결되지 않는다. 이들에게 더욱 필요한 것은 고도의 자극(동기부여)과 기술(관계형성), 그리고 확신(자기최면)이다. 사실 세일즈맨이 존경받기 어려운 것은 한국이나 미국이나 매한가지다. 그러나 실적에 따른 보상 체계로 인해 여성이나 학력이 낮은 이들이 경제적, 사회적 성공을 위해 택하는 사다리로 애용되었다(요새는 세일즈맨에게도 학력이 요구되고 있는 실정이지만). 그러나 그 사다리를 타고 위로 오르기 위해서는 심리적 장벽을 허물어야 한다. 즉 '적극적 사고방식'을 누구보다 가장 필요로 하던 이들이 바로 영업인들인 것이다.

20세기에 등장한 많은 자기계발서들에서 가장 빈번하게 등장하는 사례가 세일즈맨들의 성공담인 것은 우연이 아니다. 영업인들과 자기계발 강사들 사이에 일종의 순환 관계가 형성된 것이다. 나아가 전문적인 자기계발 강사들뿐만 아니라 스타 영업인들이 직접 강사로 나서기도 했다. 가령 프랭크 베트거Frank Bettger의 『실패에서 성공으로』를 보라. 이 책은 부상으로 은퇴한 스타급 야구선수가 여러 역경을 어떻게 극복하고 마침내 스타급 영업인으로 거듭나게 되었는지에 대한 자전적 서술을 통해 성공적인 세일즈의 방법을 소개하는, 일종의 자기계발서다. 보험 영업에서 실패를 거듭한 그가 실패에서 성공으로 전환하게 된 계기는

바로 카네기의 강좌를 수강한 것이었다. 이후에 그는 카네기의 요청으로 그와 더불어 전국 순회강연을 하게 되었고, 나아가 카네기의 격려로 인해 이 책을 집필하기에 이르렀다.[1]

오늘날에도 영업의 존재는 여전하다. 우리에게 가장 잘 알려진 것이 바로 보험 영업일 것이다. 요새는 명칭을 변경하여 보험설계사나 라이프플래너, 혹은 금융설계사financial planner라고 부르는데, 이는 이미지 쇄신과 더불어 영역 확장에 따른 정체성 변화를 반영하는 것이다. 그러나 영업의 본질은 불변할 수밖에 없다. 바로 잠재적 고객을 설득하여 나의 상품을 판매한다는 것. 그러므로 모든 관계를 이러한 전망하에서 구성할 수밖에 없다. 이는 자기계발 또한 마찬가지이다. 타자를 도구화하고, 관계를 상품화하는 세일즈의 본질이 자기계발의 본질에서도 그대로 재현된다. 이는 선한 기업가라도 근본적으로 자본주의 시스템의 작동하에서 움직일 수밖에 없는 것과 같은 이치라고 할 수 있다. 즉 세일즈나 자기계발을 수행하는 개별적 존재들의 인격에 대한 비판과는 무관하다.

다단계의 등장

20세기 중반에 이르러 전통적인 영업방식과 구별되는 새로운 영업방식, 즉 다단계 영업network marketing이 본격적으로 등장하게 되었다. 그 시원은 전 세기까지 거슬러 올라가야겠지만, 우리가 알고 있는 모습은 1941년에 뉴트리라이트사에 의해 처음 시도되었다. 그러나 활짝 만개한 것은 여기에서 디스트리뷰터로

활동한 리치 디보스Rich Devos와 제이 밴 엔델Jay Ven Andel이 1959년에 창립한 암웨이Amway에서부터라고 봐야 한다. 다단계 영업이 기존의 영업 방식과 구별되는 점은 소비자가 동시에 판매자의 역할을 감당하게 하여 유통 비용을 절감하는 데에 있다기보다 판매자가 다른 판매자를 영입하여 일정한 하부 조직을 구성한 뒤에 그들의 판매에 따른 중개 수입을 올릴 수 있다는 것에 있다. 결국 다단계 영업의 무게중심은 상품 판매가 아니라 사람 유치에 쏠릴 수밖에 없다. 물건 장사가 아니라 사람 장사가 된다는 뜻이다.

다단계 회사가 주장하는 이상적 모습은 고객이 제품에 매료되어 자발적으로 판매자가 되는 것이지만, 중개 수입(을 통한 대박)을 기대하고 영업 조직 구성에 전념하는 것이 다단계의 현실인 것이다. 대박을 향한 욕망이 극단적으로 투영된 것이 바로 불법 피라미드이다. 피라미드는, 우석훈도 지적한 것처럼, 조폭 시장보다 더 아래에 있는 이른바 막장 오브 막장이다. '거마대학생'[2]으로 대표되듯이 피라미드가 기승을 부리고 있다. 88만원 세대가 피라미드에 몰리는 것은 전에 지적했듯이 계급 갈등이 세대 갈등으로 드러나는 양태의 하나이다. 다단계 영업과 피라미드 조직을 무조건 동일시할 수는 없지만, 물건 장사가 아니라 사람 장사라는 면에서 본성상 다를 바가 없다(관심이 있다면, 야마오카 순스케의 『암웨이의 실체』를 참고하기를 바란다). 상황이 이러하므로 다단계 종사자의 인간관계 역시 다단계의 수용 여부를 중심으로 결정된다.

다단계의 종교성

그러므로 다단계 커뮤니티에 대한 사회적 지지와 신뢰가 결여되는 것도 당연한 일이다. 이러한 상황에서 그들에게 종교적 수준의 믿음이 요구되는 것은 피할 수가 없다. 그리고 경제 전망과 회사 상품, 그리고 무엇보다도 자기 능력에 대한 믿음을 확보하기 위해 강력한 동기부여와 자기최면이 요구된다. 다단계 조직은 일종의 종교 공동체이다. 그것도 트뢸치Ernst Troeltsch의 구분을 따르자면 세상과의 일정한 화해를 이루고 있는 교회 유형이 아니라, 세상에서 자기를 분리시켜 특권화된 공동체로 상정하는 종파sect 유형에 해당한다. 교회 유형이 세상 속에 일정한 자리를 잡은 제도화된 공동체를 말한다면, 종파 유형은 세상으로부터 배척받는 사교집단 같은 곳이다. 실제로 사교집단 연구자들은 암웨이와 같은 다단계 업체를 상업적 사교단체로 규정한다. 이는 무엇보다도 다단계와 기독교(의 극단적 양태)의 유사성에서 확인된다.

AA(익명의 알코올 중독자들)를 포함한 미국에서 발원한 많은 단체들이 그 언어나 실행 면에서 기독교적, 더 나아가 개신교적이다. 다단계의 경우도, 여러 면에서 개신교의 실행 방식을 차용하고 있음을 확인할 수 있다. 가령 다단계는 전도한다. 평시에도 외부자들을 개별적으로 설득할 뿐 아니라, 집회에 참석시켜 꿈과 희망을 보여주고, 그들을 포섭한다. 교회의 개별 전도와 전도 집회의 짝퉁이다. 또한 다단계는 간증한다. 교회에서 신의 은총을 경험한 이들이 이에 대해 공동체 안에서 공개적으로 나누듯이 그들 역시 성공에 이르는 이야기들을 반복적으로 나눈다. 더욱이 다단계에는 회심이 있다. 그들의 간증(!)을 듣거나 읽노라면, 변

혁된 세계관을 통해 자신의 과거 서사를 새로이 조명하고 있음을 보게 된다. 그리고 다단계는 모여서 예배드린다. 정기 집회나 특별 대형 집회를 통해 그들의 신앙을 지속하고, 강화시킨다.

앞에서 말했듯이 이들은 세상으로부터 배척받는 사교집단이기에 자기들끼리 뭉칠 수밖에 없다. 뭉쳐야 산다. 서로를 거울로 삼아 신앙을 확대 재생산해야 하는 것이다. 그러므로 다단계는 유사 교회 공동체이며, 나아가 종파 공동체이다. 헌신도 면에서 교회와 다단계는 공존하기 어려운 경쟁 관계라고 할 수 있다(다단계로 인해 분열된 교회들의 이야기도 종종 들려온다). 흥미롭게도 다단계의 입지를 구축한 암웨이가 바로 기독교와 무관하지 않다. 암웨이는 알다시피 'American Way'의 약어로서, 이 기업이 미국적인 방식으로 작동하고 있음을 보여준다. 비록 미국에서는 좋지 않은 평판으로 인해 퀵스타Quixtar라는 이름으로 개명했지만 말이다. 어쨌든 그들에게 미국적인 방식이란 곧 기독교적 방식이다. 이 기업의 공동 창업자들은 네덜란드계로서, 화란개혁주의 전통을 이어받은 개신교인이다. 이들이 추구하는 창업 이념(자유, 가족, 희망, 보상) 속에는 미국과 기독교(개신교), 그리고 자본주의가 삼위일체를 이루고 있다.

다단계와 자기계발의 공생

리치 디보스에게 있어서 미국, 개신교, 자본주의의 조합은 1인 자유기업으로서의 다단계 영업으로 모습을 드러낸다. 다단계야말로 세일즈 업계와 더불어 자기계발(을 통한 동기부여) 없이는 사

업을 진행할 수 없는 대표적인 영역이다. 이들은 교회에서 신앙 수련을 하듯이 치열하게 자기계발을 할 수밖에 없다. 상황이 이러하므로 다단계 업계는 자기계발의 주요 시장이다. 『부자 아빠 가난한 아빠』의 성공도 다단계 업계의 주목으로 인해 촉발된 것이다. 사실 이 책은 탈세에 가까운 절세를 독려하는 등 내용상 논란도 있고, 더욱이 저자인 로버트 기요사키가 사업으로 돈을 벌었는지에 대한 의문도 제기된다. 어쨌든 그의 주장에 따르면 부자 부모나 부자 배우자 없이 스스로 부자가 되려면, 봉급생활자가 아니라 투자가나 기업인이 되어야 한다.[3] 다단계 영업인은 결국 1인 기업이기 때문에 기요사키의 주장에 열광할 수밖에 없다.

1인 기업으로서 성공을 거두기 위해 자기계발에 힘을 쓰는 결과는 무엇일까? 그들이 아닌 다른 누군가가 이득을 본다. 실은 그들이 상품을 판매하고 얻은 수입보다 자기계발을 위해 책자나 테이프를 구매하는 데에 쏟은 대금이 더 많은 경우가 다반사다. 특히 미국의 경우, 다단계 업계의 상급자들의 주요한 수입원이 하부 라인에서 들어오는 중개 수입이 아니라, 자기계발 서적이나 강의테이프 판매에 있다. 애초에 그들의 주장과 달리 상품이 그다지 저렴하지도 않고, 꾸준하게 판매되지도 않는다. 그럼에도 상급자들이 풍요를 누릴 수 있는 이유는 그들의 진정한 상품이 자기계발 프로그램이기 때문이다. 리치 디보스의 저작 『더불어 사는 자본주의*Compassionate Capitalism*』의 부제는 "스스로 돕는 사람들을 돕는 사람들people helping people help themselves"인데, 10장(「스승이란 무엇이며, 왜 우리는 스승이 필요한가?」)에서 멘토의 필요성을 언급하는 것도 이와 무관하지 않다.

다단계는 비전을 내놓지만, 이와 같이 현실은 암담하다. 일부의 성공 사례조차 오래가기 어렵고, 결국 돈을 버는 것은 회사다. 그럼에도 다단계 업계로 사람이 몰리고 있다. 경제 위기로 인해 일자리가 줄어들었기 때문이다. 조정환의 말대로 "오늘날 노동력의 상품화는 더욱더 어려워지고 있고 강제 폐품화와 조기 폐품화, 그리고 상품화의 저지가 일상다반사로 진행되고 있다."[4] 모두가 기업의 부속품이 되고 싶어 안달하고 있는 실정이다. 이런 상황에서 폐품 인생이 뛰어들 수 있는 몇 안 되는 영역이 바로 세일즈와 더불어 다단계이기 때문이다. 일종의 막장에 뛰어든 그들은 자기 최면을 위해 자기계발에 열을 올릴 수밖에 없다. 그들에게 있어서 자기계발은 일종의 마약이다. 자기계발을 소비한다는 것은 그들이 난국에 처해 있다는 신호이다. 결국 자기계발 시장은 사회적 약자를 찾아다니며 주요 고객으로 삼을 수밖에 없다.

자기계발의 소비자: 어린이

네 부모님은 네 나이 때 돈에 대해 제대로 배우지 못했기 때문에 지금의 어려운 상황을 맞게 된 거야. 중국 속담에 이런 말이 있어. '큰 일은 작은 일일 때 시작하라. 모든 큰 일은 작은 일에서부터 시작된다.'

보도 섀퍼, 『열두 살에 부자가 된 키라』(을파소, 2001)

사회 전반이 자기계발에 열을 올리는 것은 사회 전체가 파국에 직면해 있기 때문이다. 하지만 이 심각성을 가장 극명하게 보여주는 것은 어린이의 자기계발이다. 이것은 상당히 그로테스크한 상황이다. 이를 이해하기 위해서는 먼저 어린이라는 개념 자체에 대해 설명해야 한다.

아동기는 일종의 사회적 구조이며, 어린이는 역사적 구성물이다. 구체적으로 시기를 지적하자면 근대의 산물이라고 할 수 있다. 이는 필립 아리에스Philippe Ari s의 『아동의 탄생』 이후에 상식이 되었다. 즉 아동은 결코 자연적으로 발생하는 범주가 아니며, 모든 시공간 안에서 일반화될 수 있는 개념도 아니다. 다시 말해서, 생물학적 유년을 가리키는 것이 아니라 사회적 시선 안에 포착되는 담론적 대상을 지칭하는 것이다.

유년기의 탄생과 소멸

가령 중세의 이콘icon(성화)을 보면, 아기 예수의 얼굴이 영 삭았다. 그게 바로 아이를 보는 당시의 시각이었다. 아동의 의복이나 문화라는 것이 별도로 존재하지 않았다. 아이들은 그저 어른의 축소판일 따름이었다. 이들을 위한 보호막은 취약했고, 영아살해 등의 역경을 뚫고 생존하게 된 아이는 곧바로 어른의 세계로 진입했다. 그러나 17세기에 이르러 아이는 존재론적 의미를 획득하기에 이르렀다. 아이는 보호와 교육의 대상으로 설정되고, 이들에 대한 윤리적 양육의 필요성이 제기되었다. 성인의 문화로부터 보호(!)되어 일정한 교육을 받으며 성인기로의 진입을 준비했다.

특히 근대의 가정과 학교는 생물학적 개인으로서의 어린이를 보호하고, 양육하는 시스템이다. 가정에서 어머니가 들려주는 동화는 권선징악의 윤리적 교훈을 담지한다. 더욱이 기존의 동화와 다르게 근대의 동화는 일반적으로 성과 폭력을 배제한 착한 이야기로 재구성된 것이다. 근대 초기 그림 형제의 동화의 경우에서 보듯이 설혹 신상필벌의 교훈을 위해 폭력적 측면을 남겨놓더라도 성적 측면은 명백하게 삭제시켰다. 학교에서는 마음 이전에 몸을 속박해서 성실한 시민을 양성해냈다.

하지만 현대에 들어와 다시금 유년기가 실종하고 있다. TV와 인터넷 등의 전자매체를 통해 유년과 성인의 문화적 간격이 지워지고 있기 때문이다. 물론 영상물등급위원회의 등급 분류의 목적이 청소년 보호에 있다는 해명에서 드러나다시피 사회는 여전히 미성년들을 보호의 대상으로 취급한다. 하지만 다른 한 면으로는

그들을 성인문화의 영역 안에 옮겨놓는다. 연예계 시장이 10대 아이돌을 섹시 콘셉트로 포장하는 등의 문제에 한정된 것이 아니다. 성인들의 관심뿐만 아니라 성인들의 문제와 고민을 그들에게 그대로 얹어놓고 있다는 것이다. 어린이를 대상으로 하는 자기계발 시장은 이러한 맥락에서 열린다.

예전 아이들은 성탄절 선물을 얻기 위해서 일련의 윤리적 선택을 통해서 부모의 마음을 기쁘게 해야 했다. 유년기 모럴의 동기는 신상필벌로 충분했다. 하지만 지금 아이들의 삶을 추동하는 동기는 현대사회를 살아가는 성인들의 고뇌가 그대로 재현되고 있다. 부모의 불안이 아이의 영혼을 잠식하는 실정이다. 이전에도 우리 어머니들은 엄친아라는 호환마마보다 무서운 장치를 통해 우리를 절망의 나락으로 밀어뜨렸지만, 지금은 불안사회의 무게를 그대로 아이의 뇌리에 심어주고 있다. 다시금 유년은 작은 성년이 되고 있다. 그들에게 가려졌던 성인의 세계가 날것 그대로 공개되고 있다. 실은 유년기가 소멸한다기보다 재구성되고 있는 것일 게다.

이전에는 성인들과 아이들의 학습 대상이 달랐다. 아니 대부분의 성인들은 공부하지 않았다. 고졸자라도 얼마든지 취업할 수 있었고, 대학에 들어가면 매우 저렴한 학점으로 졸업해도 대우가 좋은 일자리를 찾는 데에 어려움이 없었다. 아버지의 급여로 온 가족의 기본적인 생존이 가능했다. 그들에게 자기계발은 선택과목이지 필수과목이 아니었다. 하지만 지금은 부모가 모두 취업전선에 뛰어들어야 하고, 모든 성인들이 자기주도형 학습자요, 평생학습자로 살아야 할 처지가 되었다. 아이들 앞에 펼쳐진 세상

은 지옥이다. 착한 아이가 칭찬받는 것이 아니라 주도적으로 공부하는 아이들이 보상받는다. 그러므로 요람에서 무덤까지 공부해야 한다.

한국의 아이들과 영어몰입교육

아직은 세속의 중력에 매이지 않고 날아가야 할 아이들의 꿈이 부모의 두려움과 절망 앞에서 꺾이고 있다. 부모의 처지를 보고 정규직과 공무원을 목표로 설정하는가 하면, 비전이라는 이름으로 꿈을 상향 조정하면서 풍요의 아이콘인 CEO와 연예인을 들이민다. 엄마의 욕망을 욕망하고, 대중문화로 재현되는 세계 안에 갇혀 산다. 진리를 추구하는 과학자를 꿈꾸는 아이들은 눈을 씻고 봐도 찾을 길이 없다. 유년기에 매우 현실적인 미래를 설계(당)하고 있는 아이들은 무엇을 배울까?

가령 아이들에게 영어몰입교육을 시키고, 경제캠프에 보내고, 적극적 자아상을 심어주는 자기계발 동화를 보게 한다. 언어의 경계는 문화의 경계이다. 특정한 언어는 특정한 정체성을 구성한다. 영어몰입교육의 시행은 한국어를 구사하는 한국인이 아니라, 검은 머리의 미국인을 만들고 싶은 욕망의 구현이다. 그 결과는 영어 실력의 향상이 아니라 정신 세계의 파괴이다. 영어유치원 열 곳이 생기면 소아정신과 한 곳이 생긴다는 말이 소아정신과 의사들 사이에 돌 정도라지 않는가.[5]

아동들로 하여금 종일 영어로 대화하게 하는 영어유치원을 중심으로 한 조기영어교육은 정서적, 인격적 발달을 저해하는 폭력

일 따름이다. 요는 영어가 필요 없는 일반인들에게 영어를 강요하는 사회 분위기를 그대로 아이들에게 뒤집어씌우고 있다는 사실이다. 영어학습을 통한 자기계발과 신분 상승의 추구는 동아시아권에서 유독 심하게 일어나는 현상이다. 우리의 자기계발적 정신세계에 있어서 초자아는 미국이다. 그러므로 아이들을 대상으로 하는 영어몰입교육은 영어권 국가에의 청소년 조기유학으로 넘어간다. 영화 〈우아한 세계〉를 보라. 조폭조차 기러기 아빠가 될 수밖에 없는 현실이다(이제 영어학습은 정신 파괴를 넘어서 가정 파괴의 원인이다). 도대체 누구를 위한 선택인가. 그나마 영어는 오래전부터 가르쳐왔으니 이해할 수 있다. 문제는 경제다.

열두 살에 부자가 되라고 강요하는 사회

앞서 말했듯이 아이들에게 제공되는 동화는 원래 권선징악적인 교훈을 담고 있다. 어린 독자들을 윤리적 주체로 구성하기 위한 목적을 지니고 있기 때문이다. 그러나 현재의 동화는 그 용도가 변경되어 자기계발적 주체를 형성하는 데에 주된 목적을 두고 있다. 자기계발의 목적이 무엇인가. 바로 세속적 성공이 아닌가. 옛날 동화에서는 욕심 많은 부자가 착한 가난뱅이의 원수 혹은 라이벌로 설정되었다. 그러나 요새 쏟아지는 자기계발 우화에서는 오히려 부자가 멘토로 등장한다. 이는 독자의 연령을 불문한다. 아이들의 동화에서도 가치 전도가 발생하고 있다.

『열두 살에 부자가 된 키라』가 좋은 사례가 될 것이다. 이 책은 『경제적 자유로 가는 길』로 유명한 독일의 자기계발 작가인 보도

섀퍼가 집필한 아동 경제동화이다. 키라는 우연히 길에서 개를 데려와 '머니'라는 이름을 붙여준다. 알고 보니 언어능력과 경제관념을 갖추고 있는 머니는 자신을 구해준 보답으로 키라의 경제멘토가 되어 준다. 덕분에 키라는 돈의 소중함을 알게 되고, 재테크를 시작한다. 이 어린 소녀가 시드머니 개념을 배우고, 주식에 손을 댄다. 키라는 부모의 채무와 자신의 낭비라는 경제적 난국에서 벗어나 경제적 자유로 가는 길에 들어선다. 윤리학적 언어 대신에 경제학적 언어로 재구성된 구원 서사인 셈이다.

착하게 살면 복 받는다는 것은 다 헛소리다. 현명하게 금전을 관리해야 복을 받는다. 가정에서 읽히는 동화뿐만 아니라, 학교에서 사용하는 교과서도 이러한 가치관을 주입하고 있는 실정이다. MB정권에 들어 초등 경제교과서는 경제이론 중심에서 시장경제 중심으로 초점을 옮겼다. 정부의 위기관리 대책 회의에서 내놓은 '경제 교육 활성화를 위한 종합 대책'의 일환이란다. 『선생님, 돈이 참 재밌어요』는 그렇게 해서 나온 교과서이다. 미국 경제교과서 20여 종을 분석한 결과를 가지고 한국 실정에 적합하게 제작했다는 어린이 경제교과서의 첫 권이란다. '동양자녀사랑경제캠프' 같은 어린이 경제, 투자 캠프도 늘어나고 있다. 자녀를 경제캠프에 보내지 않으면 사랑한다고 말할 수가 없는 사회가 되었나 보다.

빛나는 미래를 꿈꾸는 자기계발적 어린이

자기계발은 논이나 맹이 같은 특정한 기술이나 지식을 전수하

는 것에 머무르지 않고, 삶의 전반을 계발과 재구성의 대상으로 삼는다. 이러한 자기계발의 개념을 아이들에게도 그대로 적용하고 있다. 가령 30권으로 이루어진 '어린이 자기계발 동화' 시리즈의 면면을 보라. 『어린이를 위한 배려』『어린이를 위한 끈기』『어린이를 위한 자율』『어린이를 위한 약속』『어린이를 위한 나눔』『어린이를 위한 경청』『어린이를 위한 절제』『어린이를 위한 비전』 등 그야말로 성인들을 대상으로 한 기존 자기계발서의 리라이팅에 불과하다. 이제 다시금 아이는 작은 성인으로 취급받고 있는 것이다. 중세와 같이 아이들을 위한 안전망이 사라지고 있다.

그러므로 이런 품성 함양은 그 자체로 목적이 아니라 사회적 성공의 발판으로 기능한다. 프랭클린이 자서전에서도 밝히고 카네기가 노골적으로 보여주듯이 품성의 함양과 사회적 성공이 연결되는 것이다. 결국 자기계발 동화들 역시 이러한 사회적 성공을 염두에 두고 기획된 것이다. 여기저기에서 쏟아져 나오는 자기계발서 시리즈의 제목을 보라. '리더가 되는 자기계발 동화', '긍정을 키우는 자기계발 동화' 시리즈, '애플림 자기주도 학습동화' 시리즈 등. 마지막 시리즈의 경우에는 "두뇌개발과 잠재력을 끌어올려주는 자기주도 학습동화!"라는 안내 문구가 전면에 붙어 있다.

자기계발 전문작가들도 아이들을 위한 자기계발 동화를 여러 권 집필했다. 가령 고정욱과 공병호가 같이 썼다고 하는 『빛나는 미래를 꿈꾸는 어린이를 위한 다이아몬드』와 『진정한 리더를 꿈꾸는 어린이를 위한 오아시스』나, 이지성의 『어린이를 위한 여자라면 힐러리처럼』. 이것 역시 마찬가지 아닌가. 아이들에게 빛나

는 미래와 진정한 리더를 꿈꾸게 하고, 세상 모든 딸들의 꿈을 응원한단다. 우리 시대의 아이들은 너무 피곤하다. 사회의 어른이 심어준 꿈일랑 접어두고, 그냥 자기 하고 싶은 대로 놀게 놔두면 안 되는 걸까? 안 된다. 아이의 미래가 불안하기 때문이란다. 실은 부모의 마음이 불안하기 때문일 게다.

아이들을 영어 지옥에 내던지고, 일찌감치 자본의 미로를 헤매게 만들며, 자기계발적 주체로 신음하며 살아가게 독려하는 모습은 우리를 억압하는 위기사회의 척도를 가늠하는 지표라고 할 수 있다. 이 모든 것의 이면에는 성원의 불안을 통해 사회를 통제하고, 기존 체제를 유지하려 하는 어떤 의도가 있다. 노후의 불안을 자극하는 목소리의 주요한 발원지가 연금보험의 수입을 기대하는 생명보험회사이고, 은퇴 후의 안전한 삶을 위해서는 기본적으로 10억이 필요하다는 주장의 발원지가 금융업계인 것처럼 말이다. 하지만 정작 불안을 매개로 돌아가는 자기계발의 수레바퀴에 빨려 들어가는 이들은 불행하다. 그리고 아이들은 우리보다 더욱 불행한 삶을 살아가고 있다. 그들에게 자기계발은 고문이다.

자기계발의 소비자: 여성

나는 고객들에게 '더 이상 소녀처럼 굴지 말라'고 조언한다.
사실 그것은 '배운 대로 행동할 필요는 없다. 당신에게는 선택권이 있다.
당신의 역할을 여자애가 아닌 리더로 확대·발전시켜라'는 의미로 해석할 수 있다.

로이스 P. 프란켈, 『소녀를 버리고 여자로 승리하는 101가지 방법』(해냄, 2004)

아이들을 자기계발의 소비자로 상정하는 것은 우리 사회의 불안한 현실을 보여주는 극단적 징후이다. 이때 자녀는 어머니의 욕망을 투사하는 방편일 뿐이다. 아이의 미래가 불안하다고 느끼는 것은 곧 엄마 자신의 마음이 불안하다는 것을 의미한다. 자기계발의 수레바퀴는 불안을 매개로 해서 돌아간다. 이는 결국 여성 자신이 자기계발에 열정을 투입하게 만드는 상황의 연장선상에 놓여 있다. 즉 이러한 자기계발의 광풍 속에는 불안한 사회 속에서 안정을 확보하고자 하는 여성의 욕망이 도사리고 있다. 여성의 불안이 아이의 영혼을 잠식할 뿐 아니라, 자신의 영혼을 파괴하고 있는 실정이다. 그러므로 여성의 자기계발 열광을 이해하려면 그녀들의 불안을 이해해야 한다. 그 또한 여성이 현실에 적응하는 나름의 방식이기 때문이다.

불안사회가 추구하는 안정성의 덕목

지그문트 바우만Zygmunt Bauman은 우리 사회를 액체사회liquid Society로 규정한다. 극도의 유연성이 지금의 사회 구조를 지배하고 있기 때문이다. 유연한 노동시장, 유동하는 금융자본, 해체되는 공공복지, 팽창하는 개인주의 등으로 가시화되는 항구적 불안정 체계가 바로 우리 사회의 본질이다. 우리의 실존을 규정하는 핵심은 곧 불안이다. 하지만 이 불안사회 속에서 주관적으로 느끼는 불안의 정도는 여성이 더 강하다. 『나는 남자보다 적금통장이 좋다』고 그녀가 말하는 이유도 결국 안정성 때문이다. 대형 냉장고 하나 갖게 되었다고 해서 더는 "여자라서 행복해요"라고 말할 수가 없는 세상이 되었다. 남자에게 의존하는 대신 『부자 아빠는 아내가 만든다』고 부르짖고 있는 현실이다.

외부에서 안정성을 찾을 수가 없어 스스로 자구책을 도모하게 만드는 이러한 정황은 확실히 비정상적인 것이다. 매슬로우Abraham H. Maslow의 5단계 욕구설을 따르자면, 안전 욕구는 두 번째에 해당한다. 생리적 욕구를 제외하면 가장 밑바닥에 속하는 욕구인 것이다. 안전 욕구가 충족되기 어려운 사회를 살아가고 있기 때문에 바로 그 위에 자리하는 애정(소속) 욕구를 추구할 형편이 아니다. 이것이 바로 사랑 대신에 돈에 중독되기 시작하는 이유이다. 이 '불확실성의 시대'에는 '뭐니 뭐니 해도 머니'인 것이다. 『4개의 통장』과 같이 아끼고 모으는 식의 보수적인 재테크를 중심으로 하는 저작들은 확실히 여성들이 더 많이 읽었다. 사실 남자의 대뇌용적량을 따져본다면, '급여, 소비, 예비, 투자'의 네 범주로 통장을 관리한다는 것은 거의 불가능에 가까운 미션일

게다(그런 것은 남자의 자격에 들어가지 않는다). 남자는 주식과 같은 모험적인 투자 방식에 더 관심을 갖는다. 이 또한 그가 세상을 지각하는 방식과 무관하지 않다.

다시 말하지만, 남녀가 느끼는 불안의 정도가 다르기에 이런 상황이 발생하게 되는 것이다. 이지성을 베스트셀러 작가로 만든 것은 여성 독자다. 그의 저작 가운데 최초로 성공한 것이 바로 『여자라면 힐러리처럼』이었고, 그의 팬들 가운데 유독 여자들이 많다는 것도 주목할 만하다. 미키 맥기가 『자기계발의 덫』에서 잘 보여주었듯이, 스티븐 코비의 『성공하는 사람들의 7가지 습관』이 상정하는 자기계발적 주체는 남성적이다. 이것도 그나마 노력에 상응하는 대가를 기대할 수 있는 상대적으로 안정된 사회에 대한 믿음이 있었을 때의 이야기다. 하지만 『시크릿』과 마찬가지로 사고(방식)의 변혁을 통해 삶의 변혁을 도모하는 신비적 자기계발을 제시하는 『꿈꾸는 다락방』의 작가는 불안사회의 도래로 인해 극도의 불안정성을 체감하는 여성 독자에게 강력하게 어필한다.

부자 아내로 거듭나는 내조의 여왕

여성이 살아가는 현실에 대해 좀더 살펴보자. 앞에서 현대인, 특히 현대 여성의 실존을 규정하는 핵심을 불안이라고 했다. 안정성을 추구하게 만드는 여성의 불안은 그녀가 세계와 관계하는 양태를 담지한다. 여성이 불안의 정조를 통해 경험하는 한국 사회는 과연 어떠한 세계인가. 사회적 기반이 총체적으로 허물어져

모든 부담을 자신의 어깨 위에 올려야만 하는 상황이니, 결코 아름다운 세계는 아닐 게다. 남편 하나만 잘 문다면 일생을 보장받을 수 있다고 생각되던 시절은 지나갔다. 이제 한국에서 여자가 생존하기 위해서는 많은 것을 체득해야 한다. 직장에서는 업무의 프로, 가정에서는 내조의 여왕이 되어야 하며, 아이 앞에서는 교육의 전문가가 되어야 한다. 그것으로도 모자라 급기야 경제의 전문가로 거듭나지 않으면 안 되는 상황이 된 것이다. 문자 그대로 올라운드 플레이어가 되기를 요구받고 있는 실정에서 여성들이 느끼는 중압감은 엄청나다.

우선은 직업. 대부분의 가계 경제가 남성 가장의 단독 플레이로 충당될 수가 없기에 거의 모든 여성들이 가정 바깥으로 나가 직업을 구하고 있다. 요즘 미혼남들은 맞벌이를 결혼의 기본 조건으로 제시한다. 그럼에도 가사의 부담은 줄어들지 않는다. 더욱이 지금은 자기계발의 시대가 아닌가. 가사도 탁월하게 해내야 한다. 미국판 내조의 여왕인 마사 스튜어트를 보라. 증권브로커로 사회생활을 시작한 그녀이지만, 결국 살림 기술을 사업 콘텐츠로 삼아 성공하지 않았던가. 책도 내고, 자기 이름을 딴 TV 프로에도 출연하고, 무엇보다 마사 스튜어트 리빙 옴니미디어(MSLO)를 설립하면서 승승장구하던 그녀이다. 비록 주식 부당거래가 발각되어 구속 수감되었다지만, 원래 날개가 없다면 추락도 못 하는 법. 그녀는 힐러리와 더불어 현대 여성의 소중한 역할 모델이다. 전성원이 『누가 우리의 일상을 지배하는가』에서 지적했듯, 그녀는 "행복한 가정이라는 거대한 환상을 판매하는 살림의 여왕이다."

더욱이 여자는 교육의 전문가가 되어야 한다. 자녀의 성공(명문대 입학)을 위해서는 할아버지의 경제력과 엄마의 정보력, 그리고 아빠의 무관심이 필수적이라고 강남 엄마들은 말한다. 하지만 엄마들의 열성은 정보수집을 넘어서 자녀 인생의 총괄 매니저로 나서기에 이른다. 사커맘, 미니밴맘, 헬리콥터맘 등은 비록 영어권의 표현이지만, 한국의 엄마들에게도 그대로 적용된다. 자녀 교육에 올인하는 모습 가운데 동서양이 하나로 화합되는 실로 눈물나는 광경이 아닌가. 엄마의 이러한 헌신은 일종의 연장된 자기계발이라고 봐도 무방하다. 아이의 자아에 자신을 투영하고, 아이의 삶에 자신을 연동하여 살아가고 있기에 아이의 성공이 곧 그녀의 성공인 것이다. 아이와 엄마를 떼려야 뗄 수 없게 된 상황이다.

그러고도 모자라서 우리의 엄마는 재테크에 있어서도 전문가가 되어야 한다. 물론 이는 자녀 교육 문제와 긴밀하게 연결되어 있기도 하다. 능력 있는 엄마는 자식의 등록금을 학자금대출에 맡기지 않는다. 자녀의 미래를 열어주려면, 체계적인 학비 마련을 기본으로 전제해야 한다. 『4개의 통장 2』의 프롤로그 제목은 '대학 등록금 1000만 원 시대의 풍경'이다. 부모 99%가 아이 때문에 돈 걱정을 한다면서, 저자가 딸아이의 100일 되는 시점부터 시작하고 있는 학자금의 재정 플랜을 소개하고 있다. 이 정도는 해주어야만, 자녀 교육과 가정 경제를 말할 자격이 주어진다. 그러나 이보다 더 중요한 것은 극심한 양극화 사회 속에서 어서 하류를 벗어나 상층부로 진입해야 한다는 것이다. 즉 그녀는 부자가 되어야 하는 막중한 사명을 부여받게 되었다.

로버트 기요사키는 부자가 되려면, 부자 부모나 부자 배우자를 두던지 아니면 스스로 부자가 되라고 했다. 일반적으로 남자의 경우에는 타고난 부자가 아니라면, 스스로 부자가 되어야 한다고 생각한다.[6] 부자 아빠를 두지 않은 여자의 경우에는, 부자 배우자를 찾거나 스스로 부자가 되는 길 사이에서 선택할 수가 있다. 부자 남친을 만나는 법이나 멋진 남자를 만나기 위해 스스로를 마케팅하는 법에 대한 책도 쉽게 구할 수가 있지 않나. 『발칙한 여우! 넌, 꼬리가 몇 개니?』에 소개되는 방법은 매우 구체적이다. 부자 남친을 향한 욕망을 솔직하게 드러내는 그녀에게 누가 돌을 던지겠나. 죄 없는 분이 먼저 돌을 드시라.

여자가 풍요를 누리기 위해서 부자와 만나는 것은 가부장제 사회 속에서 극히 합리적인 선택이라 할 수 있다. 그러나 이제 비중이 후자, 즉 스스로 부자가 되는 것에 쏠리고 있다. 앞서 언급하였듯이 아내가 주도적으로 이끌거나, 아니면 최소한 같이 만들어가는 상황이 된 것이다. 『부자 아빠는 아내가 만든다』나 『결혼과 동시에 부자 되는 커플리치』와 같은 책의 제목이 보여주는 것이 그것이다. 심지어 노후의 안정을 위해 꼭 필요한 금액이라는 10억의 마련을 삶의 방향으로 설정하고 있는 '텐인텐—10년 10억 만들기' 같은 카페가 등장하여 열화와 같은 성원을 받고 있는 것이 달리 이유가 있겠는가. 이 카페의 원래 이름은 '맞벌이 부부 10년 10억 모으기 카페'였다. 결국 자기계발 시장이 하고 싶은 말은 "돈을 버는 여자가 주도권을 쥔다."는 것이다. 이지성이 『여자라면 힐러리처럼』에서 강조했던 바이기도 하다. 그러나 힐러리처럼 뛰어난 여자라도 남자보다 많은 돈을 벌어야 비로소 남자에게

진정한 영향력을 미칠 수 있다.

무거운, 너무나 무거운 그녀의 야망

자기계발 시대를 살아가는 여성들에게는 전통적으로 여성에게 주어진 부담을 압도적으로 초과하는 과중한 미션이 주어진다. 물론 마음과는 다르게 현실과의 간격은 빙하의 크레바스처럼 깊숙이 벌어지게 마련이다. 그러므로 대부분의 경우는 자기계발서를 통해 찰나적인 위안을 받는 것에 그치고 만다. 로또를 사서 일주일 정도 인생역전의 꿈을 꾸는 것처럼 말이다. 이 정도라면 그래도 괜찮은 편이다. 문제가 되는 것은 자기계발서의 가르침에 진지하게 반응하기 시작할 때이다. 주변에서 볼 때에 사고방식이나 언어 습관, 인간관계 등에 있어서 무언가 위화감이 발생하게 된다. 문자 그대로 광신도의 느낌이 난다. 하지만 역시 여기에서도 대체로 어느 지점에서 멈추거나, 실패로 끝나게 마련이다. 그런데 극히 일부가 정말 깊은 감화를 받고 삶이 근본적으로 변화되기도 한다. 이 경우야말로 가장 문제라고 할 수 있다. 잘못된 치료 방식으로 인해 근본적인 문제가 해결되기는커녕 더욱 악화될 수 있기 때문이다.

픽업아티스트와 마찬가지로 자기계발에 몰입하는 이들의 마음 깊숙한 데에는 큰 구멍이 나 있는 경우가 많다. 자기계발로 이 빈틈을 메울 수는 없다. 오히려 자기계발이 이 빈틈을 더 키울 수도 있다. 자기계발이 불어넣은 야망 덕분에 멀리 있는 이상을 좇느라 눈앞에 있는 현실을 외면하게 되고, 나아가 그 현실과의 간

격을 견디지 못해 파괴적인 선택을 하게 되는 경우도 보게 된다. 가령 부부의 갈등이나 육체의 고통 등 어려운 상황에 직면하게 될 때에 그 고통 자체로 어려워하는 일반인들과 달리 자기계발의 열혈 신도들은 그 고통을 억압하고 애써 긍정해야 하는 부담까지 지게 되어 훨씬 더 고통스러울 수 있다는 뜻이다.

도대체 커플리치couple rich가 다 뭔가. 리치 커플 된다고 살림살이가 나아지나. 헬리콥터맘은 또 무슨 필요인가. 그러면 아이가 행복해지나. 하지만 자기계발이라는 영매의 입을 빌려 이 사회는 여성들, 특히 엄마들을 밀어붙인다. 그녀들이 갤리선의 노예처럼 피땀 흘려 노를 저을 때, 그들의 힘을 갈취하여 이 사회가 앞으로 나아가는 것이다. 자기계발은 그녀들에게 꿈과 야망을 심어주는 대신에 생명력을 빨아먹는다. 이건 단지 여성들에게만 한정되는 것이 아니라 자기계발에 매달리는 모든 약자들에게 적용되는 이야기이다.[7] 자기계발 상품의 구매는 대가를 치를 수밖에 없다. 또한 소비의 강도에 비례하여 그 대가는 더 커지게 마련이다. 약자의 빈틈을 파고들게 마련인 자기계발의 미혹에 넘어가면 인생이 피곤해질 뿐이다. 그리고 가부장제 사회 속에서 누구보다 더 혹독하게 대가를 치르는 이는 여성들이다.

자기계발의 소비자: 직장인

기업은 미래의 CEO를 위한 직업 경력 구축 프로젝트를 갖고 있지 않다.
다시 말해 기업은 어떤 특정인을 CEO로 키우기 위한 프로그램으로 갖고 있지 않다.
따라서 당신은 자신의 운명 및 직업 경력을 스스로 책임져야 한다.

제프리 J. 폭스, 『How to become CEO』(황금가지, 2001)

수없이 많은 자기계발서가 출간되어 있지만, 그 중에서 우리가 가장 일상적으로 접하는 자기계발서는 남성 직장인을 대상으로 한다. 프랭클린의 자서전과 스티븐 코비의 『성공하는 사람들의 7가지 습관』으로 대표되는 표준적인 자기계발서가 상정하는, 자기계발의 기본적인 소비자가 바로 남성 직장인인 것이다. 개인이 성공 의지를 행사하기 때문이든, 회사가 인적자원을 관리하기 때문이든 간에 현실적으로 가장 넓은 자기계발서 시장이라고 할 수 있다. 이들의 소비에 그들의 욕망이 반영되는 동시에 소비 자체가 그들의 자아와 세계를 구성하게 된다. 이번 글에서는 이들이 소비하는 가장 평범하고 무난하게 보이는 자기계발서들을 통해 구성되는 세계상에 대해 다뤄보고자 한다. 물론 이 세계는 일차적으로 직장을 통해 다가온다. 곧 직장이 그들의 주된 세계이다.

노동자와 자기계발

우선 직장인들이 소비하는 자기계발 상품에 대해 알아보자. 여기에서 판매되는 상품들은 단연 업무 능력 향상을 중심으로 구성되어 있고, 여기에서 삶의 전체 영역으로 확장된다. 업무 능력의 중심에는 시간 관리와 마인드 관리, 그리고 리더십과 네트워크 형성이 놓여 있다. 그리고 주로 영어를 지칭하는 외국어 구사 능력과 유머 감각이나 PPT 구사를 포함한 커뮤니케이션 능력 등이 주변을 두르고 있다. 또한 외곽에는 미루기에 대한 극복과 버리기에 대한 조언이 배치되어 있다. 물론 그 사이에 온갖 종류의 기술들이 산재해 있다. 그리고 이 모든 것을 통해 추구하는 금전에 대한 기술, 즉 재테크가 덧붙여진다. 마치 차나 오디오를 구입하는 것과 같아서 일단 발을 들이면, 끝없이 그 수렁에 빠져들게 된다.

자본주의의 부산물답게 자기계발 시장에서 공짜는 없다. 무엇보다 자기계발 서적을 읽고, 과정을 이수하려면 적잖은 돈이 필요하다. 하지만 노동력의 원만한 재생산을 위해 직장에서 일정 비용을 지원해주기도 한다. 그럼에도 역시 개인적으로도 재정이 아니라도 시간과 체력 상으로 비용을 투자해야만 한다. 따라서 시간 '경영'과 건강 '경영'이 필요하다. 무엇보다 원활한 학습의 시간을 확보하기 위해서는 새벽에 일어나야 하고(물론 『아침형 인간』을 읽어야 한다), 저녁에는 개인적 친교 활동의 많은 부분을 포기해야 한다. 이를 통해 우리는 자기계발이 원래 훌륭한 노동자를 산출하는 데에 기여하는 효과적인 이데올로기라는 평범한 사실을 다시 한 번 확인하게 된다.

하지만 여기에서 주목하고자 하는 것은 노동자가 주로 소비하

는 자기계발서를 통해 구성되는 세상은 현실을 어떻게 재현하고 있는가이다. 이는 세상을 인식하는 패러다임의 구성과 세상을 살아가는 삶의 태도를 형성하는 데에 영향을 미친다. 표면적으로 보기에는 희망찬 낙관적 세세상을 구현하고 있는 것으로 보이겠지만, 그 이면에는 다른 그림이 있다. 물론 그 이면에 있는 그림 자체가 단일한 색채로 구성되어 있지 않을뿐더러 서로 모순되는 경우도 적지 않다. 하지만 그럼에도 두어 가지의 주목할 만한, 흥미 있는 세계상이 있다. 하나는 전장戰場이고, 다른 하나는 도장道場이다.

밀림 혹은 전장으로서의 직장

직장인들을 움직이는 동력은 돈과 권력이다. 회사 내에서 휘두르는 권력은 직장에 몰입하게 만드는 당근의 역할을 한다. 그리고 이것은 직장을 채찍이 난무하는 지옥으로 만든다. 사실 직장인, 더 정확하게 말해서 남성 직장인들을 상대로 하는 자기계발서들이 상정하는 직장의 세계는 사나운 짐승들이 어슬렁거리는 밀림 혹은 적군과 싸우는 전장이다. 이들이 즐겨보는 자기계발서 가운데 높은 비중을 차지하는 것이 바로 사내 정치에 대한 것이다. 데이비드 브룩스가 쓴 책의 제목과 같이 업무를 통해 자아실현을 도모하는 직장인들은 '소셜 애니멀social animal'이다. 그들에게 작동하는 것은 보노보의 평화로운 공존의 기예가 아니라, 프란스 드 발Frans de Waal이 보여주는 '침팬지 폴리틱스'이다.

그러므로 직장인들이 협상에 대해 관심을 가지는 것은 당연한

것이다. 직장인들의 협상 바이블로 널리 읽혀온 허브 코헨의 『협상의 법칙』이나 원저를 임의로 축약했다고 해도 과언이 아닌 스튜어트 다이아몬드Stuart Diamond의 『어떻게 원하는 것을 얻는가 *Getting More*』 등도 마찬가지로 결코 평화로운 세상에서의 목가적인 삶의 양식을 전제하고 있지 않다. 이종오의 『후흑학』이나, 역자 신동준이 같은 제목으로 집필한 책도 마찬가지가 아닌가. 실리를 위해 도덕을 폐하라는 메시지를 담은 후흑학은 중국의 『군주론』이라고 할 수 있겠다(최근 고대의 통치학이 다시 복원되는 이유는 곧 자기계발과 맞닿아 있다). 2012년에는 김경준의 『지금 마흔이라면 군주론』도 출간되었다.

사내 정치의 치열한 면모를 잘 보여주는 저작으로 캐서린 리어돈Kathleen Reardon의 『이너서클*The Secret Handshake*』을 들 수 있다. 이 책의 부제는 '조직 내 파워게임의 법칙'으로 직장 업무의 핵심을 정치로 파악한다. 미취업 청년들이 이 책을 읽을 경우에는 직장에 대한 환멸을 품게 될 가능성도 있다. "친절한 말 한 마디에 총을 곁들이면 좀 더 많은 것을 얻어낼 수 있다"는 알 카포네의 말의 주해서라고 해도 무방할 『마피아 경영학』(V 지음)도 본질적으로 유사한 시각을 담고 있다. 침팬지 폴리틱스의 정수가 여기에 있다. 스탠리 빙Stanley Bing의 『마키아벨리라면 어떻게 할까? *What Would Machiaveli Do?*』도 마찬가지이다. 이 책들은 고전의 외피를 두르고 점잖게 다가가는 방식과는 달리 아예 뻔뻔하고 몰염치한 방식으로 세상을 본격적으로 드러내고 있다.

밀림과도 같은 세상 속에서의 관계는 기본적으로 갈등의 프레임 속에서 작동할 수밖에 없다. 직장 내의 이러한 관계를 카인과

아벨의 갈등 구도로 다루는 『직장 내 정치학의 법칙*Cain and Abel at work*』(게리 랭·도드 돔키 지음)이라는 책도 있다. 이 책의 원제는 '직장에서의 카인과 아벨'이다. 여기에서 카인은 성경에서 그러하듯이 내게 해를 끼칠 인간들이고, 아벨은 바로 우리이다. (고객을 카인으로 몰아세울 수는 없는 노릇이니까.) 급기야 인간관 자체가 왜곡되기 시작하는 것이다. (물론 모든 인간을 카인으로 보는 것은 아니다.) 어쨌든 이 모든 저작들이 상정하는 세계는 갈등과 투쟁으로 얼룩지고, 암투와 모략으로부터 자신을 지켜야 하는 전장일 따름이다.

이러한 맥락에서 로버트 그린Robert Greene의 『유혹의 기술*The Art of Seduction*』은 진화된 통치술을 제시한다. 유혹자를 유형별로 분류한 이 매력적인 책은 제목에서 느끼는 섹슈얼한 뉘앙스를 넘어 실제로는 인간을 지배하는 기술에 대한 책으로 활용되고 있다. 먹히지 않기 위해 먼저 잡아먹어야 하는 살벌한 세계를 살아가는 직장인들에게 애용되는 것도 당연한 일이다(심지어 다이제스트판도 출간했을 정도다). 아마도 이 책의 인기에 힘입어 제목을 맞춰서 번역한 것으로 보이는 『아부의 기술*You're too kind*』도 나와 있는데, 부제 그대로 '전략적인 찬사, 아부에 대한 모든 것'을 다루었다. 정말 아부에 대한 모든 것이 소개된다. 심지어 신이 원하는 아부는 무엇인지에 대해서도 다루고 있으니 기독교인이 읽어도 무방하다.

학교 혹은 도장으로서의 직장

이러한 관점에서 등장한 자기계발서는 엄청나게 많다. 밀림과도 같은 직장(을 통해 구현되는 세상)에 일정한 안정을 부여하기 위한 방법은 법칙을 찾는 것이다. 가령 미국의 대표적인 지도력 전문가인 맥스웰John C. Maxwell의 『신뢰의 법칙 *Winning with People*』도 냉정하게 따져보면, 불신이 만연한 현실을 반영한다. 이를 테면 직장의 모든 업무와 인생의 모든 영역을 최소 단위로 분할하여 그대로 재현할 수 있는 프로세스로 재구성하여 제시하게 만드는 것이다. 모든 것에는 방법이 있다. 버리는 것에도 기술이 필요하고(『버리는 기술』, 다츠미 나기사), 휴식에 대해서도 연구가 필요하다(『Off학』, 오마에 겐이치). 이와 같은 매뉴얼에 대한 강박의 근저에는 세상의 불안으로부터 벗어나고자 하는 욕망이 작동하고 있는 것이다.

세상의 모든 지식과 실천 대상을 분해하여 재현 가능한 프로세스로 재구성하는 시도는 전장으로서의 세상을 학교로서의 세상으로 바꾸는 결과를 가져온다. 결국 이러한 유형의 자기계발서의 이면에서는 자기계발서의 독자들로 하여금 세상을 학교 내지는 배움의 도장으로 보게 만드는 일정한 프레임이 형성될 수밖에 없다. 엘리자베스 퀴블러-로스Elisabeth K bler-Ross의 『인생 수업 *Life Lessons*』과 같은 뉴에이지 계열의 자기계발서들의 가르침조차 이러한 프레임 안에서 작동하고 있다. 불안 대신에 확신을 찾으려는 이러한 노력은 급기야 학습법에 대한 열광으로 이어진다.[8] 흡사 무술 수련 자체보다 무술 비전秘傳에 관심 갖는 얼치기 무도인들처럼 말이다.

체스(두뇌)와 태극권(육체)이라는 두 상반된 영역에서 세계 챔피언이 되었던 조시 웨이츠킨Josh Waitzkin의 『배움의 기술*The Art of Learning*』 같은 책이 널리 읽힌 것은 조금도 놀라운 일이 아니다. 독서 경영이나 인문 경영이 널리 유행하게 된 것도 마찬가지이다. 상황이 이러하니 심지어 경영학 전공자가 고전에 대해 책을 펴내고, 미숙한 독서가들이 독서법이나 서평집을 내고 있는 형편이다. 가령 공병호가 고전 해제를 내는 것에 대해 도대체 뭐라고 말해야 좋을지 모르겠다. 어쨌든 사람들은 불안한 현실을 건너기 위해 학습법을 학습의 대상으로 삼아 메타적인 안정감을 확보하려고 한다. 그리고 여기에서 청(소)년과 직장인이 하나로 묶이게 된다. 이들이 모두 학생이 되는 것이다.

청소년을 대상으로 하는, 조승연의 『NEW 공부기술』이나 『생각기술』은 성인을 대상으로 하는 학습의 기술을 다루는 자기계발서들과 본질적으로 다르지 않다. 통상적으로 청(소)년은 학생, 곧 배움의 주체로 이해된다. 가령 박경철의 『자기혁명』을 보면, 청년기에 필요한 것은 "발산이 아니라 응축"이며, 청년기는 곧 "한 인간이 전 방위적으로 성장할 수 있는 기본능력을 배양하는 기간"이다. 청년은 아직 더 배워야 한다는 것이다. 물론 이 교육은 누군가의 주입보다는 자기주도형 학습으로 진행되는 것이다. 자기계발이라고 하는 콘텐츠의 속성과 어울리지 않는가. 그렇기 때문에 청년기는 "굴종하지 않고 노예가 아닌 주인이 되려는 의지가 가장 강한 시기"이기도 하다.

박경철은 나아가 성인기를 "직무나 기술 교육"을 받는 기간으로 보며, 노년 교육의 중심을 "인생의 다양성을 제공하는 문화교

육"으로 말한다. 이것은 매우 징후적이다. 그의 세계관은 인생의 모든 순간을 배움과 성숙의 기회에 열린 것으로 보는 우리 시대의 자기계발적 전망을 투명하게 반영하고 있다. 이처럼 사회의 모든 장을 배움의 대상으로 이해하고, 사회의 모든 성원을 배움의 주체, 이른바 평생학습자로 파악하는 것은 자기계발 특유의 전망이다. 나아가 이것이 바로 멘토를 강조하는 이유이기도 하다. 우리는 모두 성공한 멘토 앞에서 착하고 성실한 멘티가 되어야만 한다. 자기계발을 한다는 것은 결국 게임의 룰을 충실하게 내재화시키는 것이다.

자기계발서는 결코 무해한 오락서적이 아니다. 이에 대한 공부(독서)는 필연적으로 독자의 내면에 일정한 영향을 주기 때문이다. 자기계발의 프레임이 세계를 밀림으로 보게 하든, 아니면 학교로 보게 하던 간에 그것이 수행하는 기능은 동일하다. 자기계발의 소비자를 적극적으로 지배 체제에 복속되게 만든다는 것에는 조금도 다를 바가 없다. 그리고 이를 무엇보다 직접적으로 잘 보여주는 대상은 바로 이 사회를 떠받치는 중추로 여겨지는 남성 직장인들이다.

자기계발과 대중

감정이 과장된 군중은 오직 과장된 감정에만 감동한다.
군중의 마음을 사로잡고 싶은 웅변가는 과격하고 극단적인 확언을 거침없이 늘어놓아야 한다.
과장하고 확언하고 반복하되 이성적 사고에 의해 논증하려는 시도는 일체 하지 말아야 한다는 것은
대중집회 연설가들이 잘 알고 있는 연설 기법이다.
귀스타브 르 봉 지음, 『군중심리』(문예출판사, 2013)

자기계발은 현대 문화를 구성하는 핵심 요소로서, 사회를 구성하는 여러 요소와 역동적으로 관계 맺고 있다. 그 중에서도 대중과의 관계는 특히 주목해볼 필요가 있다. 자기계발은 개개인을 호명하지만, 실상 그들을 하나의 고정된 상태로서의 대중으로 대하고 있다. 마치 여러 명에게 이메일을 발송할 때에 따로 보내기 기능을 사용하는 것과 같아서 겉으로만 개별적으로 다가가는 듯이 보이게 만든다. 사회의 성원들을 대상으로 하여 자기계발 상품이 판매되기 이전에, 그들이 공유하는 정념passion을 자극하지 않으면 안 된다. 가장 명쾌한 방법은 공포심을 유발하여 자기계발 상품에 대한 소비욕을 자극하는 것이다. 곧 그들의 정념을 작동시킬 때 자기계발서의 독자들은 대중으로 존재하게 된다. 대중은 정념이라고 하는 속성을 공유하는 집단이다. 특정한 맥락 안에서 동일한 정념을 공유하기에 동일한 방향을 추구하는 이들인 것이다.[9]

대중과 정념

대중의 동력은 곧 정념이다. 가장 쉬운 예로 애국심을 들 수 있다. 가령 싸이의 〈강남스타일〉 열풍에 휩쓸리는 순간, 우리의 모드는 대중으로 전환된다. 〈강남스타일〉이 세계(라고 쓰고 미국이라고 읽는다)로 나아가 인기를 모을 때에 우리의 애국심 게이지는 하늘을 치솟는다. 그 순간에 우리는 모두 하나가 된다. 빌보드 차트 순위가 2위에 머무를 때에 우리의 안타까움이 땅바닥을 뚫고 지구 반대편으로 나아간다. 미국에서의 빌보드 차트 1위 등극이야말로 한국의 세계 지배에 다름 아니기 때문이다. 월드컵 4강 진출을 했던 2002년 당시에도 마찬가지다. "오, 필승 코리아"를 외치며 우리는 한국에 대한 사랑과 열정을 자각하게 된다. 월드컵은 우리로 하여금 거리로 나서게 했다. 그 순간에 우리는 모두 열광적인 대중으로 거듭났다.

정념에 의해 작동하는 군집으로 대중을 규정하는 것은 그들을 우중愚衆으로 모는 것이 아니다. 대중이 정념에 의해 작동한다는 것이 무조건 비판의 대상이 될 수는 없다. 대중의 정념 자체는 양가적이라고 할 수 있기 때문이다. 가령 2008년의 미국산 소고기 수입 반대 촛불시위를 기억해보라. 시청 앞 광장을 점거했던 그들이 바로 2002년에 거리로 나서 필승 코리아를 외쳤던 이들이다. 당시 청와대의 판단은 '나름의' 합리적 계산에 따른 것이다. 미국산 소고기를 수입해서 보급한대도 어쩌다 한두 명 정도나 뇌 송송구멍탁 날까 말까 할 테니까 그 정도는 감수하고서 한미FTA를 체결하고 자동차를 몇 대 더 파는 것이 남는 장사겠다, 정도로 판단했을 게다. 어쩌면 미국 측의 정보에 의존했을 확률이 더 높

은 초기에는 광우병에 대해서는 무지했을 수도 있다(그렇다면 도덕적으로 완벽했다던 이전 정권에 가장 절실했던 것은 아마도 지능일 게다). 하지만 정말로 중요한 것은 그러한 계량적 접근에서 무시되는 것들이 아닌가. 얼마나 발병할지, 과연 발병할지보다 더욱 중요한 것은 생명과 자본을 동렬 선상에 놓고 평가했다는 것이고, 그것이 협상 과정에서 자동차 등의 판매보다 더 아래에 놓였다는 것이고, 심지어 이러한 협상 과정과 관련 정보를 투명하게 공개하지 않았다는 것에 있다.

사실 청와대가 우리 모두에게 미국산 소고기를 강제로 먹인다 하더라도 정작 광우병에 걸릴 이는 거의 없을 것이다.[10] 그러니 대중의 소고기 수입 반대 시위는 합리적인 판단이라기보다 격동하는 정념에 기울어진 행동이다. 하지만 철저한 시장 중심적 판단에 따라 원활한 FTA 추진을 위해 우리가 섭취할 먹거리(와 나아가 우리의 목숨)를 도매금으로 처리한 MB정권의 합리적 판단보다는, 그러한 정권에 분노하는 촛불 시민들의 정념적 반응이 훨씬 정상적이다. 최근에도 인간 광우병 의심 환자에 대한 보도가 흘러나왔다가 금방 해명 보도가 따라 나왔던 일련의 해프닝[11]을 보노라면, 촛불 시민 대중의 정념이 다시 불타올랐으면 하는 바람이다.

걸그룹 티아라의 화영 왕따설을 둘러싼 대중의 분노도 일정한 순기능을 하고 있다. 물론 화영에 대한 동정과 티아라에 대한 비판의 물결은 다분히 감정적이었다. 화영을 선한 왕따로 만들기 위해 재편집된 여러 영상들은 그렇게 치우친 감정에 따라 형성된 정해진 입장을 따라 꿰맞춘 것에 다름 아니다. 당연히 그러한 악

마의 편집에는 잘못된 해석도 들어가기 십상일 테고, 티아라 멤버들로서는 억울하기 그지없는 경우도 충분히 발생할 수가 있다. 하지만 거듭된 해명에도 불구하고 '티진요'(티아라의 진실을 요구합니다) 카페의 규모가 티아라 팬카페의 규모를 능가하게 되고, 티아라 팬카페가 화영 팬카페로 변신하기도 했다. 이러한 모든 과정에는 연예인 세계가 대변하는 우리 사회의 잘못된 모습에 대한 정당한 분노가 개입하고 있었다.

대중을 무시하는 연예계의 병폐가 조금이라도 바뀌려면 '티진요'로 대표되는 이런 격한 정서적 반응이 앞으로도 필요하다고 생각한다. 그러나 또한 티진요 카페를 결성한 이들과 '타진요'(타블로의 진실을 요구합니다) 카페를 조직한 이들이 본질적으로 다른 존재일까? 그렇지 않다. 그들을 움직이는 것은 모두 강렬한 정동情動이다. 타진요 회원들 중의 상당수가 유학파라고 들었다. 하지만 그럼에도 그들을 추동한 동력은 결코 합리가 아니다. 대중은 학력 수준과 무관하다. 경제 수준과도 무관하다. 〈나는 꼼수다〉의 애청자들이 그 좋은 사례이다. 이들은 어느 정도 강남좌파와 유사한 속성을 담지하고 있다. 그들을 지배하는 것은 일종의 정념이며, 이에 기인한 세계관이다(또한 그들의 상호 소통 안에서 모든 논의가 확대 재생산되고 있다). 희망버스 탑승자들은 '나꼼수' 신도들과 다른가? 그들의 주된 동기가 정리해고에 대한 비판 의식 때문이었을까? 그보다는 김진숙에 대한 안타까운 마음이 촉매가 되었을 가능성이 크다. 말했듯이 이들은 특정한 맥락 안에서 동일한 정념을 공유하기에 동일한 방향을 추구하는 집단인 것이다.

자기계발의 대중 정념 조작

대중에 대한 서술로 이렇게 지면을 할애하는 이유는 자기계발이 바로 이러한 대중의 속성을 이용하고 있기 때문이다. 과연 자기계발은 어떻게 우리의 정념을 자극하는 것인가.

자기계발의 메시지는 불안사회를 전제하고 있다. 가령 노후 자금을 최소한 10억은 모아놓아야 안정된 미래를 기대할 수 있다는 식이다. 이를 위해 실제 이상으로 국민연금에 대한 불신을 조장하고, 노후의 경제 현실을 왜곡하고 있다. 이러한 메시지는 물론 금융회사와 그와 연계된 경제 연구에서 나온 공포마케팅의 일환이다. 하지만 이미 많은 이들의 인식에 깊숙이 뿌리박혀서 두려움을 조장하고 있다. 비합리적 현실 인식에 따른 두려움과 현실적 경제 능력의 자각에 기초한 체념이 범벅되고, 약간의 양념으로 단기적 망각을 가미하여 우리의 삶을 휘저어놓는 것이다. 여기에서 중요한 것은 개인이 아니라 일정한 집단과 나아가 한 사회 전체에 공포의 감정을 조장한다는 점이다.

다른 한 면으로 자기계발의 메시지가 함축하는 것은 당신만은 달라질 거라는, 우리를 안심하게 만드는 약속이다. 부디 돈을 지불하고 이 한 권의 책을 집어 들어 독서하고 실천하라, 그렇다면 당신의 삶은 달라지리니. 적어도 당신과 당신의 가족만은 불안사회가 조성하는 공포의 물결에 휩쓸리지 않을 수 있다고 한껏 뽐뿌질을 해대는 것이다. 이것은 신비적 자기계발이나 윤리적 자기계발 모두에 해당하는 이야기이다. 이러한 도식은 앞부분에서 여러 번 지적하기도 했지만, 사실상 종교(특히 기독교)의 구원론적 도식과 다를 바가 없다. 먼저 죄를 지적하여 절망하게 만든다. 키

르케고르에 따르면 절망은 바로 죽음에 이르는 병이 아닌가! 결국 죽어야 살릴 수 있다. 따라서 이제 다음으로 새로운 복음을 제시하고 순전한 믿음을 요구한다. 이러한 믿음도 불안과 마찬가지로 사회적으로 전염이 되어야 한다.

가령 러시아판 『시크릿』이라 할 수 있는 바딤 젤란드의 『리얼리티 트랜서핑』을 살펴보자. 이 책을 펼치게 되는 독자는 곧 펜듈럼에 대한 공포에 휩싸이게 된다. 우리를 자극하여 불안 등의 부정적 에너지를 산출하게 만들고 이를 흡수하여 계속 성장하는 에너지체인 펜듈럼이 사실상 우리의 삶을 지배하고 있기 때문이다. 여기에 따르면 대중의 난동은 모두 펜듈럼의 도발에 기인한다. 크고 작은 맥락에서 우리의 내면을 헝클어놓는 것은 대체로 우리에게 빨대 꽂고 에너지를 빨아먹으려하는 펜듈럼의 짓이라는 것이다. 실로 불안을 자아내는 이야기이다. 이러한 상황에서 그는 자신의 해법을 들이민다. 에너지장의 바다 위를 파도 타듯이 자유로이 이동할 수 있게 해주는 트랜서핑(트랜스+서핑)을 통해 펜듈럼으로부터 벗어나 외려 에너지 장 안에서 우리가 원하는 것을 가질 수 있다는 것이다.

『시크릿』류의 신비적 자기계발만 이러한 구원론적 도식을 따르는 것이 아니다. 정찬용의 『영어공부 절대로 하지 마라!』를 생각해보라. 영어가 기본 교양으로 필요한 이 시대에 우리의 영어교육은 외려 영어로부터 멀어지게 만든다. 그러면 어쩌란 말인가. 이제 정찬용은 영어교육의 메시아로 우리 앞에 나타난다. 더욱이 굶주려 아무것도 못 하고 TV만 보다가 갑자기 독일어 방송이 귀에 들리기 시작하던 그의 극적인 서사(간증!)도 있지 않은

가. 영어교육과 자기계발의 만남을 우리는 여기에서 발견하게 된다. 개혁의 전도사 구본형은 어떠한가. "직장은 영원하지 않"으며, "'평생 직장'은 더 이상 지켜지지 않는 추억이 되었다"고 그는 경고한다. 뉴 밀레니엄 이전에 나온 『익숙한 것과의 결별』에 나오는 고언苦言이다.

파시즘과 자기계발

앞서 말했듯이 대중의 정념을 자극하는 것 자체가 무조건 나쁜 것은 아니다. 때로는 이성과 논리보다 정념과 열정이 더 타당할 수도 있다. 하지만 자기계발 상품은 구매자의 정념을 잘못된 방식으로 자극한다. 의도적으로 독자의 불안을 강화하기 때문이다. 불안은 인간의 영혼을 잠식한다. 그리고 이러한 불안은 맹신으로 이어지게 마련이다. 불안과 광신은 집단 안에서 확대 재생산되는 법이다. 확실한 증거를 원한다면, 이지성의 팬카페 '이지성의 폴레폴레'나 『시크릿』 팬카페 '비욘드 더 시크릿'에 가보라. 불안과 의존의 동일한 정념을 공유하는 이들은 상호간의 소통을 통해 서로의 믿음을 강화시켜주고 있다.

자기계발 시장의 대중 조작 방식은 파시즘의 대중 동원 방식과 본질상 궤를 같이 한다. 대중의 동력을 악용하는 방식들이라고 할 수 있다. 현대사회는 기본적으로 대중사회이다. 민족국가 형성 이후에 등장한 근대적 산물이지만, 이제 대중은 사회의 중심에 들어서 있다. 대중을 혁명의 주체(다중)로 대하든 혹은 조작의 대상(우중)으로 대하든 상황은 달라지지 않는다. 대중의 정념을

자신들이 원하는 방향으로 붙들지 않으면 원하는 목표를 달성할 수가 없기 때문이다. 가령 선거의 정황에 직면한 정치인들이 이들을 그저 무지한 투표자로 생각하더라도 그들에게 전달되는 메시지만큼은 그들의 삶의 환경에서 나온 언어로 구성하게 마련이다(보수정당일수록 이러한 포장을 더 잘 하는 경향이 있다). 자기계발 역시 겉으로는 대중의 애달픈 현실에 대한 지극한 애정과 관심을 표명하는 가운데 그들의 정념을 조작한다. 결국 이를 통해 배를 불리는 것은 자기계발 상품의 판매자일 뿐이다. 대중의 애달픈 현실은 여전하다.

자기계발과 엘리트

이들 보보들은 우리가 사는 지금 이 세상을 규정한다. 이들은 우리 시대의 새로운 기득권층이다.
이들의 혼성 문화는 우리가 숨을 쉬는 공기와도 같다. 이제는 이들의 지위 코드가 사회적 삶을 지배한다.
그리고 이들의 도덕적 계율이 우리의 개인적 삶에 구조를 제공한다.

데이비드 브룩스, 『보보스』(동방미디어, 2001)

자기계발은 기본적으로 대중을 겨냥한 상품이며, 대중의 정념을 조작하여 학력과 지능의 수준과는 무관하다. 하지만 그럼에도 자기계발과 엘리트의 관계는 별도로 살펴볼 필요가 있다. 현대 신자유주의 사회를 주도하는 엘리트들이 자기계발의 에토스를 누구보다 더 강력하게 구현하고 있기 때문이다. 이와 관련해서는 엘리트와 대중 사이의 대극적對極的 구도를 그려낼 수밖에 없다. 대중은 자기계발에 몸을 던질 수 있게 해줄 동기부여를 소비하고, 자기계발로 말미암아 거두게 될 결실을 꿈꾼다. 그러나 우리 시대 엘리트의 삶의 방식은 자기계발의 구현에 다름 아니다. 여기에 간격이 있다. 누군가에게는 희망일 뿐이지만, 누군가는 실현한다. 이 지점에 주목하면, 자기계발의 함정을 파악할 수 있다.

자기계발과 문화자본

이미 우리 시대의 상식이 된 자기계발의 복음에 따르면, 맨주먹으로도 성공할 수 있다. 집안의 도움을 받지 않고, 우수한 학벌이 없더라도 원하는 바를 이룩할 수 있다는 것이다. 윤리적 자기계발(성실한 노력)이건, 신비적 자기계발(긍정적 신념)이건 본질은 동일하다. 결국 성공과 실패는 나에게 달린 것이다. 자기계발의 원어가 자조self-help라는 것을 잊어서는 안 된다. 바깥의 구조는 나에게 유리하건, 불리하건 관심의 대상이 아닌 것이다. 그러나 현실적으로 스스로를 잘 도울 수 있는 이는 누구인가. 자기계발을 효과적으로 수행하는 이들은 공통적으로 자기 개인의 능력 말고도 별도의 조건을 공유하고 있다. 그것은 곧 교육적 배려가 돋보이는 특정한 가정환경이다. 그러한 특정한 가정(에서 자연스럽게 획득하게 되는 문화자본)이야말로 원만한 자기계발의 전제가 된다. 결국 바깥의 도움이 있어야 한다는 뜻이다.

이와 관련하여 데이비드 브룩스의 『보보스』를 주목할 필요가 있다. 브룩스는 〈뉴욕타임스〉의 웨딩 섹션이 미국 지배계급의 변모 양상을 충실하게 반영하고 있다고 지적한다. 이 섹션은 철저하게 엘리트 계층에 속한 이들만을 소개하고 있는데, 그 인물 소개가 흥미롭다. 과거에는 고귀한 출생과 가문을 강조했지만, 지금은 출신 대학, 대학원 학위, 사회 경력, 인물의 네 가지 사항을 강조한다는 것이다. 결국 지배계급을 특징짓는 핵심 요소가 바뀌고 있다는 뜻이다. 주목할 부분은 양가 부모의 84%가 기업체 중역, 대학 교수, 변호사 등 전문직에 종사하고 있다는 데에 있다. 본인의 학력자본만큼이나 부모의 학위와 직업도 중요하게 된 것

이다. 이전에는 부모의 재력이 중요했지만, 지금은 부모의 두뇌가 상대적으로 더 중요하게 되었다. 여기에서 자기계발과 엘리트의 은밀한 관계를 해명할 단초가 발견된다.

이를 통해 드러나는 계급적 진실은 자기계발 교훈의 허구를 보여준다. 물론 엘리트 세계 안에서도 일정한 차이는 있다. 계급의 문제에 초점을 맞춘 〈뉴욕타임스〉의 취재기사를 묶어낸 『당신의 계급 사다리는 안전합니까? *Class matters*』를 보면 사회 여론을 주도하는 지배계급의 현주소가 명확하게 드러난다. 특히 귀족적 성격을 고수하는 기존 부유층과 새로이 떠오르는 신흥 부유층의 대립 양상을 다루는 부분이 흥미롭다. 문화 형성의 주도권은 와스프WASP[12]에서 이미 보보스로 넘어갔으며 학력과 계급, 수입이 거의 정확하게 일치하는 상황이다. 이는 자기계발과 관련하여 중요한 의미를 지닌다. 더는 개천에서 용이 날 수가 없다. 성공을 위한 자기계발은 아무나 할 수 있는 게 아니다. 한국의 대표적인 자기계발의 역할 모델로 인정되는 두 인물을 통해 이에 대해 살펴보자.

홍정욱과 안철수의 공통점

안철수는 자기계발의 훌륭한 이데올로그다. 그는 공정한 경쟁을 선호하며, 시장의 효율성을 추구한다(안철수가 정치를 혐오한다는 지적은 그렇기 때문에 일정 부분 타당하다). 그는 윤리적 자기계발의 화신이나 다름없는데 이는 『CEO 안철수 영혼이 있는 승부』에서 명확하게 드러난다. 『안철수의 착한 성공』에서 그의 성공 원

칙으로 정리된 15개의 키워드 역시 대부분의 신자유주의 시대의 가치관과 자기계발의 핵심을 잘 담아내고 있다. 안철수가 대통령이 되기를 갈망했던 이들이 알았으면 하는 것은 안철수가 꿈꾸는 세상이 신자유주의적 경쟁사회라는 점이다. 『안철수 밀어서 잠금해제』에서 이재훈이 지적한 대로 안철수의 성공은 자기계발 신화를 강화할 따름이다.

안철수를 자기계발의 역할 모델로 주목하는 이들이 많다. 하지만 놓쳐서는 안 되는 점은 그의 부친이 의사였고, 항상 책을 가까이 했다는 사실이다(56세에 전문의 자격증을 땄다고 한다). 또한 병원 앞에서 교통사고를 당한 신문배달 소년을 데려와 무료로 치료해 주기도 했다. 후에 신문에까지 실린 이 미담은 안철수에게 큰 감동을 주었다. 안철수가 훌륭한 신자유주의자로 자리매김하는 데에는 부친의 이러한 끝없는 향학열뿐만 아니라 형편이 어려운 이에 대한 배려심에도 영향 받은 바가 적지 않을 게다. 그러한 부친에게 그는 실망을 주고 싶지 않았을 테고, 부친의 은근한 바람은 아들의 의대 진학이었다. 안철수는 부친의 소원을 위해 과학자의 꿈을 포기하고, 의사의 길을 택했다. 결국 지금의 안철수는 의사 아빠, 책 읽는 아빠가 만든 것이라고 해도 과언이 아닐 게다.

안철수가 갓 발을 디딘 정치계를 좀 전에 떠난 홍정욱(제18대 국회의원)도 흥미롭다. 그가 23세라는 젊은 나이에 쓴 치기 어린 자서전 『7막 7장』 또한 자기계발하는 주체의 모습을 훌륭하게 그려내고 있다. 그는 자신에게 덧씌워진 귀족 이미지에 대한 반감을 가지고 있다(하지만 그러한 이미지가 국회의원 당선에 유리하게 작용했던 것을 부인하기는 어려울 게다). 그렇기에 〈한겨레〉에 실린 김두식

교수와의 인터뷰에서 유복한 유년 시절을 보냈지만 결코 상류층 출신은 아니었노라고 해명한다. 또한 고등학교 2학년 때부터 장학금과 대출로만 공부했다고 항변한다. 하지만 그런 해명과 항변들이야말로 신자유주의 시대에 어울리는 자기계발의 화신으로서 그를 명확하게 자리매김하게 한다.[13] 가령 스키를 좋아하는 그는 1급 스키강사 시험을 목표로 연마하는 사람이다.

현재 홍정욱은 헤럴드미디어의 회장인 동시에 비영리 사단법인 올재의 이사장이다. 기업인의 두뇌와 예술가의 영혼이 하나된 이 모습이야말로 브룩스가 말하는 보보스의 표본이다. 이런 홍정욱이 만들어지게 된 이면에도 역시 부친이 자리한다. 배우로 잘 알려져 있는 그의 부친 남궁원은 자녀 교육에 대한 남다른 열정을 가지고 있었다. 아들의 꿈을 이루기 위해 카바레 출연도 마다하지 않았다는 점도 나름 중요하겠지만,[14] 그보다는 홍정욱이 고등학생일 때에 매달 한 번씩 책과 시집, 사설을 보내주었다는 사실을 주목해야 한다. 미국에서 공부하더라도 한국을 배워야 한다는 게 그 이유였다. 또한 "나는 가족을 세우기 위해 평생을 바쳤다. 하지만 너는 사회에 획을 긋는 사람이 되어야 한다"고 자주 말했다고 한다. 목표 과잉으로 살아온 그의 인생의 동력이었을 게다. 부친의 이러한 교육적 배려가 결국 홍정욱을 만들었다고 해도 과언이 아니다.

영어교육과 구별 짓기

이렇듯 우리가 스스로를 돕기 전에 먼저 부모가 우리를 도와주

어야 한다. 경제적 지원과 더불어 현실적 모범을 제공해야 자기계발의 성공을 기대할 수 있다. 그러므로 자기계발은 문자 그대로 보자면 허구이다. 이러한 측면을 가장 잘 확인할 수 있는 영역이 영어학습이다. 알다시피 영어 구사 능력은 한국적 자기계발의 중심에 놓여 있다. 가령 영어 구사 능력은 글로벌 인재의 기본 역량이다(우리에게는 미국화가 곧 세계화다). 따라서 준비된 인적자원이 되려면 새벽에 영어학원에 다녀야 하는 법이다. 물론 유학 준비나 무역 종사 등의 이유로 인해 영어공부가 절실한 이들도 있겠지만, 대부분에게는 영어 구사 능력이 그다지 필요하지 않다. 그럼에도 한국에서는 온 국민이 혹독한 영어 광풍에 시달리고 있다. 그야말로 요람에서 무덤까지 돈과 시간과 체력을 소진해가면서 영어교육에 올인한다. 과연 이것이 합리적인 것일까.

강준만 교수는 〈한겨레21〉(668호)에서의 칼럼을 통해 영어 광풍이 합리적인 행위라고 주장한다. 그에 따르면, "한국에선 애초부터 영어 공부의 주목적은 실용성이 아니다. 내부 경쟁용이다. (…) 영어 공부는 일종의 권력투쟁이다." 엘리트들은 영어를 배우기에 상대적으로 유리한 환경에서 나고 자라지만, 남태현 교수가 쓴 『영어 계급사회』의 7장 제목처럼 "가난한 사람들은 영어를 잘할 수 없다"는 게 현실이다. 출발점부터 다르기 때문에 결코 공정한 게임이 될 수 없다. 많은 평범한 가정과 달리 엘리트 가정은 영어 유치원이나 국제중, 그리고 외국어고와 같은 영어 특수학교에 자녀를 보내는데, 그 비용이 일반 학교의 열 배에 이를 정도다. 자식을 외국인학교에 입학시키게 된다면, 사립대학교의 등록금소차 저렴하게 보일 게다. 조기유학의 경우는 더 말할 것도 없다.

그러니 영어야말로 한국사회의 지배계급이 자신들의 위치를 유지하기 위한 구별 짓기의 주요 수단인 셈이다. 한국에서의 영어 구사 능력은 사실상 내수 상품이다. 실질 사용가치는 거의 없다. 하지만 지배계급은 이렇듯 구조적으로 불공평한 측면으로부터 우리의 눈을 돌리게 만들고, 영어교육의 성패를 개인의 노력 문제로 포장(축소)한다. 특히 어려운 여건 속에서 탁월한 성취를 올린 이들을 스타(역할 모델)로 내세우고 조명을 비춘다. 『영어천재가 된 홍대리』를 보라.[15] 이 책의 저자 박정원은 비非유학파(연세대학교 사회체육학과 출신)로서 군대 제대 후에야 본격적으로 영어공부를 시작한다. 그러나 운동 경력에서 얻은 아이디어를 영어 학습에 적용시킨 결과로 극적인 성취를 얻고 2년 만에 영어 강사로 나서게 된다.

이와 같이 탁월한 재능과 각고의 노력으로 불리한 환경을 극복한 이들이 없는 것은 아니지만, 이는 어디까지나 예외적 사례에 불과하다. 그럼에도 이들의 사례를 일반화시키는 가운데, 영어를 잘 못하는 일반인이 스스로 자신의 게으름을 부끄럽게 여기도록 만든다. 이렇게 하여 영어 능력의 이면에 놓인 사회구조적 측면이 간과되는 가운데 영어공부의 열풍은 사회의 불평등한 현실을 은폐하고 현행 체제의 지속에 기여하고 있다.

그러므로 영어 광풍 자체는 문제의 본질이 아니라 하나의 증상에 불과하다. 다시 말해 영어 광풍을 통제하는 데에 성공하더라도 지배계급은 다른 항목을 부각시켜 여전히 계급적 우위를 점하고자 할 것이다. 이는 결코 영어교육에만 한정된 논의가 아니라, 모든 자기계발에 적용되는 것이다. 이제 우리의 시야를 안(자기)

에서 밖(사회)으로 돌려야 한다. 이러한 사회구조가 바뀌지 않는다면, 자기계발의 무간지옥도 바뀌지 않고 지속될 것이다.

에필로그
자기계발로부터의 자유

지금까지 자기계발에 대해 많은 것을 다루었다. 우리 사회를 깊숙이 잠식하고 있는 이 새로운 지배 문화의 본질과 유형, 역사에 대해 개괄하고, 자기계발의 담론 구성과 전달 형식, 수용 현황에 대해 이모저모로 검토했다. 비록 자기계발에 대해 삐딱한 시선을 가지고 훑었지만, 이를 다루는 나의 마음만은 공정했다고 믿는다. 루돌프 불트만Rudolf Bultmann의 말대로 전제는 해석에 앞선다. 하지만 마지막에 이른 여기에서는 자기계발에 대한 나의 입장을 분명하게 제시하는 것으로 결론을 삼고자 한다. 여러분의 뇌리에 떠올랐을지도 모를 세 가지 질문을 제시하고, 이에 대해 답변하는 가운데 나의 입장이 드러날 것이다.

자기계발서를 읽지 말라고?

우선 여러분에게 떠오르는 질문은 이것일 게다. "그러니까 자기계발서를 읽지 말라는 거냐?" 위에서 말했듯이 필자는 자기계발에 대해 공정하게 다루고자 노력했다. 관점 자체는 비판적이었지만 현황에 대한 분석과 그 함의에 대한 해석에 집중했을 따름이다. 하지만 현대인이 자기계발서를 선택하고 수용하기에 이르는 연원을 검토할 때에, 또한 그들의 무거운 삶에 따르는 통증을 해소하고 새로운 동기를 부여하는 역할로 자기계발서의 기능을 규정할 때에, 거기에는 분명 자기계발서 독서를 지지하지 않는 나의 부정적 입장이 드러날 수밖에 없었을 것이다. 이는 물론 의문의 여지가 없다. 그러나 자기계발서 자체에 대한 나의 입장은 중용에 좀더 가깝다. 각각의 자기계발서에 따른 내 판단은 다르다. 다시 말해서 모든 자기계발서를 절대로 읽지 말라는 것이 아니다.

이와 관련하여 앞에서 자기계발서의 유형을 나누었던 것을 상기할 필요가 있다. 크게 윤리적 자기계발과 신비적 자기계발의 두 가지로 나누었다. 윤리적 자기계발은 다시 심리적 자기계발이라는 변종을 낳았다고 지적했다. 신비적 자기계발서는 거대한 사기다. 『시크릿』과 『긍정의 힘』, 『왓칭』과 『리얼리티 트랜서핑』 등은 정말 읽을 가치가 없다. 그러나 신비적 자기계발의 원류에 해당하는 초절주의는 비록 미국적이고 다소 신비적이지만,[1] 그럼에도 명상서로서 일정한 가치를 담지하고 있다. 일단 그들의 삶에 비추어 봐도 진정성이 있고, 나아가 그 내용상으로도 봐도 우주와의 올바른 조화를 추구한다. 참고로 그들은 부와 사치에 대해 거리를 두었던 대단히 진지한 이들이다. 즉 지금의 신비적 자

기계발서는 원래 수준에서 타락한 셈이다.

윤리적 자기계발서는 어떠한가. 여기에는 좋은 책도 있고, 또한 나쁜 책도 있다. 나아가 하나의 책 안에도 좋은 부분과 나쁜 부분이 섞여 있는 경우가 많다. 윤리적 자기계발서는 크게 두 가지를 다룬다. 하나는 습관(인격)을 다루고 다른 하나는 기술을 다룬다. 전자보다는 후자가 훨씬 낫다. 그것도 소소한 것들에 대한 것일수록 더 유용하다. 정신 개조에 대한 부분은 폐기하라. 그것은 단지 위안용일 뿐이다. 이를 충실하게 내재화해봤자 마음만은 CEO인 훌륭한 노예가 될 뿐이다. 윤리적 자기계발서의 대표격인 코비의 『성공하는 사람의 7가지 습관』을 비판한 것도 전자에 대한 것이다. 그 책에 담겨 있는 다른 유용한 부분들은 대개 후자와 관련된 것이다(허나 저자 자신도 제대로 지키지 못했다는 것이 함정). 자기계발서들의 위대한 약속과 복음은 무시하라. 오히려 집중해야 할 것들은 메모, 정리, 청소, 휴식 등의 소소하고 구체적인 아이디어들이다. 그런 작은 실행들을 쌓아올리는 것이야말로 변화의 지름길이다.

심리적 자기계발은 어떠한가. 여기에도 역시 유용한 책과 해로운 책이 있다. 다소 일반화시킨 감은 있지만, 유용한 책은 대체로 과거에 대한 치료를 강조하는 쪽이고, 해로운 책은 미래에 대한 비전을 강조하는 쪽이다. 전자는 현실적 자아를 대면하고, 후자는 이상적 자아를 지향한다. 요즈음 심리적 자기계발의 대세라고 할 수 있는 긍정심리학은 후자를 대표하며 신비적 자기계발의 심리학 버전이라고 할 수 있을 정도로 부실하다. 후자에 속한 저작들은 대체로 인간 심리에 대해 피상적으로 접근한다(경우에 따라

전자에 속하는 저작도 그러하다). 그들의 전망 속에서 우리가 처한 문제는 축소되고, 우리가 가진 가능성은 확대된다. 그러나 인간은 그렇게 쉽게 변하지 않는다. 긍정심리학계에서 긍정적 사고를 하는 사람이 정신과 육체가 더 건강하다고 주장하는 것과 달리 상담심리학계에서는 적당히 비관적이고, 현실적인 사람이 심리적으로 건강하다고 본다.[2] 그러므로 개인적, 사회적으로 현실을 직면하게 만들어주는 전자의 서책이 유용하다. 거기에서부터 시작해야 변화가 가능하기 때문이다.

자기계발을 강요하는 현대사회

이러한 답변은 자기계발서에 대해 좀 더 비판적인 반응을 기대한 분들에게는 실망스러울 수도 있겠다. 하지만 문제의 본질은 여기에 있지 않다. 그렇다면 내게 이렇게 질문할 수 있을 게다. "그러면 도대체 자기계발을 이렇게 집요하게 따져 묻는 이유가 무엇인가?" 개인적으로 자기계발서를 잘 골라 읽으면, 결국 아무 문제도 없는 것이 아닌가?

아니, 문제가 있다. 인생이라는 이름의 학교에서 자기계발이 선택과목이 아니라, 필수과목이 되었다는 것에 문제의 핵심이 있다. 자기계발은 이제 생존의 조건이 되었다. 우리 사회가 개인의 생존과 복지를 위해 충실하게 기능하지 못하기 때문이다. 이러한 왜곡된 사회 현실이 우리를 둘러싸고 있으니 이제 우리 모두가 자기계발적 주체로 거듭나게 되었다. 나 자신을 스스로 돌봐야 하기 때문이다. 이제 각자 자기 인생의 포트폴리오를 구성해야

한다.

무엇보다도 자기계발을 하지 않는다면, 취업이 되지 않는다. 1990년대까지만 하더라도 대학은 낭만의 공간이었고, 긍정적인 의미에서 교양 축적과 자아실현이 가능했다. IMF사태 이전까지 대학 졸업자에게 취업은 땅 짚고 헤엄치기였기 때문이다. 지금은 대학생에게도 정규직으로 취업하는 것이 낙타가 바늘구멍으로 들어가기보다 더 어려운 현실이 되었기에 성적과 스펙에 올인할 수밖에 없다. 예수가 오늘 우리 시대에 오셨다면, 이렇게 말씀하실 게다. "부자가 천국에 들어가는 것이 청년이 대기업 정규직에 취업하는 것보다 어려우니라." 물론 천국에 가지 않아도 좋으니 부자가 되고 싶다는 것이 우리의 본심이다.

심지어 지방자치단체의 기능직과 계약직조차도 경쟁률이 치열하다. 2012년 11월 당시 청주시 상당구 도로보수원 공개채용 경쟁률이 19대 1이었다고 한다. 상황이 이러하니 스펙의 꽃이라고 할 수 있는 공모전의 보상으로 인턴직을 내거는 것이 아니겠는가. 취업이 되지 않는다면, 결혼도 언감생심이다. 다시 말해서 미취업한 루저는 "사람이 아니무니다"(키 180cm 미만의 루저라도 정규직에만 취업하면 인생 역전이 가능하다). 물론 취업하고 나서도 노역은 끝나지 않는다. 승진을 위해서는 끝없는 자기 관리가 필요하다. 새벽에 토익학원을, 근무 중에는 슬금슬금 금융 재테크를, 집에 와서는 부동산 공부를, 그리고 주말에는 자격증 시험 준비를 위한 공부와 더불어 경매를 위한 사전 답사를 가야 한다. 사실 토익공부는 특별히 외국인을 상대로 하는 업무를 맡지 않는 이상, 지하철 노선을 묻는 외국인에게 답해주는 외에는 딱히 소

용이 없다. 하지만 인사고과에 반영되기 때문에 우리는 『영어 천재가 된 홍대리』처럼 영어와 자기계발을 연결하지 않을 수가 없다. 또한 일반적 수준의 급여로는 주택을 구매할 수가 없기 때문에 재테크와 더불어 특히 경매에 기웃거리게 된다. 주중 저녁에 공부하고, 주말에 답사하는 것이다. 주식과 경매를 공부하는 그 열정으로 학창시절을 임했다면, 미국 아이비리그에도 장학생으로 입학했을 게다.

이러한 상황에서는 설혹 자기계발서를 싫어하더라도 자기계발 자체는 회피할 수가 없게 된다. 모든 관계를 자기계발적으로 다루게 되고, 모든 서책을 자기계발적으로 읽게 된다. 이지성이나 공병호가 고전을 대하는 태도는 이미 어느 정도 우리 모두에게 스며들어 있다. 『리딩으로 리드하라』는 고전 독서가 우리의 뇌를 천재의 뇌로 바꾸고, 또한 돈과 명예와 권력을 안겨준다고 주장한다. 『공병호의 고전강독』은 아예 구체적으로 고전에 파레토 법칙(80 대 20 법칙)을 적용해 실용적으로 독해하도록 유도한다. 이들에게 고전은 위대한 자기계발서일 따름이다. 굳이 말하자면, 특정한 자기계발서를 읽지 않는 것보다 모든 서적을 자기계발적으로 읽지 않는 것이 더 중요하고, 그만큼 더 어렵다. 이를 위해서는 우리의 욕망의 회로를 다시 설계해야 한다. 하지만 이는 개인의 역량으로는 한계가 있다.

자기계발이 필요 없는 사회

이러한 맥락 속에서 마지막 질문이 생겨날 수밖에 없다. "그렇

다면 어떻게 하라는 거냐?" 신자유주의가 지배하는 사회는 자기계발을 수행할 자유만을 강요하며, 끝없는 인적자원 개발만을 요구하는 극악한 세계이다. 이러한 세계를 살아가는 우리가 무얼 할 수 있다는 말인가? 물론 답은 있다. 하지만 솔직히 쉽지 않다. 혼자 할 수 없는 일이다.

그저 자기계발이 필요 없는 사회를 만들면 된다. 자기계발을 하지 않더라도 취업할 수 있고, 결혼할 수 있고, 생존할 수 있는 세상이 되면 문제는 사라진다. 이를 위해 필요한 것은 사회적 안전망을 새로이 구축하고, 강화하는 것이다. 말했듯이 이것은 홀로 이루어낼 수 있는 일이 아니다. 여기에서 개인이 담당할 수 있는 몫은 극히 미소하다. 모두가 알듯이 전체는 부분의 합보다 크다. 마찬가지로 사회는 개인의 합보다 크다. 따라서 깨어 있는 시민의 연대가 필요하다.

사실 우리 사회에서 바꾸어야 할 것은 한두 가지가 아니다. 가령 이런 것들이다. 모든 아이에게 보육료와 유치원 학비가 지원되어야 한다. 사교육을 제한하고, 공교육에서의 교육 범위를 줄여 청소년기를 인간답게 보낼 수 있도록 해주어야 한다. 특히 영어 광풍을 잠재워야 한다. 적어도 국립대는 평준화시키고, 학자금 융자 대신에 등록금을 대폭 감면 혹은 면제로 바꾸어야 한다. 교육의 정상화만큼이나 노동권과 휴식권의 보장도 중요하다. 일자리의 안정성을 강화하고, 연령과 학력에 따른 장벽을 철폐해야 한다. 저녁은 가족과 함께할 수 있도록 보장해야 한다. 출산 후에도 취업을 원하는 여성들에게 업무 복귀 기회를 약속하고, 육아 중에도 주 1~2회 정도 일할 수 있는 등의 선택지가 필요하다. 그

리고 부동산 가격이 현실화되어 모든 가구가 급여 수입만으로 자가 주택을 보유할 수 있어야 한다. 암이나 각종 중병에 걸렸을 때에 국가가 현실적으로 보조해야 한다. 이게 물론 다가 아니지만, 이 정도면 무얼 말하고자 하는지 충분히 이해할 거라고 믿는다.

간단히 말한다면, 출생과 능력에 따른 차별이 최소화되는 세계이다. 이념과 학력이 달라도 공존할 수 있는 세계이다. 설혹 정치에 대해 무지해도 인간답게 살아갈 수 있는 세계이다. 여기 언급된 것들은 대체로 여러 선진국들에서 이미 실행되고 있는 것들이다. 결코 허무맹랑한 복지 포퓰리즘이 아니다. 외려 복지 휴머니즘이라고 해야 할 것이다. 대중의 정치적 지지를 얻기 위한 시도로 보지 말고, 인간 행복의 실현을 위한 노력으로 봐야 한다는 뜻이다. 물론 시간이 걸리겠지만, 우리에게도 가능한 것들이다. 이게 무슨 사회주의를 말하는 것도 아니지 않는가. 그저 신자유주의가 더욱 가속화시킨 위계와 경쟁을 최소화할 수 있도록 사회안전망을 강화하자는 것이다.

물론 인간은 욕망을 따라 살아가며, 이 욕망은 타인(가정과 사회)의 모방에 기초한다. 그리고 우리 사회의 욕망은 유독 위계와 경쟁 속에서의 승리를 지향한다. 현재 한국사회를 살아가는 이들의 행복은 왜곡되어 있다. 자식이 어느 대학에 입학하고 어느 회사에 취업했느냐, 내가 어느 정도의 수입과 직위에 있느냐, 나의 의류 브랜드는 무엇이며, 우리의 주거지는 어디냐 등, 즉 타인과의 관계에서 위계를 설정하고, 그에 따른 경쟁 속에서 행복을 추구하고 있다. 물론 일정한 수준의 위계와 경쟁은 자연스러운 것이다. 자본주의가 아니라 다른 어떤 체제라도 위계와 경쟁 자체

는 피할 수가 없다. 요는 균형의 문제이다.

다시 말해 사회 안전망에 대한 강화를 촉구하는 것은 곧 우리 사회의 욕망의 흐름을 바꾸자고 요청하는 것에 다름 아니다. 자기계발은 더 이상 필수 항목으로 강요하는 것이 아니라 어디까지나 개인의 선택 사항으로 제공되는 것이 옳다. 즉 조금 더 성공하고, 조금 더 성취하길 희망하는 이의 몫으로 남겨놓으면 된다. 그게 자기계발을 자기계발답게 대하는 것이다.

자기계발 비판서에 대한 간단한 안내

『성공학의 역사』, 정해윤 지음, 살림, 2004

자기계발서의 역사를 개관하는 간략한 소책자이다. 저자는 성공학과 자기계발에 대해 긍정적으로 평가한다. 이는 저자가 자기계발 강사인 점을 고려할 때 이해 가능한 부분이기도 하다. 그러나 내용상으로는 비판받을 부분이 있다. 저자의 접근은 상당히 거칠고, 여러 측면에서 오류를 범하고 있다. 그럼에도 일단 쉽고 간단하게 큰 그림을 그릴 수 있도록 도와준다는 면에서 유용한 자료이다.

『감정 자본주의』, 에바 일루즈 지음, 김정아 옮김, 돌베개, 2010

통상 자본주의의 본질과 역사를 재구성할 때에는 로빈슨 크루소로 대변되는 이성적 인간을 중심으로 하게 마련이다. 정념의 개입을 허용하면, 합리적 계산에 변수가 발생하기 때문이다. 하지만 일루즈는 그러한 전제에 대해 근본적인 수정을 시도한다. 미국의 대공황 이후에 자본주의가 감정을 포섭하기 시작했기 때문이다. 마침내 자본주의 세계 안에 이제 호모 센티멘탈리스가 탄생하게 된 것이다. 이러한 경향은 전 세계에 영향을 미치게 되었다. 미국화는 곧 세계화가 아니던가. 매우 치밀하게 구성된 저자의 논리는 우리의 현실을 이해할 수 있는 개념적 도구로 활용될 수 있다. 가령 이 책의 2장을 통해 〈힐링 캠프〉의 이면을 들여다볼 수 있다.

『긍정의 배신』, 바바라 에런라이크 지음, 전미영 옮김, 부키, 2011

잠입취재기의 고전으로 자리 잡은 『노동의 배신』의 저자로 잘 알려진 에런라이크의 후속작으로서 자기계발에 대한 신랄하고 유머러스한 접근이 돋보인다. 특히 6장의 긍정심리학에 대한 부분은 백미에 해당한다. 아마도 독자 제위는 그녀에게 잘못 걸린 긍정심리학의 창시자 마틴 셀리그먼을 동정하게 될 것이다.

『자기계발의 덫』, 미키 맥기 지음, 김상화 옮김, 모요사, 2011

『피로사회』, 한병철 지음, 김태환 옮김, 문학과지성사, 2012

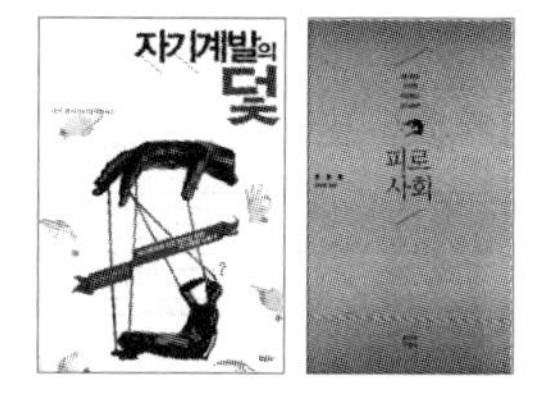

자기계발은 개인적 차원에서 하나의 선택지로 제공될 수 있다. 하지만 이를 사회적 차원에서 보편적 과업으로서 강요해서는 안 된다. 결국 자기계발의 강요는 우리의 자아를 시달리게 만들고, 우리의 사회에 피로가 만연하게 만든다. 이에 대해 맥기는 특별히 페미니즘적 시각으로 조망하며, 한병철은 주로 심리학적 담론에 기초하여 분석한다. 한병철의 『피로사회』를 우선적으로 읽어볼 것을 권한다.

『자유의 의지 자기계발의 의지』, 서동진 지음, 돌베개, 2009

저자의 박사 학위 논문을 책으로 펴낸 것으로 정치, 경제, 교육, 문화 전반에 걸쳐 확산된 자기계발의 진행 양상을 다룬다. 주로 자기계발서를 중심으로 다루는 4부(자기계발의 의지)만 읽히는 경향이 있는데, 저자의 세련된 담론 분석의 진수를 맛보고, 나아가 자기계발이 한국사회를 어떻게 재구성하고 있는 지에 대한 조감도를 얻기 위해서는 외려 그 이전 부분들을 꼼꼼하게 읽어야 한다. 완독을 위해서는 상당한 노력을 들여야겠지만, 그 이상의 결실을 얻게 될 것이다.

『열정은 어떻게 노동이 되는가』, 한윤형·최태섭·김정근 지음, 웅진지식하우스, 2011

물론 자기계발은 모든 인간을 대상으로 하지만, 그럼에도 청년을 특별한 타겟으로 삼고 있는 것은 분명하다. 이것은 계급 착취가 세대 착취로 변용된 것에 기인한다. 청년의 동력을 착취할 때에 남용되고 악용되는 빌미가 바로 열정이다(이러한 열정의 착취는 곧 힐링의 필요를 낳는다). 세 명의 저자가 공저한 탓에 다소간 편차가 있지만, 무엇보다도 한국의 실정에 기반하여 저술되었다는 점에서 이 책은 주목받아 마땅하다.

주석

프롤로그

1 자조의 근본적인 연원은 고대 그리스로까지 올라간다. 예컨대 이솝우화 가운데 「헤라클레스와 마부」 편을 들 수 있다. 짐을 잔뜩 실은 마차가 진창에 빠진다. 말이 버둥대봤자 외려 더 깊이 빠져들어 갈 뿐이다. 그러자 마부가 헤라클레스 신에게 도와달라며 무릎 꿇고 기도한다. 그러자 헤라클레스가 나타나 그에게 다음과 같이 말한다. "일어나서 너의 어깨를 바퀴 아래에 받쳐라." 그 우화의 교훈은 바로 인간이 최선을 다할 때에 신도 그와 더불어 최선을 다한다는 것이다(Whenever a man makes haste, God too hastens with him). 하지만 고대 헬라에서의 자조는 개인적인 차원에서의 성실을 가리킨다. 고대는 아직 근대적 의미에서의 자아가 등장하지 않은 시대이기 때문이다.

2 데이비드 브룩스의 첫 저작인 『보보스』는 자기계발의 정신과 이를 성공적으로 구현하는 이들의 삶의 방식을 가장 잘 보여주는 매력적인 작품이다. 그러나 실은 계급적인 측면에서 볼 때 매우 불편한 측면을 유려한 필치로 가리고 있다. 이에 대해서는 본서 4장의 「자기계발과 엘리트」 편에서 다루었다.

3 『보보스』의 성공에 편승하길 바라서인지, *On Paradise Drive*의 국역본은 『보보스는 파라다이스에 산다』라는 제목으로 출간되었다. 안타깝게도 이 번역서의 제목은 책의 본질을 호도한다. 부제 '보보스는 어떻게 세계 경제·사회·문화 혁명을 이끌고 있는가'도 마찬가지다. 원서에는 보보스라는 단어가 단 한 번도 등장하지 않는다. 하지만 번역서의 목차에는 수시로 등장한다.

4 키르케고르의 『철학적 조각들에 대한 비학문적 후서*Afsluttende uvidenskabelig*

Efterskrift, Concluding Unscientific Postscript』에 등장하는 개념으로 인간이 신에게 자신을 내맡기는 것을 묘사하기 위해 사용되었다.

5 중세를 대표하는 천사 박사Doctor Angelicus 토마스 아퀴나스Thomas Aquinas는 신의 본질을 존재로 파악한다. 이와 대립각을 세우는 둔스 스코투스Johannes Duns Scotus의 경우에는 신의 본질을 의지로 이해한다. 전자는 주지주의主知主義적 입장이며, 후자는 주의주의主意主義적 입장이다. 이에 따라 자연 법칙의 근거도 달라진다. 전자는 신의 지성에 기초하며, 후자는 신의 의지에 근거한다. 전자는 계몽주의의 젖줄이 되었으며, 후자는 낭만주의의 근원이 되었다. 전자에 따른 신의 축복은 지적으로 신을 보는 것visio dei이며, 후자에 따르는 신의 은총은 신을 사랑하는 것이다. 후자가 신의 자의성을 지지하는 반면, 전자는 신조차 따르는 원칙을 강조한다.

중세의 기독교 신비주의에 있어서도 그 구도는 여전하다. 아우구스티누스 참사회Augustinian canons의 위고Hugo of St. Victor가 지성적 신비주의자라면, 시토회Citeaux의 성 베르나르St. Bernard는 의지적 신비주의자이다. 신에게 나아가는 방식은 신의 본질에 상응하는 인간의 본질에 기초하기 때문이다. 지성적 신비주의는 신에 대한 관조를 통해서, 또한 의지적 신비주의는 신에 대한 사랑을 통해서 신에게 나아가게 마련이다.

6 기독교 신학(과 더 거슬러 올라가 유대교 신학)에 따르면, 인간은 신의 형상imago dei이다. 이는 신을 대신하여 인간을 세상의 중심에 두기 위해서이다. 인류의 시조인 아담은 에덴동산의 관리인, 즉 정원지기로 임명되었다. 따라서 인간의 본질이 신의 본질에 상응하는 것은 자연스러운 일이다. 신의 본질을 존재와 이에 상응하는 지성으로 보는 입장에서는 인간의 본질을 지성에 근거한다. 신의 본질을 의지(사랑)로 보는 입장에서는 인간의 본질을 의지(사랑)로 파악한다.

1장 | 자기계발의 역사

1 20세기 초반의 신지학이 20세기 후반의 후기산업사회 혹은 소비사회 속에서 새롭게 적응하여 나타난 종교적 양태가 바로 뉴에이지이다. 기존 시대가 묻고

기의 시대라면, 새로운 시대는 물병자리의 시대이다. '예수 그리스도 하나님의 아들 구세주'의 헬라어 머리글자를 모으면 곧 물고기가 되기에 초기 교회primitive church의 기독교인들 사이에서 사용되던 암호였다. 곧 물고기의 시대란 기독교의 시대를 가리키며, 뉴에이지란 이제 도래하고 있는 물병자리의 시대를 가리키는 것이다. 뉴에이지의 패러다임에 기반한 대표적인 자기계발서로 엘리자베스 퀴블러-로스와 데이비드 케슬러David Kessler의 『인생 수업』을 들 수 있다.

2 가톨릭교회에서 제시한 바, 영원한 죽음에 이를 수 있는 일곱 가지 대죄는 다음과 같다. 색욕, 식욕, 탐욕, 나태, 분노, 시기, 오만.

3 에토스는 아리스토텔레스의 『수사학』에서 상대를 설득하기 위해 필요한 세 가지 수단(로고스, 파토스, 에토스) 가운데 하나로 등장하고 있다. 이들은 인간 내면을 구성하는 세 가지 요소, 즉 이성과 감정, 그리고 의지를 대변한다고 볼 수 있다. 로고스logos는 이성적 측면(논리)을 가리키고, 파토스pathos는 정서적 측면(공감과 소통)을 지칭한다. 에토스는 믿을 만한 인격을 가리키며(윤리학ethics이라는 단어가 여기에서 연원한다), 나아가 사회의 기풍, 시대의 풍조 등을 뜻한다.

4 실은 현행 미국 문화를 비판하는 역사적 토대가 필요하기에 자행되는 역사 왜곡일 뿐이다.

5 사족 하나. 기독교 경전인 성경에 등장하는 신神도 내세의 결정권을 가지고 인간을 겁박하지 않는다. 이와 관련하여 기독교 전도의 목적, 내용, 주체, 동력을 명료하게 해설해주는 『존 스토트의 복음 전도』를 추천하고 싶다. 이 책의 1장에 따르면, 복음 전도의 근본 목적은 결코 "지옥에서 천국으로"와 같은 인간의 사후 운명 보장이 아니다. 한국 교회는 더 이상 우주적 고문실로서의 지옥 개념을 흔들며 예수 믿을 것을 위협하지 말아야 한다. 그보다 깨끗한 삶의 모범을 통해 예수 따를 것을 설득해야 하지 않겠나. 『보보스』의 저자 데이비드 브룩스는 '만약 개신교에서 교황을 뽑는다면 아마도 존 스토트가 될 것'이라고 평가했을 정도로 개신교 진영에서 그의 영향력은 탁월하다. 개신교인들로서 그의 말은 결코 가볍게 들을 바가 아니다.

6 중세 유럽 교회의 현실이 궁금하다면, 미국 드라마 〈보르지아The Borgias〉를 보시라.

7 이 덕목은 다음과 같다: 절제, 침묵, 질서, 결단, 절약, 근면, 행위, 성실, 정의, 중용, 청결, 평정, 순결, 겸손.

8 이에 대해 자세하게 살펴보길 원한다면, 루이스 메넌드Louis Menand의 『메타피지컬 클럽*The Metaphysical Club*』을 보라.

9 필경 신사고 운동의 또 다른 사도라고 할 아네타 드레서H. W. Dresser가 자신의 질병을 낫게 해준 덕분일 것이다.

10 다단계 회사와 보수적 교회, 신사고 운동과 믿음의 말씀 운동Word of Faith Movement 등에는 흥미로운 관계가 발견된다.

11 신비적 자기계발 사조에 미친 힌두교의 영향이 적지 않다는 것은 분명하나, 굳이 거기에까지 뻗어가지 않더라도 충분히 기독교 사상 안에 그 젖줄을 대고 있다.

12 이는 인디언들을 나름의 존중받을 만한 문화를 일구어낸 인격적 존재들로 존중하면 불가능한 인식이다.

13 리하르트 반 뒬멘의 『개인의 발견』을 참고하라.

14 이게 바로 알튀세르가 말하는 이데올로기적 국가장치의 호명에 따른 주체화 효과일 것이다.

15 신자의 믿음과 교회의 멤버십을 강화하는 한국 교회 특유의 방식인 부흥집회復興集會를 주도하는 강사를 가리키는 명칭이다.

16 기독교가 한국에 뿌리내리기 위해서는 기존의 주요한 종교(유불무)로 형성된 종교적 집단 무의식을 토양으로 하지 않을 수 없었다. 유교의 위계제(성직자>평신도, 목사>전도사, 장로>집사)와 교사 존중(목사에 대한 절대순종)이 교회에서 그대로 재현되고 있으며, 불교의 내세관(범우주적 고문실로서의 지옥상) 또한 교회가 전적으로 수용하고 있다. 하지만 영성에 관한 한 무속의 영향은 가히 절대적이다(영발, 기도발 같은 무속의 어휘 또한 교회 안에 그대로 흡수되었다). 이는 새벽기도를 한국교회에 도입한, 원래 도인이던 길선주 목사의 영향이 적지 않다. 길선주는

일제 폭정의 역경을 초극코자 부흥집회를 통한 영성의 고양을 도모했다. 무속의 도입 이면에는 일제 강점이라는 트라우마가 놓여 있는 셈이다.

17 원제는 *Your best life now*이지만, 실은 이 역본의 제목과 부제야말로 핵심을 정확하게 포착한 것이다.

18 강북 대형교회는 포드주의적인 개발독재의 패러다임에 따른 교회를 가리키고, 이에 대비되는 강남 대형교회는 포스트포드주의적인 신자유주의적 패러다임에 따른 교회를 지칭한다. 이는 2007년에 발표된 정정훈의 「교회와 세상, 그 코드적 동일성에 관한 묵상(강북 대형교회와 강남 대형교회)」이라는 글에 따른 도식이다.

19 "기도 VD의 성취는 나에게 있는 것이 아니라 하나님께 있"고, "하나님께서는 각 사람의 기도를 들으시고 지혜롭게 응답해주신다. 때문에 기도 VD는 가장 은혜롭고 가장 안전한 VD 기법이라고 할 수 있다."(이지성, 『꿈꾸는 다락방 2—실천편』)

2장 | 자기계발의 담론

1 이 책의 원제는 *You can negotiate anything*(당신은 무엇이든 협상할 수 있다)이다. 흥미로운 사실 한 가지를 부언하겠다. 저자는 미국의 중동에 대한 정책에 큰 영향을 미쳤는데, 안타깝게도 그는 중동에 대한 잘못된 인식을 가지고 있었다. 일정 부분 그가 책임져야 할 지금까지의 부정적인 결과를 생각한다면, 이 책을 읽어야 하나 의문을 가지게 될 것이다. 하지만 책 자체는 잘 쓰였다는 것을 밝혀둔다.

2 애초에 인간의 인격은 지성과 감정, 그리고 의지로 구성되어 있으며, 그 각각의 요소는 인간의 행동에 대해서 일정한 지분을 가지고 있다.

3 마틴 셀리그먼의 『긍정심리학』의 원제는 *Authentic Happiness*(진정한 행복)이다. 프로작이나 비아그라와 같은—특히 중년층을 상대로 판매되는—약들을 가리켜 해피 메이커라 부르는 것을 같이 염두에 둔다면, 행복 강박이 얼마나 과중한 지를 미루어 짐작할 수 있다. 행복 사업Happy Industry은 확실히 돈이 되는 것

같다. 부디 엘리자베스 파렐리Elizabeth Farrely의 『행복의 경고*Blubberland*』와 같은 책을 통해 균형감각을 찾으시길 바란다.

4 이 재단은 자유 기업의 이상을 강력하게 옹호하는 공화당 라인의 조직이다. 애초에 빈센트 필이 존 템플턴John Templeton의 멘토라는 사실을 기억할 필요가 있다. 템플턴이 쓴 자기계발서의 서문을 빈센트 필이 써주기도 했다. 빈센트 필과 템플턴은 기독교인(목사와 평신도)이고, 공화당 지지자이며, 적극적 사고방식의 교사이다.

5 각자의 패러다임은 다르지만, 모든 자기계발은 자본주의의 정상 작동을 위해 존재한다.

6 『폰 쇤부르크 씨의 우아하게 가난해지는 법』은 『슬로 라이프』로 유명한 재일교포, 쓰지 신이치의 『슬로라이프를 위한 슬로플랜』과 함께 같이 읽어볼 만한 유용한 책이다. 더욱이 독특한 품격과 유머가 돋보이는데, 어쩌면 유럽 귀족 출신이라 그런지도 모르겠다.

7 『좀비 서바이벌 가이드』는 브래드 피트 주연으로 영화화된 『세계 대전 Z』의 저자 맥스 브룩스의 데뷔작이다. 논외의 이야기가 되겠지만, 원래 좀비물의 시작(『나는 전설이다』)은 세계대전과 이후 냉전시대의 산물이다. 하지만 지금 새롭게 주목받고 있는 것은 신자유주의 시대에 대한 공포와 무관하지 않다. 좀비 떼가 주는 공포는 아무도 믿을 수 없고, 오로지 나 자신에게만 의지해야 하는 지금의 상황에 대한 상징이다.

8 2012년 6월 24일에 보건복지부가 발표한 '정신건강증진종합대책'을 보라. 이제 정신보건법상으로 규정되는 정신질환자의 개념은 '정신보건전문가가 일상적인 사회활동이 어렵다고 인정하는 사람'으로 한정된다. 애초에 우울증을 정신병으로 규정(발명)한 것도, 이를 다시 철회하는 것도 복잡한 사회 역학관계 속에서 이루어지는 것이다. 에단 와터스Ethan Watters의 『미국처럼 미쳐가는 세계*Crazy Like US*』 4장과 더불어 크리스토퍼 레인Christopher Lane의 『만들어진 우울증*Shyness*』도 참고하라.

9 해석학자인 가다머의 개념으로 텍스트의 지평과 콘텍스트의 지평이 만나 새로

운 해석의 공간이 열리는 것을 가리킨다. 맥락에 따라 심리학과 자기계발은 서로의 자리를 교체할 수 있다. 여기에서 중요한 것은 양자의 만남이 새로운 의미를 창출하고 있다는 사실이다.

10 최근에는 심지어 4포 세대, 5포 세대도 등장했다. 인간관계도 포기하면 4포 세대이고, 내 집 마련마저 포기하면 5포 세대란다.

11 이탈리아의 동명 소설 『천 유로 세대』에서 기인한 표현이다.

12 타마라 드라우트의 『빈털터리 세대』는 미국의 젊은 세대가 학비와 집값과 양육비로 인해 삶의 여유를 가지지 못하고 있다는 사실을 조명했다.

13 더욱이 가족 생계와 자녀 교육을 위해 가장이 지는 부담에는 정서적, 관계적 희생이 포함된다. 기러기 아빠는 그 두드러진 사례라고 할 수 있다.

14 이후에 '지식노동자'라는 개념으로 변경된 '책임 있는 노동자' 개념은 처음 내놓을 당시에는 경영권의 침해로 이해될 수도 있었던 위험한 발상이었다고 후에 드러커 스스로도 인정한 바 있다. 지금에 와서 생각해보면, 자기계발적 주체의 선구적 모델이다.

15 이에 대한 흥미로운 묘사를 『보보스』의 2장과 5장에서 발견할 수 있다.

16 피터 드러커의 인문학적 안목을 다룬 저작으로는 조지프 A. 마시아리엘로의 『CEO가 잃어버린 단어 *Drucker's Lost Art of Management*』를 들 수 있다. 마시아리엘로는 드러커의 경영학에 대한 전망과 인문학에 대한 전망을 한 데 결합하여 '인문학으로서의 경영'을 제시한다. 하지만 결과적으로 드러커가 우리에게 미친 영향은 경영학으로서의 인문이 아닌가? 즉 인문학이 사실상 경영학이 되고 말았다. 가령 『아리스토텔레스가 제너럴모터스를 경영한다면 *If Aristotle Ran General Motors*』(톰 모리스 지음)처럼 노골적인 제목이 아니라도 현재 출판계에 부는 인문경영의 열풍은 인문의 도구화를 뜻할 따름이다. 애초에 신자유주의가 제시하는 경영 윤리 자체가 인간의 왜곡된 욕망을 해결할 수 없는 것처럼, 마시아리엘로가 내놓은 인문학으로서의 경영에 대한 비전은 그저 모래 위에 쌓은 성과 같은 것이 아닐까 싶다.

17 하비 콕스, 「The Market as God – Living in the new dispensation」, 〈The

Atlantic〉 1999년 3월호.

18 오히려 구직자들은 단기간(5일)에 실전 대비를 마무리할 수 있도록 구성했다는 해커스의 약속을 믿을 게다.(『해커스잡 SSAT 삼성직무적성검사 실전모의고사』)

19 형식지와 암묵지의 구분은 과학철학자 마이클 폴라니Michael Polanyi의 것이다. 흥미롭게도 마이클 폴라니는 하이에크의 추종자 가운데 한 명이다.

20 사실 그 이면에 분권화와 더불어 시장화가 스며들어 있다. 경쟁을 우선하는 시장에 대한 맹신이 드러난다. 알다시피 이명박 정권에서 4대강 등의 현안 앞에서 대부분의 전문가들이 사실을 구부러뜨리던 것을 똑똑히 보지 않았던가.

3장 | 자기계발의 형식

1 개신교와 인쇄혁명의 관계를 암시하는 농담 하나를 소개한다.

A : 집 정리를 하다 보니 다락에서 성경 한 권이 발견되었는데, 너무 낡아서 그냥 버렸어.

B : 그랬구나. 언제 적 성경인데 그래?

A : 구텐베르크가 찍었다던데, 금방이라도 부스러질 것 같더라고.

B : 아니, 그걸 왜 버려! 그건 엄청난 가치가 있는 물건인데!

A : 아, 이게 원래 루터라는 사람의 것이었나 봐. 그런데 이 친구가 여기에 낙서를 너무 많이 해놨더라고.

2 여기에서 염두에 두고 있는 학자는 독일의 사회학자인 퇴니스Ferdinand Tonnies이다. 그가 제시한 게마인샤프트와 게젤샤프트의 구분 도식은 중세와 근대를 가르는 하나의 지표로 사용되고 있다. 전자는 본원적인 의지에 따른 사회결합이며, 후자는 파생적인 선택의지에 의한 사회결합으로서 경제적 타산에 따른다.

3 원래 사회적 접착제라는 표현은 아도르노가 대중음악에 대해 비판하는 가운데 사용한 것이다. 엘리트주의자인 그는 대중음악이 지금의 왜곡된 사회 현실이 무너지지 않고, 지탱될 수 있도록 만들어주는 접착제의 구실을 하고 있다고 주장한다.

4 이는 토론토 학파의 일원인 월터 옹Walter J. Ong 신부의 『구술문화와 문자문화』

의 논의에 따른 것이다. 마셜 맥루언Marshall McLuhan이 속해 있기도 했던 토론토 학파는 가톨릭적 기반을 가지고 있기에 중세적 공동체에 대한 지향성을 그 특징으로 한다. 맥루언의 지구촌 개념을 상기하라. 중세적 성격의 공동체를 작동하는 주요 매체가 구술매체라는 것을 염두에 둔다면, 토론토 학파의 연구가 구술성을 특징으로 하는 인터넷 매체에서 특히 유용하다는 것을 미루어 짐작할 수 있을 것이다.

5 가톨릭과 개신교의 여러 차이 중에 예배에서의 강조점도 빼놓을 수 없다. 가톨릭은 성찬을 강조하며, 개신교는 설교를 강조한다. 원래 가톨릭 교회는 제2차 바티칸 공의회(1962~1965)전까지 라틴어로 설교를 진행했다. 당연히 교인들이 종교적 은총을 경험하는 주요한 통로는 설교가 아니라 성찬이었다. 이는 가톨릭은 구술매체적이고, 개신교는 문자매체적이라는 매체론적 맥락과도 연결되는 측면이다.

6 가령 상담은 교육과 달리 대체로 비지시적이다. 내담자에게 접근하는 방식도 공감과 경청을 특징으로 한다.

7 『마법의 지갑』(신인철 지음)에서처럼, 멘토가 여럿일 경우라도 메시지 자체는 조화를 이룬다.

8 여기에서 제시되는 칭찬의 교훈은 대단히 일차원적인 기술로서의 칭찬일 뿐이다. 카네기의 『인간관계론』에서 말하는 피상적인 관계 기술과 하등 다를 바가 없다.

9 이는 비단 우화적 자기계발서에 한정되는 이야기가 아니라 사실상 거의 모든 자기계발서에 적용된다. 『부자 아빠 가난한 아빠』의 기요사키는 아예 대놓고 전통적 교육기관을 무시한다. 수천만 불을 유산으로 남긴 부자 아빠는 초등학교도 졸업하지 못한 반면, 자식에게 지불해야 할 청구서만 남긴 가난한 아빠는 박사 학위 소지자다. 하지만 이러한 가르침은 신자유주의적 현실에서조차도 사회적 위계와 경계는 학력과 학벌로 구성되어 있다는 사실을 은폐한다. 사실 미국을 지배하는 계급적 위계조차도 학벌로 재현된다.

10 이렇게 조작하는 지경에 이르지는 않더라도 예화의 정확성과 엄밀성에 대해

무신경한 모습은 자기계발서에서 흔하게 발견된다. 자기계발 특유의 기묘한 실용주의랄까.

11 홍정욱의 화려한 학업적 성취의 기록을 담은 『7막 7장』은 미국 유학 러시에 불을 지른 문제작으로 100만 부 이상 팔렸다. 하지만 그가 받았다는 숨마 쿰 라우데 등급은 졸업생의 5%에게 주어지는 것으로 이른바 최우등 졸업의 개념이지 한국식의 수석(1등) 졸업의 개념은 아니다. 또한 그는 자신의 주장과 달리 졸업논문으로 토머스 홉스상(우수논문상)을 받지도 못했다. 문제는 이러한 주장이 그의 명성의 근간이라는 사실이다. 그러나 이러한 사항들을 선거공보물에 기재해 공직선거법 위반 혐의로 기소되고, 결국 논문상 위조로 인해 벌금형이 구형됐었다.

4장 | 자기계발의 주체

1 베트거의 또 다른 멘토는 벤저민 프랭클린이었다. 그는 프랭클린을 존경했고, 『실패에서 성공으로』에서도 프랭클린의 목록을 활용하고 있다. 이러한 점은 그가 명확하게 윤리적 자기계발의 계보를 잇고 있음을 보여준다.

2 거여동과 마천동에서 장기합숙하며 피라미드 활동을 하는 청년들을 가리킨다.

3 이는 부르주아가 프롤레타리아를 착취하는 계급적 구조를 전제하는 것이다. 하지만 저자의 관심은 사회 구조의 변혁이 아니라 이 구조 안에서의 성공에 있다. 『부자 아빠 가난한 아빠』는 사실상 『자본론』을 뒤집어 읽은 자기계발서라고 할 수 있다.

4 조정환, 「마르크스주의 진화를 가로막는 진짜 '적'은? ― 『인지자본주의』 서동진의 서평에 답한다」, 〈프레시안〉 2011년 6월 3일.

5 「영어유치원 10곳 생기면 소아정신과 1곳 생긴다」(〈프레시안〉 2012년 5월 15일자)

6 혼테크, 즉 경제적으로는 중간 혹은 그 아래이지만 스펙이 뛰어난 남자와 스펙은 떨어지지만 경제적으로는 풍요한 집안의 여자가 결혼하는 상황이 성립할 수 있는 것은 남자의 뛰어난 스펙이 일종의 자본으로 평가되기에 가능한 것으로서 결코 일반적인 현상이라 할 수가 없다.

7 『열정은 어떻게 노동이 되는가』(한윤형·최태섭·김정근 지음)에서도 보여주듯이 이게 청년들의 현실이다. 또한 프라미스 키퍼스 운동에서 희극적으로 드러나듯이 가장들의 이야기이기도 하다. 여기에 참석하고 온 아버지들의 난데없는 전횡으로 인해 순한 가정에 불화가 생겨났다는 이야기를 들었다. 멀쩡한 가정이 가장의 괴이한 자기계발로 인해 외려 휘청거리게 되는 것이다.

8 10여 년 전에 이미 고든 드라이든Gordon Dryden과 재닛 보스Jeannette Vos가 공저한 『학습 혁명*The Learning Revolution*』이 역간된 것은 그러한 사회적 흐름을 예견한 셈이다. 그리고 이는 동시에 미국의 흐름을 답습하는 것이기도 하다.

9 귀스타브 르 봉Gustave Le Bon은 이에 대해 『군중심리*Psychologie des Fouls*』에서 충동성, 과잉반응성, 피암시성 등을 통해 설명하고 있다.

10 그럼에도 불구하고 당시 청와대 식당은 미국산이 아니라 호주산 소고기를 식재료로 사용한다는 사실을 굳이 공시했지만 말이다. 청와대는 촛불집회가 타올랐던 2008년 7월부터 9월까지만 광우병의 우려가 없는 양지, 등심, 사태 등 특정 부위에 한해 미국산 쇠고기를 사용했다. 곧이어 10월부터는 LA갈비, 양지, 등심 등 여러 부위를 호주산으로 바꾸고, 선지, 사골, 잡뼈 등은 국내산을 썼다. 2009년 당시 정보공개 청구 건수로 살펴 본 국민들이 청와대에 대해 궁금해 하는 것의 맨 첫 번째 항목은 "구내식당에서 사용되는 쇠고기 사용량과 원산지"이다. 「공공기관 구내식당 美쇠고기 한 곳도 안 써」, (〈서울신문〉 2009년 1월 11일자).

이후에는 상황이 어떻게 되었을까 궁금하다면, 다음을 보라. 「['광우병 촛불' 그 후 2년] 정부청사 구내식당은 호주산 99.9%… 청와대는 미국산 47%」(〈조선일보〉 2010년 5월 12일자). 이에 따르면, 2008년 5월 미국 쇠고기 청문회장에서 정운천 당시 농림수산식품부 장관은 "쇠고기 수입재개 후 1년 동안 정부종합청사 공무원에게 미국산 쇠고기 꼬리곰탕과 내장을 먹이겠다"고 발언했건만, 정부청사식당에서는 특별히 예약하는 경우에만 미국산을 내놓는다고 한다. 2009년 10월 야당 측 의원에 의해 "과천청사를 지키는 전경에게만 미국산 쇠고기가 급식으로 제공됐다"는 주장이 제기되었다고 하니 도대체 우리가 누구

를 믿으라는 건지 모르겠다. 다만 청와대 대통령실 구내식당의 경우는 2008년 7월부터 2010년 3월까지 소비한 쇠고기(1만 584kg) 중 47.1%가 미국산이었고, 다음이 호주산(39.1%), 한우(13.8%) 순이었다고 한다.

11 광주에서 인간 광우병으로 의심되는 환자 사례가 보고 되었는데, 곧이어 이 크로이츠펠트(CJD) 야콥병 의심 환자에 대한 해명 보도가 흘러나왔다. 그의 치매 증상은 광우병과는 무관한 산발성CJD(sCJD)에 기인한 것이지, 광우병 걸린 소고기의 섭취에 따른 변종CJD(vCJD)로 인한 게 아니라는 것이다. 그러나 sCJD는 발병 원인을 모를 때에 붙이는 이름이다. 그나마 정말 sCJD인지 조차도 환자의 사망 후에 뇌 조직 검사를 해야 알 수 있다는 병원 관계자의 말이다. 보건당국의 말은 아마도 옳겠지만, 이를 둘러싼 상황이 모호하기에 불안은 사라지지 않는다.

12 WASP는 원래 미국의 주류 지배계급을 가리키는 앵글로색슨계 백인 개신교도White Anglo-Saxon Protestant의 약어이다.

13 비록 스스로는 "자수성가했다는 말을 절대 해서는 안 되는 사람"이라고 강조한다지만, 김두식 교수는 "상류사회 출신인 아내와 자신을 구별하는 태도에서 '자수성가'로 인정받고 싶은 강한 의지를 읽었"다. 이러한 태도에서 재현되고 있는 한국 지배계급 내부의 변동 양상은 미국 현실과 궤를 같이 한다고 봐도 무방할 것이다.

14 그가 졸업한 초트 로즈매리 홀 고등학교의 2010~2011년 당시의 학비와 기숙사비가 4만 5,070달러라고 한다. 2학년 때부터는 장학금을 받아서 학비를 스스로 해결했다고 하나, 단지 1학년 동안에 들어갔을 비용조차도 일반적인 가정에서 감당하기는 어려울 것이다.

15 홍대리 시리즈 자체도 흥미로운 분석 대상이다. 처음에는 기획으로 시작하더니, 회계, 주식, 재테크, 영어, 연애, 일본어, 무역, 경매, 골프, 협상, 환율, 독서, SNS, 세일즈, 와인, 독서, 마케팅 등으로 전방위적으로 그 범위를 넓혀가고 있다. 하지만 그럼에도 여기에 등장하는 것들은 모두가 자기계발의 주요 항목에 해당한다(와인과 연애라고 다를 것은 없다). 그리고 책의 형식이 이야기라

는 점이 특히 흥미롭다. 아직은 간결하고 세련되게 구성된 영어권의 우화적 자기계발서의 수준을 따라가지 못하지만, 앞으로 어떤 식으로 발전하게 될지 눈여겨볼 만하다.

에필로그 : 자기계발로부터의 자유

1 가령 랄프 왈도 에머슨의 명상록의 가장 합당한 용도는 미국의 정신에 대한 해명이다. 특히 그의 대표적인 에세이 가운데 하나인 『자기 신뢰』에서 우리는 초절주의를 넘어서 원초적인 미국식 신자유주의를 발견하게 된다.

2 『긍정의 배신』에서 언급된 것처럼, 경우에 따라서는 육체적 건강조차도 그러하다. 그저 있는(주어진) 그대로를 직면하고, 수용하기 위해 노력하면 되는 것이다.

책명 찾아보기

—— 숫자·영문

『1분 경영』, 켄 블랜차드·스펜서 존슨 지음, 조천제 옮김, 21세기북스, 2003

『4개의 통장』, 고경호 지음, 다산북스, 2009

『4개의 통장 2』, 고경호 지음, 다산북스, 2010

『7막 7장』, 홍정욱 지음, 삼성, 1993

『7막 7장 그리고 그 후』, 홍정욱 지음, 위즈덤하우스, 2003

『80/20 법칙』, 리처드 코치 지음, 공병호 옮김, 21세기북스, 2005

『88만원 세대』, 우석훈 · 박권일 지음, 레디앙, 2007

『CEO 안철수 영혼이 있는 승부』, 안철수 지음, 김영사, 2001

『CEO가 잃어버린 단어』, 조지프 A. 마시아리엘로·카렌 E. 링크레터 지음, 조성숙 옮김, 비즈니스맵, 2013

『NEW 공부기술』, 조승연 지음, 더난출판사, 2009

『OFF학』, 오마에 겐이치 지음, 이수미 옮김, 에버리치홀딩스, 2009

『THE GAME』, 닐 스트라우스 지음, 한정은 옮김, 디앤씨미디어, 2006

—— ㄱ

『감정 자본주의』, 에바 일루즈 지음, 김정아 옮김, 돌베개, 2010

『개인의 발견』, 리하르트 반 뒬멘 지음, 최윤영 옮김, 현실문화연구, 2005

『거인의 힘 무한능력』, 앤서니 라빈스 지음, 조진형 옮김, 씨앗을뿌리는사람, 2008

『결혼과 동시에 부자 되는 커플리치』, 이천 지음, 알투스, 2012

『경제인의 종말』, 피터 드러커 지음, 이재규 옮김, 한국경제신문, 2008

『경제적 자유로 가는 길』, 보도 섀퍼 지음, 이병서 옮김, 학원사, 2001

『공병호의 고전강독 1』, 공병호 지음, 해냄, 2012
『공병호의 자기 경영 노트』, 공병호 지음, 21세기북스, 2001
『공부가 가장 쉬웠어요』, 장승수 지음, 김영사, 1996
『구술문화와 문자문화』, 월터 옹 지음, 이기우 옮김, 문예출판사, 1995
『군중심리』, 귀스타브 르 봉 지음, 김성균 옮김, 이레미디어, 2008
『꿈꾸는 다락방』, 이지성 지음, 국일미디어, 2007
『꿈꾸는 다락방 2 — 실천편』, 이지성 지음, 국일미디어, 2008
『그대, 스스로를 고용하라』, 구본형 지음, 김영사, 2005
『근대 초기 매체의 역사』, 베르너 파울슈티히 지음, 황대현 옮김, 지식의풍경, 2007
『긍정심리학』, 마틴 셀리그먼 지음, 김인자 옮김, 물푸레, 2009
『긍정의 배신』, 바바라 에런라이크 지음, 전미영 옮김, 부키, 2011
『긍정의 힘』, 조엘 오스틴 지음, 정성묵 옮김, 두란노, 2005
『기업의 개념』, 피터 드러커 지음, 정은지 옮김, 21세기북스, 2012
『기적의 양피지』, 헤르메스 김 지음, 살림, 2009

— ㄴ

『나나 너나 할 수 있다』, 금나나 지음, 김영사, 2004
『나나의 네버엔딩 스토리』, 금나나 지음, 김영사, 2008
『나는 꾼이다』, 정우현 지음, 위즈덤하우스, 2012
『나는 '남자' 보다 '적금통장'이 좋다』, 강서재 지음, 위즈덤하우스, 2004
『나는 희망의 증거가 되고 싶다』, 서진규 지음, 랜덤하우스코리아, 1999
『남자는 왜 바람을 피울까?』, M. 게리 뉴먼 지음, 최용숙 옮김, 늘봄, 2011
『넌, 꼬리가 몇 개니?』, 연제은 지음, 무한, 2006
『네 안에 잠든 거인을 깨워라』(개정판), 앤서니 라빈스 지음, 조진형 옮김, 씨앗을뿌리는사람, 2008
『네빌 고다드 5일간의 강의』, 네빌 고다드 지음, 이상민 옮김, 서른세개의계

단, 2011
『노동의 배신』, 바버라 에런라이크 지음, 최희봉 옮김, 부키, 2012
『누가 내 치즈를 옮겼을까?』, 스펜서 존슨 지음, 이영진 옮김, 진명출판사, 2012
『누가 우리의 일상을 지배하는가』, 전성원 지음, 인물과사상사, 2012

— ㄷ

『다니엘 학습법』, 김동환 지음, 규장, 2002
『다시 태어난다 해도 이 길을』, 고시연구사 편집부 엮음, 고시연구사, 1982
『달팽이가 느려도 늦지 않다』, 정목 지음, 공감, 2012
『당신의 계급 사다리는 안전합니까?』, 뉴욕 타임스 지음, 김종목·김재중·손제민 옮김, 사계절출판사, 2012
『더불어 사는 자본주의』, 리치 디보스 지음, 신현규 옮김, 아름다운사회, 2001
『데이비드 브레이너드 생애와 일기』, 조나단 에드워드 지음, 원광연 옮김, 크리스찬다이제스트, 2011

— ㄹ

『리딩으로 리드하라』, 이지성 지음, 문학동네, 2010
『리스크 없이 바람 피우기』, 자비네 에르트만·불프 슈라이버 지음, 이명희 옮김, 김재화 고쳐 씀, 만물상자, 2003
『리얼리티 트랜서핑』(전3권), 바딤 젤란드 지음, 박인수 옮김, 정신세계사, 2009

— ㅁ

『마법의 1분』, 데이비드 니콜·빌 버처드 지음, 김범진 옮김, 전용석 감수, 새로운제안, 2007
『마법의 지갑』, 신인철 지음, 한스미디어, 2008

『마시멜로 이야기』, 호아킴 데 포사다·엘렌 싱어 지음, 정지영·김경환 옮김, 한국경제신문, 2005
『마키아벨리라면 어떻게 할까?』, 스탠리 빙 지음, 원재길 옮김, 해냄, 2001
『마피아 경영학』, V 지음, 원재길 옮김, 황금가지, 2004
『만들어진 우울증』, 크리스토퍼 레인 지음, 이문희 옮김, 한겨레출판, 2009
『만약 고교야구 여자 매니저가 피터 드러커를 읽는다면』, 이와사키 나쓰미 지음, 권일영 옮김, 동아일보사, 2011
『멈추면, 비로소 보이는 것들』, 혜민 지음, 이영철 그림, 쌤앤파커스, 2012
『메타피지컬 클럽』, 루이스 메넌드 지음, 정주연 옮김, 민음사, 2006
『미국처럼 미쳐가는 세계』, 에단 와터스 지음, 김한영 옮김, 아카이브, 2011

—— ㅂ

『바벨탑에 갇힌 복음』, 행크 해네그래프 지음, 김성웅 옮김, 새물결플러스, 2010
『배움의 기술』, 조시 웨이츠킨 지음, 박철현 옮김, 이제, 2007
『버리는! 기술』, 다츠미 나기사 지음, 김대환 옮김, 이레, 2008
『보도 섀퍼의 돈』, 보도 섀퍼 지음, 이병서 옮김, 북플러스, 2011
『보보스』, 데이비드 브룩스 지음, 김소희 옮김, 리더스북, 2001
『보보스는 파라다이스에 산다』, 데이비드 브룩스 지음, 김소희 옮김, 리더스북, 2008
『부자 아빠 가난한 아빠』(전3권), 로버트 기요사키·샤론 레흐트 지음, 형선호 옮김, 황금가지, 2000
『부자 아빠는 아내가 만든다』, 김은정 지음, 삼각형비즈, 2006
『부자가 되는 과학적 방법』, 월레스 D. 와틀스 지음, 지갑수 옮김, 이담북스, 2013
『블링크』, 말콤 글래드웰 지음, 이무열 옮김, 황상민 감수, 21세기북스, 2005
『빈털터리 세대』, 타마라 드라우트 지음, 에밀리 문 옮김, 오픈마인드, 2006

『빛나는 미래를 꿈꾸는 어린이를 위한 다이아몬드』, 고정욱·공병호 지음, 서영경 그림, 와이즈아이북스, 2008

―― ㅅ

『생각 기술』, 조승연 지음, 랜덤하우스코리아, 2003
『생각 버리기 연습』, 코이케 류노스케 지음, 유윤한 옮김, 21세기북스, 2010
『생각하라! 그러면 부자가 되리라』, 나폴레온 힐 지음, 남문희 옮김, 국일미디어, 2011
『서른 살이 심리학에게 묻다』, 김혜남 지음, 갤리온, 200
『선생님 돈이 참 재밌어요』, 이영직 지음, 스마트주니어, 2011
『설득의 심리학』, 로버트 치알디니 지음, 이현우 옮김, 21세기북스, 2002
『성공의 법칙』, 나폴레온 힐 지음, 김정수 옮김, 중앙경제평론사, 2007
『성공하는 사람들의 7가지 습관』, 스티븐 코비 지음, 김경섭 옮김, 김영사, 2003
『성공학의 역사』, 정해윤 지음, 살림, 2004
『세상에 너를 소리쳐!』, 빅뱅 지음, 김세아 정리, 쌤앤파커스, 2009
『소셜 애니멀』, 데이비드 브룩스 지음, 이경식 옮김, 흐름출판, 2011
『소통이 인맥이다』, 시마다 아키히코 지음, 박금영 옮김, 앱투스미디어, 2010
『스님의 주례사』, 법륜스님 지음, 김점선 그림, 휴, 2010
『스물일곱 이건희처럼』, 이지성 지음, 다산라이프, 2010
『스타벅스』, 하워드 슐츠·도리 존스 양 지음, 홍순명 옮김, 김영사, 1999
『슬로라이프를 위한 슬로플랜』, 쓰지 신이치 지음, 장석진 옮김, 문학동네, 2012
『시민의 불복종』, 헨리 데이비드 소로 지음, 강승영 옮김, 은행나무, 2011
『시크릿』, 론다 번 지음, 김우열 옮김, 살림Biz, 2007
『신뢰의 법칙』, 린다 스트로 지음, 박선영 옮김, 비즈니스맵, 2009
『실패에서 성공으로』, 프랭크 베트거 지음, 최염순 옮김, 씨앗을뿌리는사람,

2005

— ㅇ

『아동의 탄생』, 필립 아리에스 지음, 문지영 옮김, 새물결, 2003
『아부의 기술』, 리처드 스텐걸 지음, 임정근 옮김, 참솔, 2006
『아리스토텔레스가 제너럴 모터스를 경영한다면』, 톰 모리스 지음, 윤희기 옮김, 예문, 2001
『아웃라이어』, 말콤 글래드웰 지음, 노정태 옮김, 최인철 감수, 김영사, 2009
『아프니까 사춘기다』, A. 리하노프 지음, 김영권 옮김, 중원문화, 2013
『아프니까 청춘이다』, 김난도 지음, 쌤앤파커스, 2010
『아플 수도 없는 마흔이다』, 이의수 지음, 한국경제신문, 2012
『안철수의 착한 성공』, 최효찬 지음, 비전코리아, 2012
『암웨이의 실체』(전5권), 야마오카 순스케 지음, 편집부 옮김, 새앎출판사, 1997
『액체근대』, 지그문트 바우만 지음, 이일수 옮김, 강, 2009
'어린이 자기계발 동화' 시리즈, 한상복 외 지음, 위즈덤하우스, 2006~2011
『어린이를 위한 꿈꾸는 다락방』, 이지성 지음, 국일아이, 2008
『어떻게 원하는 것을 얻는가』, 스튜어트 다이아몬드 지음, 김태훈 옮김, 8.0, 2011
『어린이를 위한 여자라면 힐러리처럼』, 이지성 지음, 서지원 글, 임미란 그림, 다산어린이, 2008
『여자라면 힐러리처럼』, 이지성 지음, 다산북스, 2012
『열두 살에 부자가 된 키라』, 보도 섀퍼 지음, 김준광 옮김, 신지원 그림, 을파소, 2001
『열정은 어떻게 노동이 되는가』, 한윤형·최태섭·김정근 지음, 웅진지식하우스, 2011
『영어공부, 절대로 하지 마라』, 정찬용 지음, 사회평론, 1999

『온워드』, 하워드 슐츠·조앤 고든 지음, 안진환·장세현 옮김, 8.0, 2011
『와우 프로젝트』, 톰 피터스 지음, 김영선 외 옮김, 21세기북스, 2011
『왓칭』, 김상운 지음, 정신세계사, 2011
『월가의 황제 블룸버그 스토리』, 마이클 블룸버그 지음, 장용성 외 옮김, 매일경제신문사, 1999
『유혹의 기술』, 로버트 그린 지음, 강미경 옮김, 웅진지식하우스, 2012
『육일약국 갑시다』, 김성오 지음, 21세기북스, 2013
『은퇴 후 30년을 준비하라』, 오종남 지음, 삼성경제연구소, 2009
『은퇴 없는 삶을 위한 전략』, 데이비드 마호니 외 지음, 유은실 옮김, 허원미디어, 2006
『은퇴의 기술』, 데이비드 보차드·패트리샤 도노호 지음, 이윤혜 외 옮김, 황소걸음, 2012
『이너 써클』, 캐서린 K. 리어돈 지음, 장혜정 옮김, 위즈덤하우스, 2001
『이데올로기 청부업자들』, 제프 슈미트 지음, 배태섭 · 조윤호 옮김, 레디앙, 2012
『익숙한 것과의 결별』, 구본형 지음, 윤광준 사진, 을유문화사, 2007
『인간관계론』, 데일 카네기 지음, 최염순 옮김, 씨앗을뿌리는사람, 2004
『인맥 관리의 기술』, 김기남 지음, 서돌, 2008
『인생 수업』, 엘리자베스 퀴블러-로스 외 지음, 류시화 옮김, 이레, 2006
『인재』, 톰 피터스 지음, 정성묵 옮김, 2006
『읽는다는 것의 역사』, 로제 샤르티에 외 엮음, 이종삼 옮김, 한국출판마케팅연구소, 2006

── ㅈ

『자기계발의 덫』, 미키 맥기 지음, 김상화 옮김, 모요사, 2011
『자기 신뢰』, 랄프 왈도 에머슨 지음, 전미영 옮김, 이팝나무, 2009
『자기암시』, 에밀 쿠에 지음, 최준서·김수빈 옮김, 하늘아래, 2008

『자기혁명』, 박경철 지음, 리더스북, 2011

『자기혁신 i디어』, 톰 피터스 지음, 이진 옮김, 한국경제신문, 2004

『자유의 의지 자기계발의 의지』, 서동진 지음, 돌베개, 2009

『자조론』, 새뮤얼 스마일즈 지음, 김유신 옮김, 21세기북스, 2006

『적극적 사고방식』, 노먼 빈센트 필 지음, 이갑만 옮김, 세종서적, 2001

『정상에서 만납시다』, 지그 지글러 지음, 이은정 옮김, 산수야, 2008

『좀비 서바이벌 가이드』, 맥스 브룩스 지음, 장성주 옮김, 황금가지, 2011

『지금 마흔이라면 군주론』, 김경준 지음, 위즈덤하우스, 2012

『직장 내 정치학의 법칙』, 게리 랭·토드 돔키 지음, 강미경 옮김, 세종서적, 2002

『진정한 리더를 꿈꾸는 어린이를 위한 오아시스』, 고정욱·공병호 지음, 오승만 그림, 와이즈아이북스, 2008

— ㅊ

『천 유로 세대』, 안토니오 인코르바이아·알레산드로 리마싸 지음, 예담출판사, 2006

『초우량 기업의 조건』, 톰 피터스·로버트 워터맨 지음, 이동현 옮김, 더난출판사, 2005

『침팬지 폴리틱스』, 프란스 드 발 지음, 황상익·장대익 옮김, 바다출판사, 2004

『칭찬은 고래도 춤추게 한다』, 켄 블랜차드 외 지음, 조천제 옮김, 21세기북스, 2003

— ㅍ

『포기하지 않으면 불가능은 없다』, 고승덕 지음, 개미들출판사, 2003

『폰 쇤부르크 씨의 우아하게 가난해지는 법』, 알렉산더 폰 쇤부르크 지음, 김인순 옮김, 필로소픽, 2013

『프로테스탄티즘의 윤리와 자본주의 정신』, 막스 베버 지음, 김덕영 옮김, 길, 2010
『피로사회』, 한병철 지음, 김태환 옮김, 문학과지성사, 2012

— ㅎ

『하버드 52주 행복 연습』, 탈 벤 샤하르 지음, 서윤정 옮김, 위즈덤하우스, 2010
『학습 혁명』, 고든 드라이든·재닛 보스 지음, 김재영·오세웅 옮김, 해냄, 1999
『행복의 경고』, 엘리자베스 파렐리 지음, 박여진 옮김, 베이직북스, 2012
『협상의 법칙 1』, 허브 코헨 지음, 강문희 옮김, 청년정신, 2011
『황홀한 불행을 꿈꾸고 싶다』, 폴 와츠라위크 지음, 김미영 옮김, 시아출판사, 2002
『후흑학』, 이종오 지음, 신동준 옮김, 인간사랑, 2010
『후흑학』, 신동준 지음, 위즈덤하우스, 2011
『희망의 배신』, 바버라 에런라이크 지음, 전미영 옮김, 부키, 2012
『희망의 신학』, 위르겐 몰트만 지음, 이신건 옮김, 대한기독교서회, 2002
『희망의 원리』, 에른스트 블로흐 지음, 박설호 옮김, 열린책들, 2004

찾아보기

— 숫자·영문

3포세대 93

88만원 세대 168

CEO 101, 106, 111, 113, 133, 153, 154, 176, 215

NLP 19, 88, 90, 97

— ㄱ

가부장제 46, 47,186, 188

개인

-개인 경영 100, 105~107

-개인주의 55, 56, 182

거버넌스 120

경영학 100, 101, 104, 109~111, 116, 135, 195

공병호 78, 105, 106, 113, 116, 179, 195, 218

공황 49, 85

관념론 54, 56

구별 짓기 108, 210, 211

구본형 112, 114, 116, 203

구원

-구원론 53, 138, 140, 142, 145

-구원 서사 50, 145, 178

-구원자 53

-구원의 증거 30, 33

-구원관 75

긍정

-긍정 강박 83

-긍정심리학 83, 86~88, 97, 215, 216, 223, 229

기업 6, 87, 92, 100, 101, 103~106, 109~111, 113~116, 120, 121, 123, 131, 142, 154, 170~172, 189, 229

기업인(기업가) 112, 116, 121, 153, 154, 156, 167, 171, 209,

끌어당김의 법칙 59, 66

— ㄴ

나폴레온 힐 61~64, 165

낙원 17

네빌 고다드 61, 137

노먼 빈센트 필 61, 65, 74, 86

— ㄷ

다단계 19, 40, 78, 140, 160, 167~172, 227
대중 22, 59, 62, 96, 102~105, 109~111, 113, 145, 150, 153, 157, 159, 197~205
데이비드 브룩스 17, 84, 191, 205, 206, 225, 227
데일 카네기 41, 42, 49, 50, 63, 84, 165, 167, 233
동기부여 12, 15, 36, 41, 63, 88, 112, 152, 160, 166, 169, 170, 205
동기부여자 15, 16, 35, 99

— ㄹ

랄프 왈도 에머슨 54, 236
로고테라피 15, 44, 45
로버트 기요사키 41, 160, 165, 171, 185, 233
론다 번 12, 51, 60, 70

— ㅁ

마사 스튜어트 184
마틴 루터 43, 44
마틴 루터 킹 57
마틴 셀리그먼 83, 86, 87, 144, 223, 229
막스 베버 29, 30, 79
메리 베이커 에디 58, 59
멘토 84, 100, 101, 105, 115, 121, 139, 140~142, 171, 177, 178, 196, 229, 233, 234
멘티 105, 139~142, 196, 197
믿음 18, 22, 24, 48, 57, 68, 74, 120, 169, 183, 202, 203, 227, 228

— ㅂ

바버라 에런라이크 70, 87, 223
벤저민 프랭클린 33, 35, 38~40, 42, 45, 55, 78, 144, 149, 179, 189, 234
보보스 17, 84, 205~207, 209, 225, 227, 231
빅토르 프랑클 15, 44, 45
빈털터리 세대 94, 230

— ㅅ

신자유주의 37, 67, 70, 71, 92, 93, 96, 100, 102, 105, 108, 114, 117, 118, 120, 122~124, 121, 132, 134, 142, 208, 209, 219, 220, 230, 231, 233, 236

새뮤얼 스마일즈 13, 36~38, 40, 42, 42, 78, 121
설교 30, 53, 65, 136~138, 143, 232
성공기 150, 151, 153, 157
셀픽션 138, 140, 143
스티븐 코비 12, 15, 16, 38, 42~48, 70, 106, 112, 113, 183, 189, 215
시장
-시장의 보편화(다변화) 118, 165
-시장의 확대(우위) 102, 131
-시장의 효율성 102, 120, 207
-자기계발(서) 시장 19, 20, 29, 99, 112, 165, 172, 175, 186, 189, 190, 203
-출판 시장 11, 19, 154
신사고 운동 18, 20, 52, 57~59, 65, 76, 78, 227
신학적 인간론 22, 24
실용주의 54, 56, 149, 233
심리학 11, 50, 83, 84, 91, 95, 96, 99, 144, 230

— ㅇ

안철수 207, 208
암묵지 120, 231
앤서니 라빈스 88
에밀 쿠에 62, 64
에바 일루즈 48, 49, 85, 223
연예인 115, 153, 156 150, 176
영어
-영어몰입교육 176, 177
-영어 광풍 210, 211
예정론 30~32
오디션 115, 116
〈오프라 윈프리 쇼〉 95
욕망 32, 57, 71, 73, 79, 110, 114, 115, 147, 168, 176, 181, 186, 194, 218, 220, 221
우울증 91, 230
우화 105, 135, 138~141
월레스 와틀스 60~62, 64
윌리엄 제임스 58
유니테리언 52~55
이데올로그 18, 63, 70, 78, 207
이신론 32, 33, 52
이지성 37, 38, 78, 179, 183, 186, 218
인쇄혁명 128, 129
인적자원 120, 189, 210, 219

— ㅈ

자기계발

-자조自助 7, 13~15, 17, 36, 127
-자기계발의 의미 13
-윤리적 자기계발 34, 39, 43~45
-신비적 자기계발 51, 52, 54, 55, 57, 61~66, 74, 75,78, 83, 85, 137, 210, 202, 206, 214, 215
-심리적 자기계발 49, 83, 85, 214, 215
자기 지도자 15
자본
-자본주의 37, 39, 49, 85, 86, 93, 138, 156, 167, 170, 220, 229
-학력자본 96, 153, 206
-문화자본 150, 206
자서전 145,148~151, 153, 154, 158~161
자아
-자아의 재구성 91, 92, 96
-자아 폭발 130, 131, 134
-자아 형성 98
전기
-평전 146, 147, 151
-성인전 145, 148, 158
-위인전 145
정념
-대중(의) 정념 201, 203, 205, 102, 198
-정념 조작 201
정해윤 19, 223
조엘 오스틴 76, 137, 144
조용기 61, 74, 75
종교개혁 69, 127~130
종말론 17
지그문트 바우만 182
지배계급 206, 207, 211, 236

—— ㅊ

천유로 세대 94
청교도 20, 30~33, 52~55, 66, 148
초절주의 20, 52, 54~59, 62, 214, 236

—— ㅋ

크리스천사이언스 58

—— ㅌ

템플턴재단 87
톰 피터스 109~114

—— ㅍ

평전 146, 147
프라미스 키퍼스 47, 235
프리드리히 폰 하이에크 102, 118
피니어스 파커스트 큄비 58, 59

피터 드러커 101~103, 105, 106, 109, 110, 113, 231
픽업아티스트 97, 187

— ㅎ

학력 153, 166, 200, 205, 207, 219, 220, 233
학벌 150, 153, 206
학습자
-자기주도형 학습자 15, 71, 142
-평생학습자 38, 142, 175, 196
하이럼 스미스 44
행복 40, 83, 86, 99, 220
헨리 데이비드 소로 54, 68
혁신 109~116
형식지 120, 231
홍정욱 150, 151, 153, 207~209, 233
회심 41, 48, 169
희망 17, 18, 35, 70, 73, 90, 98, 144, 169
힐링 91, 96
〈힐링 캠프〉 95, 223

거대한 사기극

2013년 8월 30일 1판 1쇄 발행
2013년 9월 10일 1판 2쇄 발행
2015년 5월 6일 1판 3쇄 발행

지은이 —— 이원석
펴낸이 —— 한기호
편 집 —— 오효영 이은진 김세나
경영지원 —— 이하영
펴낸곳 —— 북바이북
출판등록 2009년 5월 12일 제313-2009-100호
주소 121-839 서울시 마포구 서교동 484-1 삼성빌딩 A동 2층
전화 02-336-5675 팩스 02-337-5347
이메일 kpm@kpm21.co.kr
홈페이지 www.kpm21.co.kr
인 쇄 —— 예림인쇄 전화 031-901-6495 팩스 031-901-6479
총 판 —— 송인서적 전화 031-950-0900 팩스 031-950-0955

ISBN 978-89-962837-9-9 03300

북바이북은 한국출판마케팅연구소의 임프린트입니다.
책값은 뒤표지에 있습니다.